W9-CGL-847

Perspectivas

TEMAS DE HOY Y DE SIEMPRE

tercera edición

Jennie Goloboy

MARY ELLEN KIDDLE
BRENDA WEGMANN

Perspectivas

TEMAS DE HOY Y DE SIEMPRE

tercera edición

ILLUSTRATIONS BY RUTH GEMBICKI BRAGG

HOLT, RINEHART AND WINSTON

New York   Chicago   San Francisco   Philadelphia
Montreal   Toronto   London   Sydney
Tokyo   Mexico City   Rio de Janeiro   Madrid

Acknowledgments for the reading selections, photographs, and cartoons that are used in this book appear on pages 265 and 266.

Publisher: *Rita Pérez*
Acquiring Editor: *Karen Misler*
Project Editors: *Arthur J. Morgan, Janet S. Zarookian*
Production Manager: *Lula Schwartz*
Design Supervisor: *Renée Davis*

Illustrations on pp. 10, 11, 12, 13, 18, 35, 41, 51, 65, 66, 74, 75, 94, 98, 125, 156, 158, 166, 191, and 195 copyrighted © by Ruth Gembicki Bragg, 1978.

Illustrations on pp. 1, 2, 3, 4, 5, 9, 10, 12, 14, 15, 16, 17, 39, 41, 42, 43, 44, 48, 71, 72, 73, 75, 84, 90, 96, 103, 104, 110, 132, 139, 149, 168, 171, 176, 177, 183, 184, 198, 205, 209, 213, 223, and 231 copyrighted © by Ruth Gembicki Bragg, 1983.

Library of Congress Cataloging in Publication Data

Kiddle, Mary Ellen, 1939–
    Perspectivas.

    1. Spanish language—Readers.   I. Wegmann,
Brenda, 1941–   joint author.   II. Title.
PC4117.K5   1978   468'.6'421   77-13290

ISBN 0-03-061482-1

Copyright © 1983 by CBS College Publishing
Copyright © 1978, 1974 Holt, Rinehart and Winston
Address correspondence to:
383 Madison Avenue
New York, N.Y. 10017
All rights reserved
Printed in the United States of America
Published simultaneously in Canada
    7   8   9   016   9   8   7

CBS COLLEGE PUBLISHING
Holt, Rinehart and Winston
The Dryden Press
Saunders College Publishing

To our parents
and to our sisters,
Sue,
and Georgia

TABLE OF CONTENTS

Preface xi

LA NATURALEZA

1

Elementos de la naturaleza/Las cuatro estaciones 2

Vocabulario y actitudes: De almejas felices y ostras aburridas o ¿Quiere Ud. comer una vaca? 8

Dos modos de vivir: La vida rural vs. la vida urbana 9

Tres minutos de terror, Mauricio Carvallo 22

José Martí y la vida natural 25

Versos sencillos (selecciones), José Martí 27

Temen una catástrofe por la «lluvia ácida», Klaus Dallibor 29

El indio y los animales: una leyenda maya, Luis Rosado Vega 33

CAMBIOS SOCIALES

2

Vida y costumbres en el imperio «socialista» de los incas 41

La edad de las computadoras: un diálogo 47

La United Fruit Co., Pablo Neruda 50

Direcciones políticas 53

«Guernica» de Pablo Picasso: Una pintura de protesta   54
España: Entre el franquismo y las autonomías, Consolación Salas   58
Vocabulario y actitudes: Sobre el trabajo, el gozo y los esclavos del reloj   64
Es que somos muy pobres, Juan Rulfo   65

EL HOMBRE Y LA MUJER

3

El conflicto entre los sexos: Tres puntos problemáticos   72
América Latina: La mujer en lucha, Sara Sefchovich   79
Marido en casa y olé, Noel Clarasó   84
Chiripa, Rubén Darío   89
El varón domado: De la felicidad de los esclavos, Esther Vilar   89
Vocabulario y actitudes: Aventuras e historias verdes   93
Rima XI, Gustavo Adolfo Bécquer   94
Cien sonetos de amor: Soneto XXV, Pablo Neruda   95
El machismo en México, Salvador Reyes Nevares   96

CUESTIONES ÉTICAS

4

Problemas de hoy: un diálogo   105
La mordida: una institución, de Visión   109
En defensa de la vida humana: un punto de vista   112
Treinta años de impunidad, Fernando Núñez   118
El milagro, Ana Alomá Velilla   123
Vocabulario y actitudes: —¡Jesús, ven acá inmediatamente!   129
La rebelión de las masas (selecciones), José Ortega y Gasset   130
Génesis, Marco Denevi   136

ARTE Y FANTASÍA

5

El arte: ¿espejo de realidad o de fantasía?   140
La televisión: La historia de un nuevo arte que nutre la fantasía, en seis capítulos,
  Anya Herrera   149

Introducción a Don Quijote de la Mancha   154
Don Quijote de la Mancha (selecciones), Miguel de Cervantes   155
El gitano: realidad y fantasía   163
Romance de la luna, luna, Federico García Lorca   166
Prendimiento de Antoñito el Camborio en el camino de Sevilla, Federico
   García Lorca   168
El disco, Jorge Luis Borges   170
Casa tomada, Julio Cortázar   175
Apocalipsis, Marco Denevi   180

LOS HISPANOS EN LOS ESTADOS UNIDOS

6

Los chicanos: La tradición méxico-americana   185
Ya no más, José L. Varela-Ibarra   192
Muerte fría, Francisco Jiménez   194
Vocabulario y actitudes: «*Let's vamoose, hombre!*»   197
Los puertorriqueños: brincando el charco   199
Pasaje de ida y vuelta, Jacobo Morales   204
Garabatos, Pedro Juan Soto   208
Los cubanoamericanos: en la «*Pequeña Habana*»   216
Los amigos en Miami, Eladio Secades   222
El errante insatisfecho, Iván Portela   225
¿Por qué surge el programa bilingüe?, P. José I. Somoza   227
Los niños aprenden lo que viven (anónimo)   231

Vocabulario   233

PREFACE

As anyone who has taught intermediate Spanish knows, one cannot assume that students will be interested in the literature or history of a culture with which they are just becoming acquainted. Unless they are planning a trip to Spain or Mexico the following spring, most students are also soon bored by the "Dick and Jane at the supermarket" approach. What, then, can be used to bridge the gap between the elementary course, when instructors hope that grammar and pronunciation will evoke enthusiasm, and the advanced course, when most students are prepared to tackle a literary anthology or a survey of history? We think one answer is *Perspectivas.*

Perspectivas focuses on six major topics of interest to most students: Nature, Social Change, Man and Woman, Ethical Questions, Arts and Fantasy, and Hispanic Communities in the U.S.A. Under each of these chapter headings are grouped related selections offering different perspectives on the main topic: literature by such figures as Cervantes, Borges, García Lorca; historical essays on specific points (e.g., the "socialistic" aspects of the Inca Empire), and controversial articles from magazines and newspapers. This combination approach gives students an opportunity to explore many facets of a high-interest topic at the same time that they are introduced to Hispanic literature and history and encouraged to express themselves on controversial themes.

Each chapter may be covered in a few days by skipping some selections, or it may be covered in its entirety in seven to ten days. When the acquisition of vocabulary is a major aim of the course, the instructor should cover at least three chapters more thoroughly, since the continued repetition of words related to the same topic will be more effective. *Perspectivas* may be used as the only text for a one-semester or one-quarter conversation and reading course at the intermediate or advanced levels or in conjunction with a supplementary grammar text for a year-long intermediate course. All the chapters are self-contained and may be taught in any order; any chapter may be omitted. In every chapter, more material has been included rather than less so that a teacher may omit an article that is not to his or her liking or that seems too difficult for a particular class. Especially in the case of poetry, where individual tastes vary so widely, we have usually juxtaposed two options.

Many readings in this book were used in classes over a period of several years; selections that did not go over well were dropped, and many of the questions and exercises were modified. The students have responded very well, stating that their overall participation improved, that they definitely acquired new vocabulary and, most importantly, that they felt they had learned facts and insights which were significant to their lives.

Some of the materials included in *Perspectivas* were chosen in part because they take strong positions on controversial subjects and so serve to elicit opinions from the students, who may or may not agree; such is the case, for example, with *En defensa de la vida humana: un punto de vista* in the Ethical Questions chapter. The arrangement of materials is determined partly by the logical development of themes and partly by the pedagogical expediency of alternating heavy and light topics and differing genres. A typical chapter begins with a day or two of easy materials designed to build up students' confidence and introduce core vocabulary; the materials that follow are generally more difficult.

In most cases the selections have been reproduced without alteration. The two chapters of the *Quijote* have been adapted to modern Spanish, and several longer pieces have been abridged and adapted to fit into a one- or two-day classroom treatment. A list of these pieces, in order of their appearance, follows the preface.

In addition to the literature, historical essays and controversial articles, the chapters are spiced with related prov-

erbs, jokes and cartoons by Hispanic illustrators.
Illustrations by our artist are included to aid comprehension
of vocabulary and ideas as well as for their artistic merit.

EXERCISES

A variety of oral and writtten exercises appears in *Perspecti-vas*, in a larger than necessary number to provide options
and flexibility. Basic comprehension of a piece is often tested
by a multiple choice, true/false or fill-in exercise; then questions follow which require the student to evaluate the points
that have just been mentioned and to express opinions about
them. The panel discussions, interviews, debates, and
other participation-oriented activities may be used for a
whole hour or a few minutes or may be skipped entirely, de-
pending on the class's response to the subject under discussion. We were often surprised to see what had appeared
to be a shy student come alive when assigned the role of
"street reporter" or a quiet class erupt in conversation when
given roles to enact in an open debate. (It was our experience
that on controversial topics students often spoke much more
freely when playing roles, such as "pro-conservationist"
or "antivivisectionist," than when called upon to simply state
their own opinions.) These activities are usually placed
toward the end of the chapter after the student has been ex-
posed several times to the vocabulary and ideas relating to a
subject area.

VOCABULARY

Are you wondering why the chapters are fewer in number
and longer than in most second-year texts? We feel that
students prefer a broad, multi-faceted exploration of a topic
to the brief one- or two-day treatment usually given in conversation texts. But there is another reason, too. The acquiring and practicing of a core vocabulary is an essential aim of
this book, and so a context is created in which the same
words are used and elicited again and again. Each chapter
begins with a day or two of pictorial presentation, essays
and/or dialogue, written by us, to present core vocabulary
that will be used throughout the whole chapter. Various
word-building exercises follow, to reinforce key expressions.
The literature and articles, the jokes and cartoons, anecdotes

and proverbs which then appear have been chosen in part because they utilize this same vocabulary. Words that we did not think second-year students would be familiar with have been glossed in the margins, in Spanish when possible, or in English when a simple Spanish explanation would have required a great many words. In addition, a Spanish-English vocabulary is provided at the end of the book.

The marginal notes are glossed independently for each selection in a chapter, and so a particular word may be glossed in several pieces. We felt this was necessary to maintain the flexibility of the book for classroom use, as the teacher should feel free to skip some selections, if desirable. In general, we tended to include more marginal notes rather than fewer, since it is our belief that students do not learn words by looking them up, but rather by active use. Therefore, it is preferable that students spend homework time working out exercises and preparing answers to questions, rather than thumbing through the dictionary.

A NOTE TO THE THIRD EDITION

Our principal aims in this edition have been to provide a large number of stimulating new materials, to update and expand the successful readings retained from the past, and to emphasize more the common, practical vocabulary and expressions needed for conversation. At the same time, we have not altered the basic tried-and-true format of *Perspectivas*.

Overall, 40 percent of the reading selections are entirely new, a change which affects all chapters. Often these additions introduce new topics: earthquakes and acid rain in the *Nature* chapter; the computer age, the arms race and the space program in the *Social Changes* chapter; book censorship, the rights of smokers vs. those of non-smokers, and the problem of the ubiquitous bribe, in the chapter on *Ethical Questions*. For the sake of variety, we have substituted new works for the old ones of some of the most popular authors; so there is a new mythical story of Borges (shorter and perhaps more accessible than the one previously included), a different gypsy poem of García Lorca, additional verses of José Martí (along with an introduction to his life and work), a different love poem of Pablo Neruda, and a story by an author new to *Perspectivas* but well known to many—Julio Cortázar—has been added. In some cases we chose to present a new angle on a formerly used topic. So an article on the feminist movement in Latin America replaces the out-of-date piece on women in Spain, and a generally positive article on television has been substituted for the one on the negative effects of T.V. on children. Certain readings, judged popular but linguistically difficult, were adapted (such as *El indio y los animales* and *El machismo en México*, and introductions were added to some pieces which now call for more of an historical background (such as *La United Fruit Co*).

Updating was necessary throughout, but especially for chapters Two, Three and Six. A current article on Spain takes the place of the old one in Chapter Two. The section on conflicts between man and woman in Chapter Three has been expanded to include the problems involved (for both sexes) with the working mother. Chapter Six, *Los hispanos en los Estados Unidos*, has been revised with new statistics and descriptions of the many recent changes affecting Mexican-Americans (Chicanos), Puerto Ricans, and Cubans in the United States. More than half of the literary readings in this chapter have been changed. An effort was made to include pieces with a minimum of dialect, since many teachers found selections written largely in dialect too confusing for students at the intermediate level.

As in the past, we have not shied away from topics that arouse strong opinions. Chapter Two contains an excerpt from the Latin American best-seller *El varón domado,* in which its Argentine authoress argues that man, not woman, is the manipulated victim of modern society. Chapter Four contains a discussion of genetic engineering and selections from the ever controversial classic of Ortega y Gasset, *La rebelión de las masas,* on the need for an elite to guide society. This latter chapter, which treats highly debatable ethical questions, has been thoroughly revised with a somewhat lighter touch to create a more favorable climate for class discussion.

Several new types of exercises, the reworking of author-written materials and an expansion of the popular feature *Vocabulario y actitudes* (intermittent essays which contrast the vocabulary and attitudes of Spanish and English) stress a bit more than in past editions the acquisition of down-to-earth, practical words and expressions, such as those dealing with food, health, weather, and everyday activities. This slight change in emphasis comes in response to the opinion of some teachers that, although students appreciate literary texts and intellectual discussion, many give just as high a priority to the acquiring of a facility in speaking the Spanish language. Various modifications in the exercises are also aimed at giving more students the chance for oral participation, as for example, the new *Minidebates.* These exercises require students to give brief one- or two-sentence responses to short statements that present provocative viewpoints, e.g., "Married women should keep their maiden names." This provides a wide variety of topics and opinions without the need to divide up the class into sides and go through the preparations for a full-scale debate. The supplementary vocabulary sections (*Vocabulario auxiliar*), which were introduced as an adjunct to some discussion questions, were rated highly by teachers, so more have been added.

We should like to express our gratitude to the many teachers who aided us so much by filling out the questionnaires distributed by our publisher and to those who communicated with us personally their criticisms and commentaries. We hope they will find that most of their suggestions have been incorporated into this edition. Very special thanks are due to Professor Teresa Méndez-

Faith of Brandeis University for her generous and extensive aid. We also wish to acknowledge the valuable help and consultation we received from the following: Professors Ana Alomá Velilla of Regis College, Ramón Chacón of the University of Santa Clara, Awilda Ramos of *La semana* newspaper, Fernando C. Colón Osorio, Guillermo Mármol, Llanca Letelier, Susana Singer, and Naldo Lombardi. We would also like to thank the following reviewers whose comments were so useful in the preparation of the third edition: Coleman R. Jeffers of the University of Iowa, Timothy Murad of the University of Vermont, Roy L. Tanner of the University of Virginia, and Zidia O. Webb of the University of California at Irvine.

B. W./M. E. K.

The following selections were abridged, but not simplitied or altered in any other way (except modernization of the language in the *Quijote* chapters):

Tres minutos de terror
Marido en casa y olé
El milagro
La rebelión de las masas
Don Quijote de la Mancha
Casa tomada
Los amigos en Miami
¿Por qué surge el programa bilingüe?

The following selections were abridged and adapted to a slight degree:

Temen una catástrofe por la «lluvia ácida»
El indio y los animales
España: Entre el franquismo y las autonomías
Es que somos muy pobres
América Latina: La mujer en lucha
El varón domado
El machismo en México
La mordida: una institución
Treinta años de impunidad
La televisión

Perspectivas

TEMAS DE HOY Y DE SIEMPRE

tercera edición

1

LA
NATURALEZA

Elementos de la naturaleza

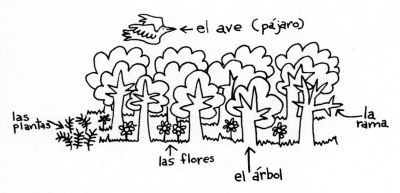

← el ave (pájaro)

las plantas →→

la rama

las flores

el árbol

1. Muchos árboles juntos forman un bosque (una selva).
También crecen allí algunas plantas y flores, especialmente
las que crecen bien en la sombra. Los pájaros (las aves)
viven en las ramas de los árboles.

el valle

la sierra

los montes

2. Muchas montañas juntas en una línea forman una
sierra. Una sierra muy alta y larga se llama una cordillera.
Entre las montañas hay valles y montes (colinas cubiertas de
bosques) donde viven muchos animales.

el cielo

← el sol

← la luna

las estrellas

← (los astros)

3. De día el cielo es azul, y el sol brilla. De noche el cielo se pone negro. Salen las estrellas (los astros) y la luna.

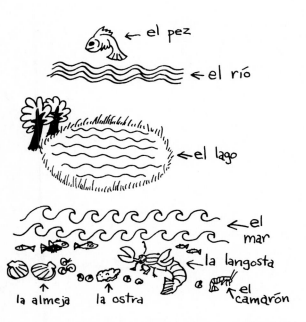

← el pez

← el río

← el lago

← el mar

← la langosta

← el camarón

la almeja   la ostra

4. En el agua del mar (el océano), de los ríos y de los lagos viven los peces. También viven allí muchos mariscos que son deliciosos para comer: langostas, almejas, ostras, camarones y otros.

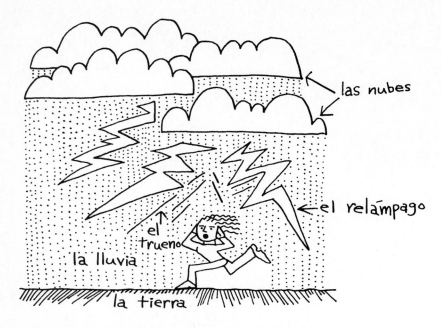

las nubes

el relámpago

el trueno

la lluvia

la tierra

5. Cuando llueve, el cielo se pone gris porque hay nubes oscuras, y la lluvia cae a la tierra. En una tempestad (una tormenta) hace mucho viento, y las olas grandes cubren la playa. Muchas veces se oyen truenos y se ven relámpagos.

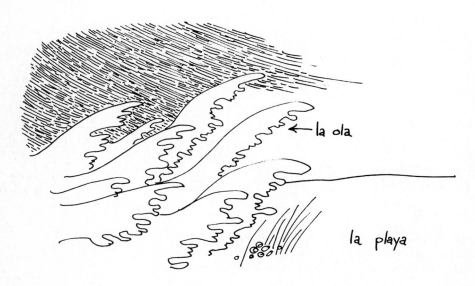

la ola

la playa

SINÓNIMOS

En la siguiente lista busque los sinónimos de las palabras entre paréntesis.

las aves   los astros   la tormenta   la cordillera   el mar   las selvas

1. En la oscuridad de la noche brillan (*las estrellas*).
2. En otros tiempos, gran parte de la tierra estaba cubierta de (*bosques*).
3. Se oyen las canciones de (*los pájaros*) en el aire tranquilo.
4. Las olas inmensas del (*océano*) invaden las playas.
5. (*La tempestad*) destruye la tranquilidad del campo.
6. (*La sierra larga*) de los Andes domina el continente sudamericano.

PREGUNTAS

1. ¿Dónde prefiere Ud. caminar: en un bosque, en las montañas o al lado del mar? ¿Por qué?
2. ¿Le gustan las tormentas o no? ¿Por qué?
3. ¿Qué mariscos ha comido Ud.? ¿Cuáles no le gustan? ¿Cuál le gusta más?

ASOCIACIONES

Un «voluntario» hará el papel de un(a) psicólogo(a) que emplea la libre asociación. Llamará a varias personas de la clase para que digan la primera palabra que asocien con una de las siguientes palabras. Luego les preguntará «¿Por qué?» y ellos explicarán por qué asocian las dos palabras.

el bosque   las montañas   el relámpago   brillar
las olas   crecer   los peces   el sol

DESCRIPCIÓN DE UN PAISAJE

Describa Ud. este paisaje (landscape).

Antes   Después

Las cuatro estaciones

En muchas partes de los Estados Unidos y del Canadá (como también en algunos otros países), el cambio de clima durante las cuatro estaciones permite una gran variedad de actividades y diversiones. En el invierno, cuando la tierra está cubierta de nieve, mucha gente sale a esquiar en las montañas o a patinar
5   sobre los ríos y lagos congelados. Otros se divierten con el tobogán o tirando bolas de nieve.

En la primavera empieza a llover mucho, y el paisaje se llena de vida nueva. Cuando no llueve, la gente cultiva sus jardines, da paseos o monta en bicicleta. Es la estación tradicional para salir de picnic. La gente come afuera mientras
10 observa las plantas, las flores, los animales del bosque y, desgraciadamente, otro grupo que llega sin invitación, los insectos: hormigas, moscas y mosquitos.

En el verano el calor es a veces insoportable, y muchos van a la playa, a nadar en el mar o en los lagos. También juegan a varios deportes: el tenis, el golf, el béisbol. Otros hacen caminatas por las montañas o van en canoa en los ríos.
15 En el otoño la gente sale para ver el hermoso paisaje de los árboles con sus hojas de diversos colores. Cuando el viento es fuerte, las hojas caen rápidamente a la tierra. Algunos juegan al fútbol, y otros hacen excursiones en coche para gozar del clima antes de la llegada del frío. Con el invierno empieza una vez más el eterno ciclo de las cuatro estaciones.

PREGUNTAS

1. ¿Qué tiempo hace en cada una de las cuatro estaciones?
2. ¿Cómo se divierte la gente en el invierno? ¿en la primavera? ¿en el verano? ¿en el otoño?
3. ¿En qué estación puede Ud. practicar mejor sus actividades favoritas?
4. Para Ud., ¿cuál es el clima ideal?
5. ¿Prefiere Ud. practicar los deportes o mirarlos en la televisión? ¿Por qué?

REACCIONES

Termine Ud. las siguientes frases:

1. Cuando llueve me siento _____ porque _____ .
2. Cuando me levanto por la mañana y veo mucha nieve afuera, mi primera reacción es _____ porque _____ .
3. Cuando miro el cielo de noche, con la luna y las estrellas tan lejos, pienso en _____ .
4. Me gusta (o no me gusta) vivir en un lugar que tiene cuatro estaciones distintas porque _____ .

¡QUÉ BUENO! ¡QUÉ MALO!

Invente frases para completar los siguientes comentarios.

modelo: **¡Qué bueno! Hay nieve.**
¡Qué malo! No me gusta esquiar.

1. ¡Qué bueno! Hace calor.
   ¡Qué malo! _____
2. ¡Qué bueno! Vamos a salir de picnic.
   ¡Qué malo! _____
3. ¡Qué bueno! _____
   ¡Qué malo! No tengo coche.
4. ¡Qué bueno! La primavera ha llegado.
   ¡Qué malo! _____

REFRANES

- *Después de la lluvia sale el sol.*
- *Los pájaros de la misma pluma vuelan juntos.*
- *El árbol se conoce por sus frutos.*
- *En boca cerrada no entran moscas.*

¿Cómo interpreta Ud. estos refranes? ¿Corresponden a algunos proverbios en inglés?

— Hace frío hoy, ¿verdad?

Vocabulario y actitudes:

De almejas felices y ostras aburridas

o

¿ Quiere Ud. comer una vaca?

Según ciertos filólogos, el uso en algunos idiomas de dos palabras diferentes para distinguir entre la carne de un animal que se sirve para comer y el animal vivo indica una actitud de cariño hacia el animal. Por ejemplo, en inglés se dice «cow» o «steer» para designar la vaca o la res viva, pero se habla de comer
5 «beef». No es así en español. El animal es una «vaca» o una «res», y el plato que se sirve es simplemente «carne de vaca» o «carne de res». Por otra parte, en inglés hablamos de «fish» que viven en el mar o en el río y de «fish» también cuando lo servimos en la mesa. Pero los españoles llaman «pez» a lo que vive en el agua y «pescado» a lo que comen. ¿Por qué esta diferencia? ¿Sentirían los
10 españoles más cariño por los peces y menos por las vacas? ¿Quién sabe? También podemos preguntarnos por qué los norteamericanos sienten repugnancia a la idea de comer carne de perro (una costumbre común en Tailandia) o de caballo o de conejo (dos carnes muy apreciadas por los franceses). ¿Por qué se come en los Estados Unidos el puerco (comida prohibida a los judíos y a los árabes) y
15 carne de vaca (un hábito no permitido a la gente hindú)?

Parece que cada pueblo desarrolla su propia «personalidad» o cultura que consiste en un conjunto de actitudes y preferencias; luego esta cultura se refleja en la lengua. Los ingleses y españoles también parecen tener diferentes ideas sobre la vida del humilde marisco. En inglés para describir a una persona muy
20 feliz se dice que la persona es «as happy as a clam». En español se usa otro marisco en una frase común pero no para representar la felicidad. Una persona que está sumamente aburrida puede decir: «Me aburro como una ostra».

Dos modos de vivir

Los campesinos en su finca

1. Los campesinos (la gente del campo) en su finca. Son sanos y fuertes porque trabajan mucho y respiran aire puro. Viven tranquilamente en armonía con la naturaleza.

2. Plantan maíz y otros granos en los campos. Contemplan el crecimiento de las plantas,

Plantan el maíz

Contemplan el crecimiento...

*Estas descripciones representan generalizaciones que sirven para enfocar la discusión sobre los contrastes entre dos modos de vivir; no pretenden referirse a todos los individuos ni a todas las regiones.

recogen la cosecha.

y en el otoño recogen la cosecha. Algunos animales, como el caballo, los ayudan; pero cada vez más utilizan máquinas como el tractor y la segadora para hacer más eficiente el trabajo.

3. Obtienen carne, huevos y leche de sus animales. Comen alimentos sencillos (comida básica) que conservan su sabor natural. Queman muchos de sus desperdicios (basura) en un fuego que no molesta porque hay suficiente espacio. A veces usan insecticidas orgánicos, pero otras veces usan productos químicos que dañan (causan malos efectos en) el ambiente.

BASURA

4. El ritmo de su vida es lento, calmado, a veces un poco monótono. Están acostumbrados al silencio, a la soledad y a

la paz (serenidad). Libres e independientes, no piden ayuda, excepto en casos de emergencia; pero si necesitan auxilio, lo reciben rápidamente, porque todos se conocen y cooperan unos con otros en el campo.

5. Aunque pasan largas horas trabajando callados (silenciosos), se reúnen de vez en cuando con sus vecinos para charlar de su mundo o para divertirse con bailes y fiestas. En muchas partes rurales, el nivel de instrucción escolar es más bajo que en la ciudad, y no hay tantas oportunidades culturales. Así los campesinos no se informan tanto sobre lo que pasa en otras partes del mundo; pero tienen una gran riqueza de conocimientos prácticos y un verdadero sentido de comunidad.

6. Su bienestar depende de su propia labor y de las fuerzas naturales, y no de un jefe (superior). Pero los caprichos del tiempo, como el frío, las tempestades o las sequías (períodos de poca lluvia), pueden arruinar su trabajo.

1. Los habitantes de la ciudad viven en un ambiente oscuro y gris a causa de los altos edificios (rascacielos), la suciedad de las calles y el aire contaminado por el humo industrial.

2. Viajan por calles llenas de tráfico y ruido. Frecuentemente están nerviosos (inquietos). La gran competencia y la necesidad de impresionar al jefe o de complacer al cliente les causa un estado de tensión.

3. Llevan una vida de interdependencia. Dependen de otros para la casa o el apartamento que alquilan, para la eliminación de la basura y para su comida. Aunque hay restaurantes y supermercados que ofrecen alimentos ricos y variados, éstos a veces están poco frescos o contienen ingredientes artificiales que pueden envenenar (causar daño físico o muerte) a los que los comen.

4. Los habitantes de la ciudad se divierten de varias
maneras. Con sus amigos van a conciertos, a almacenes
(tiendas grandes), a centros nocturnos y a espectáculos
deportivos. Hablan mucho para defenderse, o para expresar
sus ideas sobre la situación mundial. En general, el nivel
de instrucción es más alto que en el campo, y hay más escuelas, museos, bibliotecas, teatros y cines. Pero en los barrios
pobres hay mucha gente que no puede aprovecharse de
estos beneficios.

5. La ciudad es un mundo algo antinatural. Para construirla se explotan los recursos naturales de los bosques y campos, pero en los parques públicos y jardines zoológicos, hay bellos árboles, fuentes y animales que permiten apreciar la naturaleza de muchos lugares.

6. La policía, el servicio de bomberos y los hospitales
protegen al habitante urbano, pero la violencia, el crimen y
otras amenazas contribuyen a su inseguridad y vulnerabilidad. En las afueras (suburbios) mucha gente combina los beneficios de la ciudad con una vida más cerca de la
naturaleza, viviendo en su propia casa, donde tiene un
jardín privado. Frecuentemente esta gente no paga impuestos (dinero al gobierno) a la ciudad, pero sí se aprovecha
de sus beneficios y contribuye a su deterioro.

OPCIONES MÚLTIPLES

1. Los campesinos viven en (a) un apartamento (b) una finca (c) un rascacielos
2. En el otoño los campesinos utilizan animales y máquinas para recoger (a) el
crecimiento (b) la soledad (c) la cosecha

3. Aunque a veces el nivel de instrucción escolar es bajo, los campesinos tienen una gran riqueza de (*a*) conocimientos prácticos (*b*) tractores (*c*) bibliotecas y escuelas
4. Para deshacerse de sus desperdicios el habitante de la ciudad (*a*) los quema donde no dañan a nadie (*b*) depende de un servicio de basureros (*c*) los convierte en insecticidas venenosos
5. ¿Cuál, de los siguientes, *no* es un problema urbano? (*a*) los barrios pobres (*b*) las cosechas abundantes (*c*) el gran ruido de la calle
6. Una de las malas consecuencias de la urbanización es (*a*) la construcción de parques y jardines zoológicos (*b*) el exceso de oportunidades culturales (*c*) los alimentos poco frescos
7. El habitante de la ciudad no se encuentra (*a*) en un ambiente a veces impersonal (*b*) en competencia con otros (*c*) en comunicación con la naturaleza
8. En las afueras la gente busca (*a*) un escape de la contaminación (*b*) la violencia y el crimen (*c*) los impuestos y alquiler costosos

PREGUNTAS

1. ¿Cree Ud. que se come mejor en el campo o en la ciudad? ¿Dónde se duerme mejor? ¿Por qué?
2. ¿Cuál de los dos modos de vivir ofrece más seguridad? Explique.
3. ¿En qué aspectos son los campesinos más independientes que los habitantes de la ciudad? ¿Cree Ud. que la gente de la ciudad es más libre en otros aspectos?
4. ¿Qué contacto con la naturaleza y con los animales tienen los campesinos? ¿La gente de la ciudad?
5. ¿Qué diferencias de personalidad y de carácter hay entre los campesinos y los habitantes de la ciudad? ¿Qué diferencias hay en su vida social?

DISCUSIÓN

¿Dónde podría vivir Ud. más contento(a): en la ciudad o en el campo? ¿Por qué? ¿Qué piensa Ud. de la vida en las afueras?

suburbs

COMPOSICIÓN

1. Un(a) sociólogo(a) escribe un breve informe (*report*) para explicar por qué hay tanta gente ahora que quiere dejar las ciudades grandes para vivir en los pueblos pequeños.
2. Un(a) campesino(a) escribe una carta a su vecino, rogándole que no venda su tierra a una compañía que piensa construir un centro comercial y residencial.

metas – goals

¿Qué problemas de la vida moderna ve Ud. aquí?

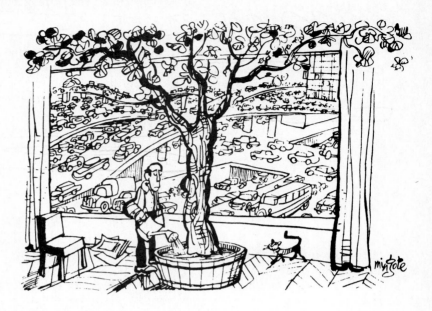

CAPÍTULO UNO

20

Tres minutos de terror*

MAURICIO CARVALLO

A las 6:26 y 37 segundos del miércoles pasado, un terre-
moto° comenzó a sacudir° la provincia de San Juan, Argentina con la inevitable secuela° de muertos, heridos,° casas
en el suelo° y destrucción de la economía. Es el tercer
5 terremoto de magnitud en la provincia. Los anteriores se
produjeron en 1944 y en 1952. En el primero hubo 10 mil
muertos; en él del miércoles pasado, las cifras° oficiales
son (hasta el momento): 65 muertos, 284 heridos, el 85 por
ciento de la parte urbana destruida, 50 mil personas
10 sin casa.

Este terremoto, aunque significó un durísimo golpe° a
Argentina, ocurrió en la mejor hora. Habría dejado un
saldo° espantoso en la moderna Escuela Normal Superior
de la ciudad de Caucete si los 1.700° estudiantes primarios
15 y secundarios hubiesen estado en clases. El gigantesco
edificio (sus columnas no tenían hierro°) cayó aplastando°
las aulas° y las puertas de salida. A gran cantidad° de
personas el terremoto, que duró más de tres minutos,
las sorprendió en la calle o levantándose para ir al
20 trabajo.

Decio Carrizo, de 50 años, agradecía° estar vivo, porque
llegaba tarde a laborar.° El enorme edificio antisísmico°
de la bodega° de vinos adonde iba se cayó al suelo, y él
habría estado dentro. Lo sorprendió a media cuadra° de
25 ahí. «La tierra se movía tan violentamente que todos
caímos de rodillas°—contó Carrizo—Los árboles parecían
arrancarse,° y se oían ruidos subterráneos y espantosos
gritos° de terror».

Mientras hablaba, de la bodega seguía saliendo vino,
30 que había formado ya una gran laguna.° Su dueño°
—irónicamente se llama Víctor Segura—avalúa° los daños°
en 400.000 dólares. «He perdido 20 años en segundos»,
dice con desesperación.

Pero hay personas en Caucete que agradecen a Dios por
35 el «milagro».° Como el viñatero° Hugo Fernández, de 25
años. «Minutos después de las seis—refirió—dormíamos,
e inexplicablemente comenzaron a llorar nuestros hijos.
Le dije a mi esposa que les preparara leche. Cuando
se levantó, vino el sismo.° Pero ya estábamos despiertos

---

*Un artículo de *Hoy,* una revista chilena.

	earthquake / mover violentamente
	consecuencia / *wounded*
	ground
	estadísticas
	durísimo . . . infortunio muy severo
	resultado
	1,700
	iron / *crushing*
	salas de clase / número
	daba gracias de
	trabajar / resistente a terremotos
	warehouse
	a . . . *half a block away*
	de . . . *to our knees*
	uprooted
	screams
	lago pequeño / *owner*
	estima / malos efectos
	miracle / cultivador de viñas
	terremoto

Dos niñas de Caucete, Argentina juegan entre las ruinas de su casa
después del terremoto.

40 como para agarrar° a los niños y ponernos en el umbral°   tomar / frame
    de una puerta. Luego se cayó toda la casa. Logramos salir
    desde abajo, rasguñados° y golpeados,° pero vivos. Lo   scratched / heridos
    he perdido todo y lo que haré ahora depende de Dios».
        Los heridos fueron transportados a dos hospitales de
45 San Juan, donde se les atendió° con eficiencia. Y en uno   se . . . recibieron
    de ellos el administrador general, Joaquín Antonio Duce,   tratamiento
    dijo algo sorprendente: «Teníamos cubierta° la emergen-   en control
    cia, porque la esperábamos. El Congreso Internacional de
    Vulcanología,° desarrollado° en San Juan el año pasado,   Estudio de los volcanes
50 sostuvo que un terremoto era muy probable. Por eso   y terremotos / que
    teníamos preparado un hospital de campaña° con 2.500   tuvo lugar
    camas. ¿Pero no era mejor advertir° a la población? Nos   **hospital** . . . field
    pidieron que no se divulgara,° porque la sicosis° que iba a   hospital
    causar tendría consecuencias aún más graves. Pero yo   to warn
55 nunca creí que iba a ser tan gigantesco».   revelara / psychosis
        Recientemente el Inpres (Instituto de Prevención   (temor exagerado)
    Sísmica) realizó un estudio de riesgo° para cien años. Allí   risk
    se indica que San Juan tiene un 99.8 por ciento de posibili-
    dades de un terremoto grado 8° y un 89.7 de grado 9. Por   grade 8 (on Richter scale)
60 eso el Inpres controla que todas las casas sean anti-
    sísmicas, cosa imposible de lograr° en un departamento   achieve
    pobre como Caucete y sus alrededores,° cuyo único medio°   surroundings / manera
    de subsistencia son las viñas.°   grape vines
        Sus habitantes—con incredulidad y estoicismo—sólo
65 pocas horas después del terremoto comenzaron a elegir°   seleccionar
    los mejores adobes que se habían salvado para reedificar
    sus casas.

OPCIONES MÚLTIPLES

1. Según las cifras oficiales, el terremoto reciente en la provincia de San Juan en Argentina causó la muerte de aproximadamente (*a*) diez mil (*b*) sesenta y cinco (*c*) doscientas ochenta personas
2. El señor Carrizo, que trabajaba en una bodega, está vivo ahora solamente porque (*a*) llegó tarde a trabajar (*b*) salió del edificio rápidamente (*c*) vio que la tierra se movía
3. El administrador del hospital esperaba el terremoto porque había recibido información de (*a*) las reacciones de ciertos animales (*b*) un congreso internacional (*c*) una carta del gobierno
4. Según el estudio de riesgo, el hecho de que otro terremoto severo ocurra en San Juan en los próximos cien años es (*a*) poco probable (*b*) algo probable (*c*) casi seguro

PREGUNTAS

1. Además de los muertos, ¿qué otras consecuencias negativas resultaron del terremoto reciente en Argentina?
2. ¿Por qué se puede decir que el terremoto ocurrió «en la mejor hora»?
3. ¿Dónde estaba el señor Decio Carrizo durante los tres minutos del terremoto? ¿Cómo describe el terremoto él?
4. ¿Cómo se llamaba el dueño de la bodega de vinos? ¿Por qué es irónico su nombre? ¿Conoce Ud. otros nombres que le parezcan irónicos?
5. ¿Por qué estaban despiertos los señores Fernández cuando vino el terremoto? ¿Cómo explica Ud. este «milagro», o cree que era simplemente una casualidad?
6. Como el administrador del hospital sabía que iba a haber un terremoto, ¿por qué no advirtió a la población? ¿Qué piensa Ud. de su decisión?

DISCUSIÓN

1. ¿Por qué cree Ud. que la gente de San Juan, Argentina no se muda a una provincia más segura? ¿Cree Ud., como afirman algunos antropólogos, que la gente que vive en una zona peligrosa desarrolla en su carácter una tendencia a la pasividad o al fatalismo? ¿Por qué?
2. San Francisco, California es una ciudad que, según los expertos, tiene una alta probabilidad de sufrir un terremoto severo en los próximos veinte años. ¿Viviría Ud. allí? Explique. ¿Qué otros lugares considera Ud. muy peligrosos ahora?

FORMACIÓN DE PALABRAS

A. *Convierta Ud. los siguientes infinitivos en adjetivos y sustantivos (nouns) según la fórmula.*

fórmula:

verbo	adjetivo	sustantivo
—ar	—ado	—ación

ejemplo:

informar	informado	información

1. indicar   _____   _____
2. contaminar   _____   _____
3. purificar   _____   _____
4. salvar   _____   _____

(*Otros verbos similares:* obligar, alimentar, desesperar, eliminar, orientar.)

B. *Convierta Ud. los siguientes infinitivos en sustantivos según la fórmula.*

fórmula:

verbo	→	sustantivo
—ar	→	-ancia
—er, —ir	→	-encia

ejemplo:

competir	la competencia

1. creer   _____
2. tolerar   _____
3. depender   _____
4. resistir   _____

(*Otros verbos similares:* advertir, importar, preferir, abundar, persistir.)

José Martí y la vida natural

Introducción

José Martí (1853–95) es el héroe nacional de Cuba, admirado como poeta, profeta y libertador de la patria tanto por los castristas (los que están a favor de Fidel Castro) como por los anticastristas. Fue uno de los grandes pensadores hispanos del siglo XIX que combinaba la vida intelectual y literaria con la vida de acción política. En sus ensayos,
5 cuentos y poesías, aparecen muchas referencias a la vida natural: sencilla y espontánea. La influencia de la naturaleza empezó cuando José era muy pequeño y pasaba unos meses en el campo debido al trabajo de su padre. También, desde muy niño se comprometió con la liberación de Cuba que por entonces quedaba como colonia de España. A los
10 17 años fue condenado como subversivo a seis meses de prisión en trabajos forzosos que

José Martí

dañaron para siempre su salud; luego fue deportado. Así empezó el largo exilio que
pasó en España, Francia, México, Estados Unidos y otros países, trabajando como periodista y profesor y batallando con la pluma para influir sobre la opinión pública a favor
de la liberación de su patria. Regresó allí en 1895 y murió luchando contra las tropas
15 españolas. Nunca vio la tan deseada libertad que Cuba iba a obtener tres años después.
    Las siguientes selecciones son de su largo y popular poema *Versos sencillos*. Hace
unos años algunos cubanos en el exilio les pusieron música a ciertas estrofas, agregaron
un refrán y así crearon la bella canción «Guantanamera», que ha entrado definitivamente
en la tradición folklórica.

Versos sencillos
(selecciones)

JOSÉ MARTÍ

Yo soy un hombre sincero
de donde crece la palma
y antes de morirme quiero
echar° mis versos del alma.°   expresar / *soul*

5 Yo vengo de todas partes,
y hacia todas partes voy:
arte soy entre las artes,
en los montes,° monte soy.   bosques

Yo sé los nombres extraños
10 de las yerbas° y las flores,   plantas
y de mortales engaños,°   falsedades
y de sublimes dolores.°   penas

Todo es hermoso y constante,
todo es música y razón,
15 y todo, como el diamante,
antes que luz es carbón.°   *coal*

xxxxxxxxxxxxxx

Odio la máscara° y vicio   *mask* (hipocresía)
del corredor de mi hotel:
me vuelvo al manso bullicio°   **manso** . . . dulce ruido
20 de mi monte de laurel.

Con los pobres de la tierra
quiero yo mi suerte echar:°   **mi** . . . *throw in my lot*
el arroyo de la sierra
me complace° más que el mar.   gusta

25 Busca el obispo° de España   *bishop*
pilares para su altar;
¡en mi templo, en la montaña,
el álamo° es el pilar!   *poplar tree*

Y la alfombra° es puro helecho,°   *carpet* / **puro** . . . *all fern*
30 y los muros abedul,°   *birch*
y la luz viene del techo°   *roof*
del techo de cielo azul.

xxxxxxxxxxxxxx

[handwritten annotation: his cause is natural, poor will naturally join him]

Estimo a quien de un revés°
echa por tierra° a un tirano:
35 lo estimo, si es un cubano;
lo estimo, si aragonés.°

Yo sé de un pesar° profundo
entre las penas sin nombres:
¡La esclavitud° de los hombres
40 es la gran pena del mundo!

Yo quiero salir del mundo
por la puerta natural:
en un carro° de hojas verdes
a morir me han de llevar.

45 Yo quiero, cuando me muera,
sin patria, pero sin amo,°
tener en mi losa° un ramo°
de flores—¡y una bandera!

de . . . *with one blow*
echa . . . triunfa sobre

persona de Aragón,
 España
sufrimiento

slavery

cart

master, owner
piedra de la tumba /
 bouquet

PREGUNTAS

1. ¿Quién era José Martí? ¿Qué tipo de vida llevó?
2. Según su interpretación, ¿qué quiere decir Martí en la segunda estrofa («Yo vengo de todas partes . . .»)?
3. ¿Por qué prefiere el poeta la vida de los montes a la vida urbana?
4. Describa el templo de Martí. ¿Por qué cree Ud. que muchas personas sienten la presencia de Dios en la naturaleza?
5. Según Martí, ¿cuál es la gran pena del mundo? ¿Qué experiencia tuvo de esta pena?
6. ¿Cómo vemos el amor por la naturaleza en los pensamientos de Martí sobre la muerte? ¿Qué otra pasión de él vemos allí?

DISCUSIÓN

1. ¿Cuáles de los siguientes valores ve Ud. en los *Versos sencillos*? (a) el amor por la libertad (b) el nacionalismo (c) el optimismo (d) el sentimiento religioso (e) el materialismo
2. Según su opinión, ¿qué representa la naturaleza para Martí? ¿Qué encuentra Ud. en la naturaleza?
3. ¿Ve Ud. una correspondencia o una contradicción entre la vida de José Martí y la filosofía que expresa en los *Versos sencillos*?

COMPOSICIÓN

Para Ud., ¿qué es la vida sencilla y natural? ¿Es posible llevarla sólo cuando uno vive en los montes o en el campo?

Temen una catástrofe por la "lluvia ácida"*

KLAUS DALLIBOR

En una serie de lagos norteamericanos sólo se pescan,° desde hace poco, peces grandes. Este hecho,° en apariencia positivo, tiene su lado° malo con relación a la ecología. Expertos que participaron en el congreso anual

5 de la Unión Norteamericana para el Fomento° de la Ciencia dijeron que se observa este fenómeno no sólo en Canadá y en estados norteños° de Estados Unidos, sino también en Europa, principalmente en los países escandinavos.° Posiblemente, todas las naciones industriales

10 estarían afectadas.

Hasta ahora, se ha tratado de explicar el fenómeno mediante° la llamada° «lluvia ácida». Los grandes peces que se pescan en lagos de América del Norte son de elevada edad.° En otras palabras: no hay prácticamente

15 peces jóvenes y, por ello, tales° aguas están a punto de quedar° sin pesca.

Según datos° hechos públicos por la provincia canadiense de Ontario, 140 lagos de la zona están biológicamente muertos. Empero,° científicos como el

20 profesor de botánica Tom Hutchinson, de la Universidad de Toronto, pusieron en duda tales cifras° en el congreso. En su opinión, se trataría de° cifras más altas: de cientos de lagos en Ontario, Quebec y otros territorios del este de Canadá que han «quedado vacíos»° o están a punto

25 de estarlo. Lo mismo ocurre en un tercio° de los lagos del sur de Suecia° y Noruega,° y también en Europa Central se empieza a observar este problema.

Desequilibrio° metabólico

Hutchinson ha constatado° que la causa básica del empeoramiento° de las condiciones de vida en los lagos

30 canadienses es el cambio° en el equilibrio metabólico, sobre todo por lo que hace° al calcio° y al sodio.° Debido a ello—añade—resulta° afectado el plancton y otros organismos menores,° tan necesarios para los peces. A largo

sólo . . . only (big fish) are caught
fact
parte

Promoción

del norte

Scandinavian

por medio de / so-called

de . . . viejos

such

a . . . at the point of being
información

Sin embargo

números

se . . . it was probably a matter of

quedado . . . become empty
un . . . 1/3
Sweden / Norway

Imbalance

confirmado
estado peor
transformación
se refiere / calcium / sodium
está, como consecuencia
pequeños

*Un artículo de *El Día*, un periódico mexicano.

Los ríos y lagos del mundo están llenándose de peces muertos.

plazo° pierden su alimentación° y no pueden existir.
35 «Numerosas especies de peces han desaparecido de
nuestros lagos», se lamentó Hutchinson.

    Los lagos mueren biológicamente por excesiva acidez.°
Se ignora° cómo se produce esta «lluvia ácida», pero es
evidente que ciertas substancias contaminadoras proce-
40 den de numerosos lugares y son transportadas cientos
de kilómetros por el aire, retornando luego a la tierra con
la lluvia, la nieve o la escarcha.° Tales substancias contaminadoras podrían provenir° de los escapes° de los
coches o de centrales energéticas,° por ejemplo de la de
45 Ohio, donde se quema carbón° con alto contenido de
azufre.°

¿Quién tiene la culpa?°

    Las empresas° eléctricas y la industria en las zonas
afectadas han negado° tener culpa alguna en tan funesta°

A . . . finalmente /
comida

acidity
Se . . . No se sabe

frost
originar / exhausts
centrales . . . *power
  stations*
coal
sulfur

tiene . . . *is guilty*

compañías
denied / fatal

evolución y afirman que no hay datos científicos indiscuti-
50 bles° sobre el origen de la «lluvia ácida». El exceso de
acidez en el sur de países escandinavos se debería°—
declaran científicos—a los desechos° industriales de Gran
Bretaña, Alemania° y Polonia; la muerte de los lagos de
Ontario se debería a la contaminación «importada» de los
55 EE.UU.; pero no hay pruebas° definitivas.

    Debido a las consecuencias de trascendencia mundial,°
en la conferencia se pidió un análisis internacional del
problema. «La opinión pública debe ser informada y
los políticos° tienen que tomar medidas° antes de que sea
demasiado tarde», afirmaron.

indisputables
se . . . *is probably due*
desperdicios
Germany

proofs
trascendencia . . .
  importancia
  para el mundo

politicians / **tomar** . . .
  take measures

VERDAD (+) O MENTIRA (0)

1. _____ Los expertos del congreso hablaron de un fenómeno que está presente
sólo en los lagos de los Estados Unidos y del Canadá.
2. _____ Según el profesor Hutchinson, un cambio metabólico está matando al
plancton y a otros organismos menores de los lagos.
3. _____ Ahora los científicos entienden exactamente cómo se produce la lluvia
ácida.
4. _____ Las substancias contaminadoras son transportadas cientos de
kilómetros por el aire, retornando a la tierra cuando hace sol.

PREGUNTAS

1. ¿Es positivo o negativo el hecho de que en ciertos lagos sólo se encuentren peces
grandes? ¿Por qué?
2. ¿Dónde están los lagos que han «quedado vacíos» a causa de la lluvia ácida?
3. ¿Por qué son necesarios para los peces el plancton y otros organismos menores?
¿Qué les pasa a los peces cuando estos organismos mueren a causa de la excesiva acidez de las aguas?
4. ¿Qué es la lluvia ácida? ¿De dónde provienen probablemente las substancias
contaminadoras que la forman en los lagos de Ontario?
5. Las empresas eléctricas y la industria afirman que no tienen la culpa de la lluvia
ácida porque no hay datos «indiscutibles» sobre su origen. ¿Qué piensa Ud. de
esto?
6. ¿Qué países mencionados en el artículo parecen ser víctimas de una lluvia ácida
que proviene de otros países? Según su opinión, ¿qué pueden hacer estos países-
víctimas? ¿Cree Ud. que deben quejarse ante la ONU (Organización de Naciones
Unidas)?

MINIDEBATES

En una o dos frases, explique por qué Ud. está de acuerdo o no con las siguientes declaraciones.

1. El gobierno debe prohibir el uso de productos y preservativos artificiales en los alimentos que se venden en los supermercados.
2. Algunas secciones de los parques nacionales deben ser abiertas a la explotación por la industria de la madera a condición de que se replanten los árboles.
3. Hay que suspender el uso del plástico como materia para empaquetar porque no es biodegradable.

VISTA DEL CONGRESO SOBRE LA ENERGÍA

Cuatro estudiantes adoptarán las siguientes identidades para presentar su punto de vista sobre la energía ante los representantes del Congreso (el resto de la clase). Los «representantes» deben hacerles preguntas a estos cuatro individuos:

> un(a) ecólogo(a) que cree en la energía solar
> el (la) presidente de *Engulf*, una compañía petrolera (*oil*)
> un(a) ingeniero(a) que defiende la energía nuclear
> un(a) científico(a) que señala la abundancia del carbón (*coal*)

Vocabulario auxiliar

aprovecharse de *to take advantage of*
la calefacción (*v.* calentar) *heating*
el costo *cost*
desperdiciar *to waste*   los desperdicios *waste materials*
económico, barato *inexpensive, cheap*
la escasez *shortage*
la ganancia *profit*
la gasolina

los impuestos *taxes*
la mancha de petróleo *oil spill*
la minería a superficie *strip mining*
las multas *fines*
el peligro (*adj.* peligroso) *danger*
el petróleo *oil*
la planta de energía nuclear
los preventivos *safeguards*

El indio y los animales*
una leyenda maya

LUIS ROSADO VEGA

Antigua es esta Tradición, tanto como lo más antiguo en esta tierra de indios. Acaso° sea la más antigua. Fue allá en los más lejanos° tiempos, en los más lejanos. Fue en el Principio de los Principios, cuando apenas la Vida comen-
5 zaba en estas tierras.

Tal vez, Quizás
distant

---

*De *El alma misteriosa del Mayab*, colección de leyendas de los indios mayas, antiguo pueblo de México y Centroamérica. El período clásico de los mayas fue de 300 d.C.–900 d.C. (d.C. = después de Cristo).

El Dios del *Mayab*,° que es como decir, el más grande de
los dioses, había creado al indio. Formó su cuerpo del
barro° rojo de la tierra, y por eso su piel° es del color de la
tierra. Formado estaba el hombre, pero aún carecía de

10 aliento.° Tomó entonces Dios aquel cuerpo y lo condujo
a la boca de una cueva,° allí donde se siente salir de vez
en vez una ráfaga° refrescante y pura. Esa ráfaga penetró
en el cuerpo del hombre y así se le formó el alma.° Por eso
el indio ama las cavernas de sus bosques, porque sabe

15 que en ellas está el Buen Espíritu.
　　　Entonces vivía el indio maya familiarmente con todos
los animales, con todos, desde la más recia° de las bestias
hasta el insecto más humilde.° Desde entonces también
sabe el lenguaje de los animales de sus selvas y éstos

20 saben igualmente el lenguaje del indio. Fue en aquel
tiempo en que a las puertas de su choza,° cuando el sol no
sale aún, o a la hora del crepúsculo,° para charlar sobre
las cosas de la jornada° diaria, el indio se rodeaba de°
todos los animales como si formaran una familia sola. En-

25 tonces todos los animales lo ayudaban en sus faenas,° y
él los atendía a todos y cuidaba° de todos.
　　　El conejo° con sus pequeños dientes desgarraba° los
granos del maíz. Los pájaros bajaban los frutos que
habrían de alimentar a todos. El pájaro carpintero° tro-

30 zaba° las ramas de los árboles para hacer las cercas.° El
venado° era el mensajero que corría rápido de un lugar a
otro para comunicar a los indios entre sí. La luciérnaga°
era la encargada° de iluminar de noche los caminos. El
ave *Xkokolché* que es la más canora° cantaba para ador-

35 mecer a los polluelos° de las demás aves y el indio también se adormecía escuchándola.
　　　Así todos y cada uno de los animales, en compañía del
hombre que era el Señor de todos ellos, se dedicaban
al oficio° que su Dios les había dado para hacerlos felices

40 y para hacer feliz al hombre.
　　　Entonces el indio se alimentaba de° granos y frutos
solamente. El maíz, el frijol,° la calabaza° y el chile lo
llenaban regiamente° y no sentía necesidad de otras
cosas para satisfacerse.

45 　　Por eso los animales tenían confianza en él, conversa-
ban con él y dormían cerca de su choza y en los árboles
más próximos. Porque el Gran Dios hizo a los hombres y a
los animales para vivir juntos y ayudarse mutuamente,
pero el Genio del Mal° hizo la separación que hasta hoy

50 subsiste.°
　　　Y fue así como llegó la hora inicua° según recuerda la
vieja Tradición. Una noche el indio no dormía. Sin explicarse la razón se sentía inquieto.° Por primera vez en

---

civilización maya

clay / skin

carecía . . . no podía
　respirar
caverna
viento fuerte
soul

fuerte

modesto

casa rústica, cabaña
twilight
trabajo / **se** . . . *sur-
　rounded himself with*
labores
took care
rabbit / abría

pájaro . . . *woodpecker*
rompía / *fences*
deer
firefly
responsable
musical
pajaritos

ocupación

se . . . comía
kidney bean / *squash*
espléndidamente

Genio . . . Espíritu malo
continúa
mala

intranquilo

su vida sentía aquel malestar° inexplicable. Se levantó de

55 la cama, salió a la puerta de su cabaña para distraer°
su inquietud y su ansia.° Todo estaba bañado en aquellos
momentos por la claridad lunar. Vio a los animales que
dormían cerca de su choza, oyó el leve° palpitar de sus
corazones, vio las ramas de los árboles inclinadas sobre

60 la tierra como si también durmieran. Sintió el airecillo°
fresco de la noche, se creyó más tranquilo y entonces trató
de penetrar° nuevamente a la cabaña. Pero en ese momento sintió que algo como una fuerza extraña le detenía°
los pies.

65   Miró hacia el bosque lívido de luna, y vio como saliendo
de la espesura° una sombra° se adelantaba hacia él.
Una sombra extraña y horrible, deforme de cuerpo y
llena de pelos.° Tenía órganos de distintos animales y
distribuidos en forma tal° que la hacían incomprensible.

70 Sus ojos enormes y desorbitados° brillaban tan siniestra-
mente que helaban de espanto.° Sintió miedo el indio
y llamó a los animales que dormían más cerca, pero ninguno despertó como si por un maleficio° hubiesen quedado paralizados.

75   La sombra llegó hasta él y entonces le habló con una voz
horrible y ronca.° Y fue para decirle:
    —Es en vano que trates de despertar a tus compañeros.
Esos animales no volverán a la vida hasta que yo me
vaya. Tú eres un hombre cándido° y puro porque estás

80 lleno del espíritu de aquél que es mi Enemigo. Pero es
fuerza° que también conozcas al Espíritu del Mal, porque
has de saber que de Bien y de Mal° ha de vivir el hombre
Yo soy el *Kakazbal* o sea la Cosa Mala que reina° en la
noche. Yo soy el que se alimenta de la carne°del hombre

85 igualmente que de la de los animales. Yo soy el que bebe

sensación de estar
  incómodo, preocupado
olvidar
agitación

delicado

viento pequeño

volver
was holding back

bosque denso / *shadow*

hairs
en . . . *in such a way*
salidos de sus órbitas
helaban . . . *made one
  freeze with fear*
magic spell

hoarse

inocente

necesario
de . . . *by Good and Evil*
predomina
flesh, meat

la sangre de los niños. Yo soy el que da la mala savia° a
las plantas que envenenan.° Yo soy el que tuerce° las
cosas y las rompe o las destruye. Yo soy el que detiene a
las nubes para que no llueva y se pierdan las cosechas.°
90 Yo soy el que da las enfermedades y da la muerte.

    —¿Y por qué haces tanto daño?° le dijo el indio tembloroso y con el espanto° en el alma.

    —Ya te lo he dicho porque es necesario que no sólo el
Bien sino también el Mal reine sobre la Tierra. Además
95 quiero enseñarte a ser menos cándido. Esos animales que
ves y que están a tu alcance° pueden satisfacer tus gustos.
Mátalos para devorar sus carnes y sentirás lo sabrosas°
que son. Tú no sabías esto y vine a decírtelo en provecho
tuyo.° Prueba° y verás . . .
100   Comenzaba a amanecer° y el *Kakazbal* se fue como
había venido, por miedo al día que se avecinaba.° De
pronto el indio maya quedó perplejo. No sabía cómo explicarse aquella visita inesperada° y menos entender los
consejos° que había oído. ¿Matar a los animales para
105 devorarlos? ¿Y por qué si ellos no le hacían daño alguno,
sino antes al contrario lo ayudaban en su vida? Sin embargo una como maligna curiosidad picó° su alma . . .
¿Por qué no probar? A punto de° que el alba° asomaba° se
oyó el primer canto de algunas aves. Fue entonces cuando
110 los animales despertaron volviendo a la vida, se aproximaron° al hombre para hablarle como era su costumbre,
pero lo hallaron tan cambiado, vieron en su cara señales°
de violencia y tuvieron miedo e instintivamente se fueron
alejando° de él.
115   El hombre había perdido su pureza primitiva, había
cambiado. El *Kakazbal* había infundido° en él el espíritu
del Mal. Y se dice que desde entonces aprendió el indio la
gula° y comenzó a comer carne, aunque siguió y sigue
haciendo de los granos su alimento básico. Aprendió
120 la crueldad y comenzó a matar a los animales. Aprendió
la astucia y comenzó a ponerles trampas° para atraparlos.
Los animales le tuvieron miedo y comenzaron a retirarse
de su lado y a ocultarse cada uno en su guarida.°
    Fue en aquella noche nefasta° cuando por primera vez
125 apareció el *Kakazbal* en la tierra maya, y desde entonces
la sigue recorriendo, especialmente en las noches de
luna en conjunción.°
    Fue desde entonces cuando algunos pájaros comenzaron a imitar el gemido° en sus cantos, porque en efecto
130 lloran.
    Fue desde entonces cuando algunos animales gritan
como con gritos lastimeros.°

Margin glossary:

sap
poison / twists

harvests

haces . . . *do you do so much harm*
miedo grande

a . . . *within your reach*
deliciosas

en . . . *por tu propio bien / Try it out*
to become light
se . . . llegaba

unexpected
recomendaciones

estimuló
A . . . *en el momento / dawn / se mostraba*

se . . . llegaban
indicaciones

apartando

inspirado

exceso en la comida

traps

refugio de animales
mala

en . . . cerca de otros planetas
lamento

dolorosos

Lloran y se lastiman de la separación del hombre para cuya compañía habían nacido todos.

135   Pero no importa. La Tradición concluye diciendo que todo esto es transitorio, porque el Espíritu maligno habrá de ser vencido en forma absoluta por el Espíritu del Bien, y que día vendrá en que todo vuelva a ser como fue en los principios.

PREGUNTAS

1. Según la tradición, ¿de qué formó Dios el cuerpo del indio?
2. ¿Por qué ama las cuevas el indio maya?
3. Describa Ud. las relaciones que existían entre el hombre y los animales en tiempos antiguos. Dé ejemplos de lo que hacían.
4. ¿Qué comía el indio?
5. ¿Por qué salió el indio de su cabaña una noche?
6. ¿Cómo era el *Kakazbal*? ¿Qué cosas malas hacía?
7. ¿Cuál fue su mensaje al indio?
8. ¿Cómo cambió el indio después de la visita del *Kakazbal*?
9. ¿Cómo cambiaron los animales?
10. ¿Termina el cuento en forma optimista o pesimista?
11. ¿Cree Ud. que hay algo de valor humano en una leyenda como ésta o es simplemente una historia fantástica?

1. ¿Ha comido Ud. alguna vez carne de venado (*deer*)? ¿Qué piensa Ud. de la costumbre francesa de comer carne de conejo y de caballo? ¿De nuestra costumbre de comer carne de vaca?
2. Dicen que la gente moderna abusa de los animales. ¿Qué opina Ud. de la crianza de pollos (*chickens*) y de otros animales en cajitas muy pequeñas? ¿Del uso de los ratones y otros animales en los experimentos científicos? ¿De la disección de perros, gatos y otros animales en las clases de biología?

MINIDEBATES

En una o dos frases, explique por qué Ud. está de acuerdo o no con las siguientes declaraciones.

1. Es ridículo e inmoral mantener perros u otros animales domésticos cuando hay mucha gente pobre que tiene poco para comer.
2. La caza (*hunting*) sin necesidad es una crueldad gratuita que se debe prohibir definitivamente.
3. Todos estaríamos mucho más sanos y felices si no comiéramos nada de carne.

2

CAMBIOS
SOCIALES

Vocabulario preliminar

Estudie el vocabulario antes de leer el artículo sobre la sociedad incaica (de los incas). Luego, utilice Ud. este vocabulario como medio de consulta durante su estudio del capítulo.

1. **cambiar** variar, modificar, alterar; **cambio (el)** modificación
2. **cárcel (la)** prisión, edificio para encerrar prisioneros
3. **castigar** imponer una pena a alguien por un crimen; **castigo (el)** pena que se impone por un crimen
4. **derecho (el)** autoridad de actuar o de pedir una cosa; **tener derecho a** *to have a right to*
5. **desempleo (el)** falta de empleo (trabajo)
6. **desigualdad (la)** falta de igualdad, diferencia en la distribución de derechos y privilegios
7. **escoger** elegir, optar por
8. **gobierno (el)** mando, administración, control de una nación
9. **guerra (la)** conflicto armado entre dos o más países o entre los individuos de un mismo territorio
10. **luchar** combatir, pelear; **lucha (la)** combate, pelea
11. **mayoría (la)** el número más grande, la parte más grande, más del 50 por ciento
12. **minoría (la)** el número más pequeño, la parte más pequeña, menos del 50 por ciento
13. **paz (la)** situación de un país que no sostiene guerra con ningún otro país
14. **pobreza (la)** condición de ser pobre, falta de lo necesario para vivir
15. **riqueza (la)** condición de ser rico, posesión de mucho dinero y bienes

Las ruinas de Machu Picchu en los Andes del Perú, monumento a la antigua civilización incaica.

Vida y costumbres en el imperio "socialista" de los incas

El imperio de los incas (1100–1533 d.C.), que se extendía 2.500 millas de norte a sur y ocupaba gran parte de lo que hoy es Colombia, Ecuador, Perú, Bolivia, Argentina y Chile, tenía una forma de gobierno que en algunos aspectos se podría llamar «socialista».

1. Organización

En general, la propiedad no era privada; era colectiva. Por eso, había una gran seguridad económica. Los ancianos (personas viejas) y los enfermos recibían del gobierno medicinas y todo lo necesario para vivir. Toda la gente común trabajaba en las tierras excepto cuando tomaba su turno en la *mita* (el servicio del estado), luchando como soldado en las guerras, o trabajando en las minas o en la construcción de obras públicas.

2. Logros

Los indios de estas regiones eran excelentes ingenieros y constructores. Con piedra construyeron magníficos palacios, templos, acueductos, muros y puentes. Aunque no conocían la palabra escrita, tenían un buen sistema de comunicaciones por medio de mensajeros que recorrían las 10.000 millas de caminos, a veces llevando un *quipu*, un grupo de cordones con nudos que representaban números y cálculos importantes. Se practicaba la agricultura con gran éxito, obteniendo muchos más productos de los que necesitaban. Por eso un tercio (1/3) de la producción estaba guardado para tiempos de emergencia, y otro tercio se quemaba como ofrenda a los dioses. Se cultivaban alimentos (cosas para comer) que no se conocían en la Europa de esos tiempos: camotes, cacahuates, calabazas, papayas, piñas, aguacates y, principalmente, papas.

3. Beneficios

Como consecuencia de la abundancia y de la eficiencia del imperio, no existía ni el hambre ni la pobreza ni el desempleo (falta de trabajo). Tampoco existía el dinero, y en realidad no se necesitaba. Cuando ocurría algún acto criminal, el castigo era rápido y severo. Quizás por todas esas razones, había muy poco crimen. No había muchas guerras tampoco, porque los militares usualmente mantenían la paz, excepto cuando conquistaban nuevos

territorios. La autoridad central tomaba casi todas las decisiones, y el individuo no tenía que preocuparse por el futuro.

4. Desventajas (Puntos negativos)

«Mucha seguridad, poca libertad». Esta frase describe brevemente la situación de la gente común. El individuo tenía que obedecer reglas (instrucciones obligatorias) sobre casi todos los aspectos de la vida: hasta sobre su manera de vestirse. No podía viajar sin permiso, ni escoger su residencia, ni cambiar de trabajo. Ni siquiera tenía derecho a vivir sin esposo(a), porque los que no estaban casados a la edad de 25 años tenían que casarse, a veces en ceremonias masivas. El estado no era tolerante con los desobedientes. Los perezosos (los que no querían trabajar) eran considerados criminales; los metían en la cárcel o los condenaban a muerte.

5. La clase noble

En el imperio de los incas había una minoría de nobles, un pequeño grupo, que no vivía como la mayoría. Según la religión oficial, el dios supremo era el sol, y el gran jefe, que se llamaba el «Inca», era su descendiente directo. El Inca se casaba con sus hermanas y era adorado por el pueblo como un ser divino. Él, su familia y los otros nobles vivían en la sagrada ciudad de Cuzco, en medio de una gran opulencia y riqueza material. Tenían privilegios exclusivos, casas elegantes, escuelas especiales, sirvientes y ricos adornos, y los hombres de esta clase tenían el derecho a vivir con muchas mujeres. Naturalmente, la gran desigualdad de oportunidades entre la clase noble y la clase común aparta mucho a esta sociedad del ideal de la teoría socialista.

1. _____ la ciudad sagrada donde generalmente vivían los nobles
2. _____ un grupo de cordones con nudos que se usaba para representar cálculos
3. _____ eran castigados severamente
4. _____ el gran jefe que se consideraba divino
5. _____ no existía en el imperio de los incas
6. _____ el servicio público en el que era obligada a trabajar la gente común
7. _____ el alimento principal de la gente del imperio
8. _____ el dios supremo
9. _____ materia que se usaba para construir magníficos templos, puentes, etc.

a. la mita
b. el quipu
c. el Inca
d. la papa
e. Cuzco
f. la palabra escrita
g. el sol
h. la piedra
i. los perezosos

PREGUNTAS

1. ¿Dónde se situaba el antiguo imperio de los incas?
2. ¿En qué aspectos era «socialista»?
3. ¿Eran buenos o malos agricultores los indios del imperio? Explique.
4. Según su opinión, ¿por qué no era necesario el dinero en aquella sociedad? ¿Le gustaría a Ud. vivir en una sociedad sin dinero o no? ¿Por qué?
5. ¿Qué problemas y tensiones sufrimos nosotros que no sufrían los incas?
6. ¿Qué desventajas había para el individuo en la sociedad incaica?
7. Describa Ud. la vida de los nobles. Si pudiera elegir, ¿preferiría Ud. ser uno de los nobles más altos entre los incas o un individuo común del siglo XX? ¿Por qué?

DISCUSIÓN

Para Ud., ¿qué vale más: la seguridad o la libertad?

EJERCICIO DE VOCABULARIO

Muchos sustantivos (*nouns*) en inglés que terminan en **-ty** corresponden a sustantivos españoles que terminan en **-dad.** Siempre son femeninos. Después de leer el artículo, escriba Ud. el sustantivo español que corresponda a las siguientes palabras. Tenga cuidado con las diferencias de ortografía.

ejemplo:
security   **la seguridad**

1. property   _____
2. society   _____
3. community   _____

4. opportunity   _____
5. equality   _____
6. authority   _____

Después de leer el artículo, escriba Ud. los antónimos de las siguientes palabras:

ejemplo:
la guerra   **la paz**

1. la minoría   _____
2. la pobreza   _____
3. la igualdad   _____

4. la vida   _____
5. el empleo   _____
6. la inseguridad   _____

TEMAS DEL DÍA

el desempleo   el control de la venta de pistolas
la guerra   la seguridad militar del país
la pobreza   la reducción de la tasa (rate) de interés
la ecología   las condiciones de las cárceles
la discriminación   los derechos humanos
la inflación   las relaciones diplomáticas con el tercer mundo/con los países
las huelgas (strikes)   democráticos/con los países comunistas

1. En palabras sencillas, defina Ud. los términos de la primera columna.
2. Si Ud. fuera candidato(a) a la presidencia de los Estados Unidos (EE.UU.), ¿qué cuestiones (*issues*) consideraría como las más urgentes del momento actual? ¿Por qué?
3. Según su opinión, ¿cuáles de estos problemas ocupan la atención del presidente que ahora reside en la Casa Blanca? ¿Cuál prefiere Ud., la política externa (*foreign policy*) del presidente o su política interna? ¿Por qué?
4. ¿Cree Ud. que los maestros (*teachers*) deben tener derecho a hacer huelga o no? ¿Las enfermeras (*nurses*)? ¿Los prisioneros? Explique.

MAFALDA

La edad de las computadoras

un diálogo

(Dos estudiantes de habla española charlan y toman café en la cafetería de una universidad norteamericana.)

MARIO — ¿Por qué estás enojada?

HELENA — ¿Es tan obvio? Estoy realmente frustrada. Hoy recibí otra carta del Departamento de Impuestos y llevaba el mismo mensaje estúpido que las tres anteriores. La computadora cometió un error y me cobró demasiado. Yo les he escrito cinco veces para explicarles, pero allí no hay nadie que lea mis cartas—¡solamente máquinas! Me dio tanta rabia que los llamé por teléfono, a larga distancia. ¿Y qué crees que pasó?

MARIO — Me lo imagino. Contestó una grabadora.

HELENA — ¡Exacto! Dicen que las máquinas son nuestros esclavos, pero a veces creo que es al revés.

MARIO — Es verdad. Hace un mes mi hermana perdió su trabajo en el banco. La reemplazaron con una computadora. Y lo mismo pasa en los supermercados . . .

HELENA — Y en las fábricas y oficinas. Leí en el periódico que en los EE.UU. hay más de 5.000 robots industriales, y los expertos calculan que en diez años los robots llegarán a formar entre el 4 por ciento y el 7 por ciento de los trabajadores.

MARIO — Vi un programa sobre esto en televisión. Los japoneses están fabricando un robot para trabajar de noche en las tiendas. El robot limpia el piso y al mismo tiempo sirve de guardia, enviando una alarma por radio si detecta humo o la presencia de un criminal. También han inventado un robot-enfermero que les lleva comida a los pacientes y los deposita en el baño o en la cama. ¡Qué fantástico! ¿no?

HELENA — ¡Qué horror, más bien! Los enfermos necesitan el contacto humano de una buena enfermera. La sonrisa, por ejemplo.

MARIO — Quizás el robot puede sonreír también . . .

HELENA — ¿Una sonrisa electrónica? No faltaba más. ¿Para qué inventar máquinas que le quitan el empleo a la gente?

MARIO — Esa gente podrá seguir cursos de computación y así obtendrá trabajo más interesante.

HELENA — No toda la gente tiene cabeza para esto. La mayoría de las personas necesitan un trabajo, aunque sea un trabajo aburrido. Por eso me opongo a la fabricación de robots, excepto para trabajos realmente repugnantes o peligrosos.

MARIO — Pero las grandes compañías quieren los robots.

HELENA — Naturalmente, porque los robots no se quejan, no piden más dinero ni una hora para tomar café, no forman sindicatos . . .

MARIO — Es cierto. Pero, Helena, no puedes parar el progreso. Piensa un momento en las maravillas que hacen las computadoras en el programa espacial.

¿Q-u-i-e-r-e-n u-s-t-e-d-e-s m-á-s c-a-f-é?

HELENA — Es maravilloso, pero cuesta mucho dinero, y mientras tanto el gobierno reduce los programas sociales para los pobres y para los viejos.

MARIO — Con el taxi espacial es posible hacer experimentos bajo condiciones especiales. Posiblemente se descubrirán curas para enfermedades y se llegará a nuevos mundos. ¿Quién sabe lo que encontraremos?

HELENA — Sí, es emocionante, pero también me asusta. El ser humano no se adapta tan rápidamente.

MARIO — En eso tienes razón, pero es imposible frenar el espíritu de curiosidad. Y además, por nuestra seguridad militar, necesitamos este programa.

HELENA — Para mí ése es un argumento en contra. La idea de armas nucleares que van en órbita alrededor del mundo me aterroriza.

MARIO — ¿Por qué? Ahora las hay en submarinos, y tenemos más de lo suficiente para destruir el mundo. Lo importante es que las dos superpotencias, los EE.UU. y la Unión Soviética, mantengan una igualdad en las armas nucleares. Así ninguna de ellas se atreverá a usarlas por miedo de las represalias de la otra.

HELENA — Teóricamente tienes razón. Pero en realidad lo que desean todos los gobiernos no es la igualdad sino la superioridad. La única manera de conseguir la paz es una prohibición absoluta de la fabricación de armas nucleares.

MARIO — Pero esto tendría malos efectos sobre la economía, creando más desempleo.

HELENA — Es cierto. ¡Qué complicado! Creo que necesito olvidarme de los problemas mundiales. ¿Qué piensas hacer esta tarde? ¿Me invitas?

MARIO — ¡Cómo no! Vamos al club a jugar a los juegos electrónicos.

HELENA — ¡Mario! Estoy harta de máquinas. ¿No hay una película en el cine de la universidad?

MARIO — Sí, pero no te va a gustar . . . Se llama *La invasión de los robots del planeta X*.

HELENA — ¡Dios mío!

MAFALDA

VERDAD (+) O MENTIRA (0)

1. _____ Cuando Helena llamó al Departamento de Impuestos le contestó una secretaria.
2. _____ Según Helena, ahora hay más de 50.000 robots industriales en los EE.UU.
3. _____ Helena está completamente en contra del uso de los robots.
4. _____ Mario cree que lo importante es que las dos superpotencias mantengan la igualdad en las armas nucleares.

PREGUNTAS

1. ¿Por qué está frustrada Helena?
2. ¿Qué le pasó a la hermana de Mario?
3. ¿Qué tipos de robots nuevos han fabricado los japoneses?
4. ¿Qué piensa de los robots Helena? ¿Qué piensa Ud. de ellos? ¿Por qué los quieren las grandes compañías?
5. ¿Por qué le gusta a Mario el programa espacial de los EE.UU.? ¿Qué opina Helena de este programa?
6. ¿Cree Ud., como Helena, que es necesario declarar una prohibición absoluta de la fabricación de armas nucleares? Explique.
7. ¿Cómo se llama la película que se está presentando en el cine de la universidad? ¿Le gustan a Ud. las películas de ficción científica o no? ¿Por qué?

ENTREVISTAS «EN LA CALLE»

Un «voluntario» hará el papel de un(a) «periodista ambulante» (*roving reporter*) que entrevista a la gente de la calle (los otros estudiantes) sobre los siguientes temas. El (la) «periodista» puede usar un lápiz como micrófono y presentarse así:

CAMBIOS SOCIALES

«Buenos días, soy _____, un(a) periodista del famoso periódico _____, y deseo su opinión. ¿Qué piensa Ud. de . . .?»

—la idea de reducir la semana de trabajo a treinta horas?
—los juegos electrónicos?
—el uso de una computadora que habla, en vez de un(a) médico(a), para diagnosticar las enfermedades?
—el uso de una computadora para enseñar español?

COMPOSICIÓN

Mi conversación con una computadora.

La United Fruit Co.

PABLO NERUDA

Introducción

   Pablo Neruda (1904–73), eminente poeta chileno que recibió el Premio Nobel en 1971. Su poesía trata una enorme variedad de temas: desde el amor y la muerte hasta el humilde pepino. El siguiente poema es un buen ejemplo de la poesía política que forma una parte importante de su obra. Neruda critica a las compañías multinacionales, en particu-
5 lar, La United Fruit, por su arrogancia, crueldad y explotación de las naciones de Centroamérica. El poeta admite que hay corrupción por parte de los centroamericanos, pero les echa la culpa a las grandes compañías extranjeras que corrompen a los líderes, regalándoles enormes sumas de dinero y grandes poderes («coronas de César»). Así, en vez de un gobierno serio, se establece «la ópera bufa» y la dictadura de las «moscas».
10   Representantes de las compañías responden a estas acusaciones, alegando que sus operaciones traen beneficios al país: desarrollo económico; empleo; casas, escuelas y clínicas para los trabajadores, etc. En tiempos recientes, la United Fruit ha tratado de introducir algunas reformas—por ejemplo, el empleo de más centroamericanos en puestos ejecutivos—pero ha tenido muchos otros problemas. La compañía, que desde 1968 se
15 llama la United Brands Co. debido a un cambio de propietarios, tuvo que vender algunas de sus tierras, y ya no tiene la gran riqueza y el poder de antes. Sigue sus negocios y, según algunas interpretaciones, su explotación, a escala menor.

Cuando sonó la trompeta,° estuvo
todo preparado en la tierra,
20 y Jehová repartió° el mundo
a Coca-Cola Inc., Anaconda,
Ford Motors y otras entidades:
la Compañía Frutera Inc.
se reservó lo más jugoso,°
25 la costa central de mi tierra,

Cuando . . . *When the trumpet sounded, at the time of creation*
Jehová . . . Dios distribuyó

lo . . . *the juiciest part*

la dulce cintura° de América.
Bautizó° de nuevo sus tierras
como «Repúblicas Bananas»,
y sobre los muertos dormidos,
30 sobre los héroes inquietos
que conquistaron la grandeza,
la libertad y las banderas,°
estableció la ópera bufa:°
enajenó los albedríos,°
35 regaló coronas de César,
desenvainó° la envidia, atrajo
la dictadura de las moscas,°
moscas Trujillos, moscas Tachos,
moscas Carías, moscas Martínez,
40 moscas Ubico,° moscas húmedas
de sangre humilde y mermelada,°
moscas borrachas° que zumban°
sobre las tumbas populares,
moscas de circo,° sabias° moscas
45 entendidas° en tiranía.

Entre las moscas sanguinarias°
la Frutera° desembarca,
arrasando° el café y las frutas,
en sus barcos que deslizaron°
50 como bandejas° el tesoro
de nuestras tierras sumergidas.°

Mientras tanto,° por los abismos
azucarados° de los puertos,
caían indios sepultados°
55 en el vapor de la mañana:
un cuerpo rueda,° una cosa
sin nombre, un número caído,
un racimo° de fruta muerta
derramada° en el pudridero.°

dulce . . .	*sweet*
	waistline
	Baptized
	flags
	cómica
enajenó . . .	corrompió a
	los hombres, *alienated*
	their free will
	unsheathed
	flies
Trujillos . . .	nombres de
	dictadores de tiempos
	anteriores, de Centro-
	américa
húmedas . . .	*damp with*
	humble blood and jelly
	drunken / buzz
	circus / inteligentes
	expertas
	bloody
	Compañía Frutera
	llenando
	slipped away
	trays
	sunken
Mientras . . .	*Meanwhile*
	sugary
	buried
	rolls
	branch
	thrown away / garbage
	heap

Pablo Neruda, al recibir las noticias de que ha ganado el Premio Nobel.

PREGUNTAS

1. Al comienzo sarcástico del poema, ¿qué hizo Jehová? ¿Qué actitud de las grandes compañías norteamericanas critica el poeta aquí?
2. ¿Cómo cambió la Compañía Frutera los nombres tradicionales de las naciones? ¿Qué tipo de gobierno fue producido por el dinero y la corrupción de la Frutera?
3. ¿Por qué cree Ud. que Neruda compara los dictadores a las moscas? ¿Qué cualidades atribuye a estas «moscas»?
4. Según la última visión del poema, ¿cómo consideraba la Compañía a los indios que trabajaban para ella?
5. En palabras sencillas, describa Ud. las consecuencias de la presencia norteamericana en Centroamérica, según el poeta.

DISCUSIÓN O COMPOSICIÓN

1. ¿Es justa esta fuerte crítica de las grandes compañías que establecen negocios en otros países? ¿O cree Ud. que a veces estas compañías traen beneficios? Explique.
2. ¿Cree Ud. que los EE.UU. debe romper relaciones diplomáticas con naciones que sistemáticamente violan los derechos humanos? ¿Por qué?

Direcciones políticas

LA IZQUIERDA ←		→ LA DERECHA
LOS IZQUIERDISTAS ← →	LOS MODERADOS ← →	LOS DERECHISTAS
(están a la izquierda)	(están en el centro)	(están a la derecha)

En política, ¿entiende Ud. la diferencia entre la izquierda y la derecha? Tradicionalmente, los que están a favor de un gobierno formado por un pequeño grupo establecido son considerados «la derecha» o «derechistas». Los que favorecen un gobierno de las masas son considerados «la izquierda» o «izquierdistas». ¿En
5 qué categoría pondría Ud. a los anarquistas, socialistas y comunistas? ¿Y a los fascistas y monárquicos? Frecuentemente se llama «moderados» a los que favorecen una república, porque por medio de las elecciones una república combina el gobierno de un pequeño grupo con la participación de las masas. En tiempos

recientes estos términos han llegado a tener un uso muy relativo. Muchas veces
10 el que quiere cambiar el sistema tradicional es considerado «izquierdista» o
«liberal»; el que apoya (*supports*) el sistema tradicional es llamado «derechista»
o «conservador». Según su opinión, de los políticos de hoy, ¿cuáles son izquierdistas, derechistas, moderados?

«-ISTAS» E «-ISMOS»

Frecuentemente, para hablar de una persona que cree en una determinada ideología, se usa la terminación **-ista**. Esta terminación es la misma para referirse a un
hombre o a una mujer. Siga Ud. el ejemplo.

Sistema   *Persona que cree en el sistema*
ejemplo:
el extremismo   **un(a) extremista**

1. el comunismo   _____   3. el pacifismo   _____
2. el fascismo   _____   4. el materialismo   _____

(*Otros ejemplos:* el militarismo, el anarquismo, el capitalismo, el imperialismo, el
socialismo, el escapismo.)

"Guernica" de Pablo Picasso: Una pintura de protesta

Guernica del pintor español Pablo Picasso es uno de los
cuadros° más famosos del arte moderno. Para apreciarlo,   *pictures*
hay que saber un poco sobre la historia española de este
siglo.
5 La Guerra Civil española (1936–39), un preludio militar y
político a la Segunda Guerra Mundial, fue una de las
luchas° más crueles que haya conocido la historia. Tuvo   *combates*
sus orígenes inmediatos en la fundación° de la Segunda   *creación*
República en 1931, después de la caída° de la monarquía.°   *fall* / gobierno por
10 El nuevo gobierno reformista y anticlerical pronto fue ata-   un rey o una reina
cado por los conservadores, y durante cinco años España
pasó por una época caótica con terrorismo de la derecha y
de la izquierda. En 1936 se levantó contra la República
un grupo de militares que querían restablecer el orden y
15 la tradición. Su bando° se llamaba «los nacionales» e   grupo

Pablo Picasso. Guernica. (mayo–junio, 1937.) El cuadro, hecho al óleo sobre lienzo, mide 7,82 metros (25'5¾") de ancho por 3,50 metros (11'5½") de alto. En 1981 fue devuelto a España por el Museo de Arte Moderno de Nueva York. Ahora está en el Museo del Prado, Madrid.

incluía el ejército,° la iglesia católica, los monárquicos y
un número muy pequeño de falangistas.° El otro grupo,
«los republicanos», estaba compuesto de personas que,
por diversas razones, deseaban mantener una república:
20 liberales, socialistas, anarquistas, separatistas y un
número pequeño de comunistas.

 La violencia de la guerra aumentó° con la participación
de Alemania° e Italia, que estaban en poder de Hitler y
Mussolini. Éstos ayudaron a los nacionales españoles con
25 tropas y armas especializadas que querían probar.° Rusia,
al mando de Stalin, apoyó° técnica y moralmente a los
republicanos. Voluntarios de todas partes del mundo
acudieron° a combatir, especialmente del lado republicano, en las Brigadas Internacionales. La tragedia es que
30 toda esta intervención de afuera° produjo una gran polari-
zación e hizo que el conflicto se convirtiera pronto en una
lucha entre el fascismo y el comunismo, a pesar de que
muy pocos españoles profesaban esas ideologías. En 1939
los nacionales triunfaron bajo el liderazgo° del general
35 Francisco Franco; pero la lucha entre el fascismo y el
comunismo continuaría al iniciarse la Segunda Guerra
Mundial.

 Durante la Guerra Civil los dos bandos cometieron
atrocidades. Una de las más horrorosas fue el bombardeo°
40 por los nacionales en 1937 de Guernica, un pequeño
pueblo sin ninguna importancia militar en el norte de
España. Por tres horas los aviones alemanes del *Luftwaffe*
bombardearon Guernica, destruyendo completamente el
pueblo más antiguo de los vascos° y el centro de su tradi-
45 ción cultural. Este bombardeo, el primero contra una
población civil indefensa que utilizó métodos de guerra
moderna, produjo gran consternación en el mundo entero.
Ese mismo año Picasso, como protesta a la masacre y en
homenaje° a los miles de víctimas inocentes, pintó en
50 Paris el famoso cuadro.

 Por muchos años *Guernica* estuvo en Nueva York en el
Museo de Arte Moderno como una de las atracciones
más populares. Luego, en septiembre de 1981, se la envió
a España, donde se la instaló en el Museo del Prado de
55 Madrid. Así, los EE.UU. cumplieron con los deseos del
gran pintor ya difunto,° quien había pedido que se enviara
la pintura a su patria en cuanto se volviera a establecer
allí la democracia.

 Hay muchas interpretaciones posibles al cuadro, sobre
60 todo con respecto al simbolismo que tienen las varias
figuras, pero no cabe duda de que Picasso ha captado°
para siempre la agonía y el terror de una familia rural y de
todo pueblo que ha sufrido la guerra.

	army
	miembros de la Falange, el partido fascista español
	creció
	Germany
	try out
	supported
	fueron
	de . . . externa
	leadership
	bombing
	personas del norte de España de una región que tiene idioma y costumbres propios, *Basques*
	homage
	muerto
	captured

PREGUNTAS

1. ¿Qué problemas tuvo el gobierno de la Segunda República española (1931–36)?
2. ¿Cómo se llamaban los dos bandos que se oponían durante la Guerra Civil? ¿Qué grupos estaban incluidos en cada bando?
3. ¿Quiénes intervinieron de afuera? ¿Qué consecuencia trágica tuvo esta intervención extranjera?
4. ¿Quiénes triunfaron en 1939? ¿Qué pasó después?
5. ¿Qué motivó a Picasso para pintar *Guernica*?
6. ¿Dónde estuvo el cuadro durante muchos años? ¿Dónde está ahora?

PREGUNTAS SOBRE EL CUADRO

Mirando la ilustración del cuadro, trate Ud. de interpretar Guernica. Recuerde que no hay una sola interpretación definitiva.

1. ¿Cuáles son sus primeras impresiones del cuadro? ¿Qué emociones le comunica a Ud.?
2. ¿Por qué cree Ud. que Picasso pintó el cuadro en colores oscuros?
3. ¿Qué evidencias de guerra hay?
4. ¿Dónde ocurre la escena, dentro de una casa o fuera? ¿Cómo sabemos que es un ambiente rural?
5. Para Ud., ¿qué representa la figura que entra desde afuera? ¿la mujer con el niño? ¿la figura en pedazos (*pieces*) sobre el suelo?
6. La figura más enigmática y la única no herida es la del toro. Picasso mismo ha dicho, «El toro es un toro . . . El público puede ver (en el toro) lo que quiera ver». ¿Qué ve Ud.?
7. Brevemente, ¿cuál cree Ud. que es el mensaje (*message*) del cuadro?

Vocabulario auxiliar

las armas *weapons*
el bien *good*
el caos
los civiles *civilians*
los colores oscuros, sombríos *somber*
destruir, la destrucción
la espada *sword*
el fascismo
la fuerza *strength*
la gallina *hen*
gritar, los gritos
la guerra mecanizada
indefenso *defenseless*
la inutilidad (*adj.* inútil) *futility, uselessness*

la invencibilidad
la luz
las llamas *flames*
el mal *evil*
la maternidad
el miedo, el terror
el mundo externo
el soldado *soldier*
sufrir, el sufrimiento
el susto *scare, shock*
la tragedia (*adj.* trágico)
la tristeza (*adj.* triste)
la vida familiar, doméstica
la vulnerabilidad (*adj.* vulnerable)

España:
Entre el franquismo
y las autonomías*

CONSOLACIÓN SALAS

Un retrato del rey Juan Carlos y su esposa, la reina Sofía, en una plaza de Valencia, España.

Introducción

En 1975 se murió Francisco Franco, el general que durante cuarenta años había gobernado España como dictador militar derechista, utilizando a veces la censura y la represión. (Véase páginas 54–56 para más información sobre la historia de aquella

---

*De *Revista de las revistas*, una revista mexicana.

época.) Después, en 1976 el poder pasó a Juan Carlos, nieto del último rey, quien había
5 abdicado en 1931. Se implantó la democracia parlamentaria con Juan Carlos como rey
constitucional, y por primera vez en cuarenta años, se celebraron elecciones.

Terrorismo de derecha e izquierda, crisis económica y
de autoridad, desempleo, inflación e inseguridad. España
es un país con crecientes° dificultades. La transición del — growing
10 franquismo° a la tambaleante° democracia ha sido muy — gobierno de Franco / inestable
dura.° — difícil
A pesar de todo, esta nación vive un proceso de transformación en el cual se nota un avance en la madurez° — maturity
política. Antes de las primeras elecciones generales,
15 predominaba aún entre la gente un cierto sentimiento de
prudencia para la manifestación° de sus posiciones — expresión
políticas, especialmente cuando eran más o menos izquierdistas. Una vez vivida° la experiencia de las elec- — pasada
ciones, la gente se ha sentido más libre para expresarse.
20 Otro fenómeno que se observa es el incremento° de — aumento
las actitudes regionalistas.

España: hacia el autogobierno° de la provincia — self-government

Uno de los viejos asuntos° que son causa y origen de — temas
muchos de los problemas actuales de los españoles son
25 precisamente las autonomías.° — self-government of regions
En febrero de 1981, el gobierno español fue secuestrado° — kidnapped
por un grupo de militares; el golpe de estado° fue evitado — **golpe . . .** coup d'etat
por la intervención del rey. Una de las exigencias que
alegaron los golpistas era la supresión de autonomías.
30 Los militares pretendían° así evitar la ejecución° de un — trataban de / implantación
viejo proyecto: el Estado autonómico español. Este tipo de
régimen° —los españoles dicen que es un invento — gobierno
español—se basa en una serie de estados regionales,
cada uno con su autogobierno, organizados en una estruc-
35 tura federal.
Por su historia y por su idioma, Cataluña° y el País — región al noreste de España
Vasco° tradicionalmente han sido las comunidades con — región al norte de España, *Basque Country*
mayores aspiraciones autónomas. Durante la República
(1931–36) fueron las primeras en luchar y obtener estatu-
40 tos° de autonomía. También fueron las últimas, porque — statutes
la República duró° muy poco y después Francisco — continuó
Franco, el dictador, eliminó esos estatutos y castigó severamente las regiones vasca y catalana, prohibiéndoles,
entre otras cosas, hablar sus respectivos idiomas.
45 Cuando se estableció la democracia en 1977, lo primero
que hicieron Cataluña y el País Vasco fue reclamar la
libertad perdida. Aunque con restricciones, el nuevo gobierno democrático reconoció sus reclamos.

CAMBIOS SOCIALES

Una manifestación política en Barcelona, con la propaganda escrita en catalán, el idioma de la región de Cataluña.

«Café para todos»

50   La posición más radical es la de los independentistas, actitud que ha cobrado adeptos° en el País Vasco, Barcelona y Valencia. Actualmente° se avanza en la resolución del problema, pero es de pensarse que aún tardará° un buen tiempo en solucionarse.

55   Hoy en día Cataluña y el País Vasco son las regiones más industrializadas de España, y la mayoría de los españoles piensan que ese desarrollo° se debe a los privilegios derivados de la autonomía. Por eso el gobierno español, tratando de aliviar tensiones, incluyó en la
60 Constitución del 78 las normas° de autonomía regional para todas las provincias españolas que así lo desearan.

    «El Estado ha generalizado a todos los españoles lo que demandaban al principio vascos y catalanes», dice el sociólogo José Jiménez Blanco. «Se trata—agrega°—de
65 que haya café para todos, como decimos en España».

cobrado . . . adquirido defensores
Hoy día
pasará

progreso

provisions

he adds

Los problemas actuales°

    Así que en España la autonomía es una cuestión impor-
tante, pero no es la única. Hay también la grave crisis
económica y el alto número de parados° que viene como co-
70 rolario. Luego, el terrorismo por parte de grupos derechistas que no quieren que se cambien las viejas estructuras
del franquismo, y por parte de grupos izquierdistas que
quieren que se las cambie totalmente. Todo es parte de lo
que algunos han llamado «democracia a la española»°
75 y no faltan pesimistas que opinen que España se está
desmoronando.°
    Por otra parte, hay también razones que justifican el
optimismo: la popularidad del rey con casi todas las
facciones y el interés que tiene el pueblo en evitar otra
80 guerra civil. Se le preguntó al profesor Jiménez Blanco si
los españoles están hechos para° la democracia y respondió de inmediato: «Hombre, si para lo que no están hechos
es para la dictadura».

del presente

personas que no tienen
  trabajo

a . . . Spanish-style

arruinando°

hechos . . . suited to

OPCIONES MÚLTIPLES

1. El general Franco gobernó España por cuarenta años como   (a) rey constitucional   (b) dictador militar   (c) presidente democrático
2. Después de las primeras elecciones democráticas, la gente española se ha sentido más   (a) libre   (b) prudente   (c) insegura   para expresar sus ideas políticas
3. En febrero de 1981 un grupo secuestró el gobierno español; los secuestradores
eran   (a) militares   (b) comunistas   (c) independentistas
4. La posición más radical es la de los independentistas, una actitud que es popular
en el País Vasco, en Barcelona y en   (a) Madrid   (b) Sevilla   (c) Valencia
5. En tiempos recientes hay bastante terrorismo en España por parte de grupos
(a) izquierdistas   (b) derechistas   (c) izquierdistas y derechistas

PREGUNTAS

1. Después de la muerte de Franco, ¿qué sistema de gobierno fue implantado en
España?
2. ¿Por qué habla la autora de un «avance en la madurez política» de los españoles?
3. ¿En qué se basa la idea del estado autonómico español? ¿Es realmente un invento español? ¿Por qué cree Ud. que están en contra del proyecto algunos
grupos?
4. ¿Cuándo obtuvieron estatutos de autonomía Cataluña y el País Vasco? ¿Cómo
los perdieron? ¿Cómo los recobraron?
5. ¿Qué incluyó el gobierno democrático en la Constitución del 78 con respecto a la
cuestión de autonomía? ¿Por qué hizo esa concesión?

CAMBIOS SOCIALES

6. Además del regionalismo, ¿qué otros problemas hay en España actualmente? ¿Cuáles de estos problemas existen en nuestro país también?

DISCUSIÓN

1. ¿Qué piensa Ud. del uso del terrorismo o de huelgas de hambre como formas de protesta? ¿Cree Ud. que las huelgas de hambre son en realidad una forma de suicidio o no? ¿Por qué?
2. ¿Cuáles son las noticias más recientes que Ud. sabe sobre España? ¿Hay mucha violencia allá ahora?
3. ¿Le gustaría a Ud. vivir en España o no? ¿Por qué?

COMPOSICIÓN Y DEBATE

La clase debe escoger algún país donde haya un movimiento separatista. La mitad (50 por ciento) de los estudiantes adoptarán la identidad de los separatistas, y escribirán párrafos explicando por qué quieren separarse. La otra mitad hará el papel de los representantes del gobierno, y cada persona escribirá un párrafo explicando por qué la región no debe separarse. Luego, el (la) profesor(a) pedirá a algunos miembros de los dos grupos que lean sus párrafos. La clase decidirá cuál de las dos posiciones es la más justificada.

ANÉCDOTA:
EL DERECHO A BOTAR

En español no hay una diferencia de pronunciación entre las palabras **votar** *(to vote)* y **botar** *(to throw out, get rid of)*, porque la letra **v** y la letra **b** se pronuncian igual. Esto forma la base de un chiste cubano:

«Lo bueno de las elecciones no es realmente **votar por** alguien; ¡es **botar a** alguien»!

SONRIO, LUEGO EXISTO   por OLI

LIBERTAD
IGUALDAD
FRATERNIDAD
SERENIDAD

Vocabulario y actitudes:

Sobre el trabajo, el gozo y los esclavos del reloj

Las actitudes hacia el trabajo varían según el individuo, pero se pueden señalar diferencias generales entre la mentalidad anglosajona y la hispana. La comparación de ciertas palabras en los dos idiomas sugiere algunas divergencias. Cuando una persona es vieja y va a dejar su trabajo definitivamente, deci-
5 mos en inglés que la persona va a «retire». La palabra es un poco negativa: insinúa «to withdraw» o «to give up», como en el juego de béisbol cuando un equipo «retires the side», o cuando alguien «retires for the night», o cuando llamamos a una persona tímida «a retiring person». En español se dice que la persona va a «jubilarse». La palabra es afirmativa y significa literalmente, «ale-
10 grarse», «to rejoice». (Sin embargo, en tiempos recientes algunos hispanos han empezado a usar la palabra «retirarse», probablemente por influencia del inglés.)

La seriedad de los ingleses o norteamericanos también se manifiesta en su reputación de ser muy puntuales, en contraste con los hispanos, que muchas
15 veces no llegan a tiempo. Algunos hispanos insisten en que su actitud es más sana, y que los norteamericanos tendrían menos úlceras si no fueran tan esclavos del reloj. Dicen que cuando realmente es necesario, los hispanos pueden ser puntuales. ¿Y cómo le indican a la otra persona que en cierta situación es urgente llegar a tiempo? Se dice simplemente: «Nos vemos mañana a las dos,
20 ¡hora inglesa!»

Es que somos muy pobres

JUAN RULFO*

Aquí todo va de mal en peor.° La semana pasada se   **de** . . . *from bad to worse*
murió mi tía Jacinta, y el sábado, cuando ya la habíamos
enterrado° y comenzaba a pasársenos la tristeza, comenzó   *buried*
a llover como nunca. A mi papá eso le dio coraje° porque   **le** . . . *made him angry*
5 toda la cosecha de cebada° estaba asoleándose° en el   **cosecha** . . . *barley*
campo. Y el aguacero° llegó de repente, en grandes olas   *harvest / drying*
de agua, sin darnos tiempo ni siquiera a esconder un   *lluvia fuerte*
manojo;° lo único que pudimos hacer, todos los de mi   *handful, i.e., of barley*
casa, fue estarnos arrimados° debajo del techo, viendo   *huddled*
10 cómo el agua fría que caía del cielo destruía aquella
cebada amarilla.

Y apenas ayer, cuando mi hermana Tacha acababa de
cumplir° doce años, supimos que la vaca que mi papá le   *llegar a la edad de*
regaló para el día de su santo se la había llevado° el río.   **se** . . . *had been taken away from her by*

---

*Juan Rulfo (*n*. 1918), famoso novelista y cuentista contemporáneo de
México. En sus narraciones presenta el ambiente, el lenguaje y la tragedia
de la vida rural de su país con tal maestría que las angustias y temores
de sus personajes trascienden el campo mexicano para adquirir una
significación universal.

El río comenzó a crecer° hace tres noches. Yo estaba muy dormido y, sin embargo, el estruendo° que traía el río me hizo despertar en seguida.

Cuando me levanté, la mañana estaba llena de nubes y parecía que había seguido lloviendo sin parar. A la hora en que me fui a asomar,° el río ya había perdido sus orillas.°

Mi hermana y yo volvimos a ir por la tarde a mirar aquel amontonadero° de agua. Allí nos estuvimos horas y horas sin cansarnos viendo la cosa aquella. Después nos subimos por la barranca,° donde también hay gente mirando el río y contando los perjuicios° que ha hecho. Allí fue donde supimos que el río se había llevado a *la Serpentina*, la vaca esa que era de mi hermana Tacha y que tenía una oreja° blanca y otra colorada° y muy bonitos ojos.

No acabo de saber° por qué se le ocurriría a *la Serpentina* pasar el río. *La Serpentina* nunca fue tan tonta. Lo más seguro es que ha de haber venido dormida para dejarse matar así. Tal vez se le ocurrió despertar al sentir que el agua le golpeaba las costillas.° Tal vez entonces se asustó° y trató de regresar. Tal vez bramó° pidiendo que le ayudaran. Bramó como sólo Dios sabe cómo.

Yo le pregunté a un señor que vio cuando la arrastraba° el río si no había visto también al becerrito° que andaba con ella. Pero el hombre dijo que no sabía si lo había visto. Sólo dijo que la vaca manchada° pasó patas arriba° muy cerca de donde él estaba. Por el río rodaban° muchos troncos de árboles y él estaba muy ocupado en sacar leña,° de modo que no podía fijarse si eran animales o troncos los que arrastraba.

Nomás° por eso, no sabemos si el becerro está vivo, o si se fue detrás de su madre río abajo.° Si así fue, que Dios los ampare a los dos.°

Glosas (márgenes):
- crecer° — subir
- estruendo° — ruido fuerte
- asomar° — salir a ver
- orillas° — bordes
- amontonadero° — acumulación
- barranca° — ravine
- perjuicios° — damages
- oreja° — ear / colorada° — roja
- acabo... — puedo entender
- costillas le... — was hitting her sides
- se asustó° — tuvo miedo / bramó° — bellowed
- arrastraba° — llevaba
- becerrito° — pequeño hijo de una vaca
- manchada° — with spots / patas arriba° — with its feet up
- rodaban° — se movían
- leña° — firewood
- Nomás° — Sólo
- río abajo° — down river
- que... — may God protect them both

La preocupación que tienen en mi casa es lo que
pueda suceder° ahora que mi hermana Tacha se quedó sin   *pasar*
50 nada. Porque mi papá con muchos trabajos había conse-
guido a *la Serpentina* para dársela a mi hermana, con
el fin de que ella tuviera un capitalito° y no se fuera a ir de   *a little money*
piruja° como lo hicieron mis dos hermanas más grandes.   *prostituta*

Según mi papá, ellas se habían echado a perder° por-   **se** . . . *had been ruined*
55 que éramos muy pobres en mi casa y ellas eran muy
tercas. Tan luego que crecieron° empezaron a andar con   **Tan** . . . *As soon as they*
hombres que les enseñaron cosas malas. Ellas apren-   *grew up*
dieron pronto y entendían muy bien los chiflidos,° cuando   *whistles*
las llamaban a altas horas° de la noche. Después salían   **a** . . . *muy tarde*
60 hasta de día. Iban cada rato° por agua al río y a veces,   **cada** . . . *con frecuencia*
cuando uno menos se lo esperaba,° estaban en el corral,   **menos** . . . *least expect-*
revolcándose° en el suelo, las dos desnudas y cada una   *ed it*
con un hombre trepado encima.°   *rolling around*
    trepado . . . *on top of her*
Entonces mi papá las corrió° a las dos. Ellas se fueron   *echó*
65 para Ayutla o no sé para donde; pero andan de pirujas.

Por eso está preocupado mi papá, ahora por la Tacha,
que no quiere que vaya a resultar como sus otras dos
hermanas, al sentir que se quedó muy pobre viendo la
falta de su vaca, viendo que ya no va a tener con qué
70 entretenerse° mientras le da por crecer° y pueda casarse   *ocuparse* / **le** . . .
con un hombre bueno, que la pueda querer para siempre.   *she is growing up*
Y eso ahora va a estar difícil. Con la vaca era distinto,
pues no hubiera faltado quién se hiciera el ánimo de
casarse con ella,° sólo por llevarse también aquella vaca   **no** . . . *there always*
75 tan bonita.   *would have been some-*
      one who would decide
La única esperanza que nos queda es que el becerro   *to marry her*
esté todavía vivo. Ojalá no se le haya ocurrido pasar el río
detrás de su madre. Porque si así fue, mi hermana Tacha
está muy cerquita de hacerse piruja. Y mamá no quiere.

80 Mi mamá no sabe por qué Dios la ha castigado° tanto al   *punished*
darle unas hijas de ese modo,° cuando en su familia   *tipo*
nunca ha habido gente mala. Y cada vez que piensa en
ellas, llora y dice: «Que Dios las ampare a las dos».

Pero mi papá alega° que aquello ya no tiene remedio.°   *afirma* / *solución*
85 La peligrosa° es la que queda aquí, la Tacha, que crece y   *one who is in danger*
que ya tiene unos comienzos de pechos° que prometen ser   *breasts*
como los de sus hermanas: puntiagudos° y altos para   *pointed*
llamar la atención.

«Sí—dice—le llenará los ojos a cualquiera.° Y acabará°   **le** . . . *she will*
90 mal; como que estoy viendo que acabará mal».   *attract anyone* /
      she will turn out
Ésa es la preocupación de mi papá.

Y Tacha llora al sentir que su vaca no volverá porque se
la ha matado el río. Está aquí, a mi lado, con su vestido
color de rosa,° mirando el río desde la barranca y sin dejar   **color** . . . *pink*
95 de llorar. Y la abrazo° tratando de consolarla, pero ella no   *I hug*

entiende. Llora con más ganas.° De su boca sale un ruido   fuerza
semejante al que se arrastra por las orillas del río, que la
hace temblar° y, mientras, la creciente° sigue subiendo.   *tremble / flood*

OPCIONES MÚLTIPLES

1. La lluvia le dio coraje al papá del niño porque sabía que (a) el funeral de la tía Jacinta sería aun más triste (b) la cosecha de cebada se echaría a perder (c) la vaca de la niña iba a enfermarse
2. El niño se despertó durante la noche porque oyó el sonido (a) de la vaca (b) de la lluvia (c) del río
3. En la barranca cerca del río, el niño y su hermana supieron que (a) sus hermanas mayores estaban en Ayutla (b) el río se había llevado a la vaca de Tacha (c) un tronco de árbol había matado al becerro
4. El niño cree que *la Serpentina* se dejó matar porque (a) estaba dormida (b) era tonta (c) buscaba el becerro
5. Las dos hermanas mayores ahora son (a) casadas (b) criadas (c) pirujas

PREGUNTAS

1. ¿Por qué dice el niño que «todo va de mal en peor»?
2. ¿Cuántos años tiene la hermana del niño? ¿Qué le pasó a la vaca que le había regalado su padre?
3. Según el papá, ¿por qué se echaron a perder las hijas mayores?
4. ¿Por qué era tan importante la vaca?
5. ¿Cuál es la única esperanza que le queda a la familia? ¿Por qué?
6. ¿De qué manera es parecida la situación de los animales a la de los personajes del cuento?
7. Según su opinión, ¿qué quiere mostrarnos el autor con este cuento?

DISCUSIÓN

1. ¿Qué debería hacer el gobierno mexicano para ayudar a familias como la del cuento? ¿Sería beneficioso un sistema de asistencia pública (*welfare*) o algún programa de educación? Explique.
2. En el cuento los padres parecen temer la llegada de la adolescencia a sus hijos. ¿Cree Ud. que esta actitud es común en nuestra sociedad también o no? ¿Por qué?

MINIDEBATES

En una o dos frases, explique por qué Ud. está de acuerdo o no con las siguientes declaraciones.

1. La mayoría de los pobres son personas perezosas que no quieren trabajar.
2. En EE.UU. el gobierno de cada estado (y no el gobierno federal) debe tener la responsabilidad por la asistencia pública.
3. Si se mide el valor de una sociedad por la manera en que trata a sus miembros más débiles, nuestra sociedad es muy buena.

COMPOSICIÓN

Usando el título «Es que somos muy pobres», escriba Ud. una pequeña narración desde el punto de vista de un niño (o una niña) pobre que vive en una ciudad grande.

MAFALDA

3

EL HOMBRE Y LA MUJER

El conflicto entre los sexos
Tres puntos problemáticos

El hogar (la casa)

Dice ella . . .

Él quiere que yo sea «supermujer». Tengo tres responsabilidades grandes: mi trabajo, el hogar y la crianza de los niños. Cuando vuelvo de la oficina, yo tengo que limpiar la casa, preparar la comida y atender a los niños después de la escuela. ¿Por qué es todo esto la responsabilidad de la mujer? El hombre no tiene que combinar su carrera (profesión) con el matrimonio, pero yo sí adapto mi trabajo a las necesidades de la familia. Mi esposo (marido) no me ayuda bastante con *nuestras* obligaciones domésticas. Quiero poner a los hijos en una guardería (centro para niños). Así los dos podríamos trabajar a tiempo completo y compartir igualmente el trabajo aburrido (monótono) de la casa.

Dice él . . .

Mi trabajo no permite horas flexibles, así que no tengo tanto tiempo como mi esposa. Además, yo traigo más dinero a la casa. Ella debe trabajar más en el hogar. En cuestiones domésticas, yo tengo ciertas habilidades—la reparación de máquinas, la carpintería, etc.—y ella tiene otras. ¿Por qué torturar a la familia con mis comidas horribles? ¿Y para qué tener hijos si los abandonamos después en una guardería? Alguien de la familia debe dedicarse a la crianza de los niños, y creo que la mujer tiene más aptitud natural para esto. Ella debe apreciar sus responsabilidades; la maternidad y el hogar son carreras muy importantes.

Los sentimientos

Dice ella . . .

Yo creo que no hay diferencias básicas entre
los sentimientos (las emociones) del hombre y la
mujer. El problema es que, desde muy chicos,
la sociedad les enseña a los niños a ser fuertes,
agresivos, independientes, ambiciosos y a
contener sus emociones. A las niñas, en cambio, les enseña a ser obedientes, pasivas,
cariñosas, dependientes y expresivas. Con
tanto condicionamiento, no debe sorprendernos
que no haya muchas mujeres famosas en las
ciencias, la política y las artes. Tenemos que luchar contra los estereotipos tradicionales. Los
hombres necesitan aprender a llorar y las
mujeres a enfadarse (ponerse furiosas). El ideal
sería una persona completa.

Dice él . . .

Yo no creo que el hombre (varón) y la mujer sean totalmente iguales. Aun entre los ratones y otros animales es obvio que los machos (♂) son más agresivos que las hembras
(♀). No digo que un sexo sea superior y el otro inferior, pero sí
son diferentes. Nuestras hormonas nos preparan para distintos papeles biológicos. Las mujeres no pueden competir
con los hombres en el fútbol, por ejemplo. Pero ningún
hombre puede tener el gran privilegio de dar a luz (tener un
bebé). Aunque una mujer combine una carrera con la maternidad, ella será más feliz y más eficaz si siempre mantiene
su feminidad.

El trabajo

Dice ella . . .

En el mundo comercial persiste el prejuicio contra la mujer. Todavía no gano tanto como los hombres, aun cuando hago el mismo trabajo. Tampoco me ascienden tan rápidamente como a mis colegas masculinos. Muchos hombres no toman en serio mis ideas, ni quieren tener a una mujer como jefe. Quizás lo peor es que siempre hay uno o dos que me molestan constantemente con sus insinuaciones sexuales. Quiero ser aceptada como una persona que puede contribuir, no como «el adorno más lindo del departamento».

Dice él . . .

En el mundo comercial hay ahora mucha discriminación contra el hombre. Entre un hombre y una mujer con igual preparación, casi siempre se emplea a la mujer. Sin embargo, hay muchas ausencias al trabajo entre las mujeres con hijos, y una gran parte de las mujeres que toman programas de capacitación abandonan después sus carreras por el matrimonio o la maternidad. No veo por qué una mujer debe recibir preferencia o privilegios especiales como los permisos prenatales o las horas flexibles. Yo creo en la igualdad de oportunidades.

EL HOMBRE Y LA MUJER

SINÓNIMOS

Para cada palabra de la primera columna, diga el sinónimo apropiado de la segunda columna.

1. _____ esposo	*a.* centro para niños
2. _____ carrera	*b.* varón
3. _____ hombre	*c.* profesión
4. _____ guardería	*d.* casa
5. _____ hogar	*e.* marido

ANTÓNIMOS

Para cada palabra de la primera columna, diga el antónimo apropiado de la segunda columna.

1. _____ independiente	*a.* contenido
2. _____ luchar	*b.* diferente
3. _____ igual	*c.* interesante
4. _____ aburrido	*d.* aceptar
5. _____ expresivo	*e.* dependiente

FORMACIÓN DE PALABRAS

A. *A veces los adjetivos se pueden convertir en sustantivos (nouns), agregando* **-idad** *a la última consonante (y quitando la* **o** *final si la hay). Estos sustantivos son siempre femeninos.*

ejemplo:
superior   **la superioridad**

1. inferior   _____
2. agresivo   _____
3. pasivo   _____
4. masculino   _____
5. paterno   _____

(Dos excepciones son **igual** > **igualdad**; **femenino** > **feminidad**.)

B. -er, -ir ⟶ -imiento

ejemplo: **conocer ⟶ conocimiento**

1. **sentir** Una persona capaz de sentir profundamente es una persona que tiene muchos _____ .
2. **resentir(se)** Si yo me resiento por las acciones de cierta gente, les tengo _____ .
3. **entender** Las personas que entienden correctamente tienen buen _____ .
4. **aburrir(se)** Si yo me aburro, eso quiere decir que sufro de _____ .

PREGUNTAS

1. ¿Por qué dice la mujer que tiene que ser «supermujer»? ¿Qué quiere hacer ella para cambiar la situación?
2. ¿Cómo defiende su posición el hombre? Para Ud., ¿cuál de los dos tiene razón?
3. Según la mujer, ¿qué influencia tiene la sociedad sobre los niños? ¿Cuáles son las consecuencias?
4. Según el hombre, ¿qué diferencias hay entre los sexos? ¿Está Ud. de acuerdo?
5. ¿Qué problemas ha encontrado la mujer en el mundo comercial?
6. ¿Por qué cree el marido de ella que ahora hay discriminación contra el hombre?
7. ¿Hay algunas opiniones del hombre o de la mujer que le parecen a Ud. erróneas o exageradas? Explique.

DISCUSIÓN

¿Por qué cree Ud. que hay menos mujeres hoy día que quieren ser enfermeras, maestras (*teachers*) o bibliotecarias?

MINIDEBATES

En una o dos frases, explique por qué Ud. está de acuerdo o no con las siguientes declaraciones:

1. Hay más mujeres liberadas que hombres liberados.
2. Las mujeres no pueden competir con los hombres en los deportes.
3. Los programas de acción afirmativa son injustos.
4. El marido debe tomar las decisiones financieras.

ACTIVIDAD

Se ha dicho que los estereotipos sexuales son transmitidos por la sociedad. Busque algunos ejemplos de esto en las ilustraciones de anuncios (*advertisements*), revistas o libros para niños, y tráigalos a la clase.

MAFALDA

EL HOMBRE Y LA MUJER

¿Sorpresa?

Un hombre decidió cortarse el pelo que lo había tenido largo por mucho tiempo, porque quería una nueva imagen. Quedó muy feliz con su pelo corto, y decidió darle una sorpresa a su esposa. Regresó a casa dos horas antes de lo normal. Cuando entró, su esposa corrió hacia él y le dio un beso apasionado.

—¡Caramba! Me reconociste a pesar del pelo corto— dijo el hombre.

—¡Ay, eres tú!— exclamó su esposa —¡No te había reconocido!

No puedo verte trabajar tanto: cierra la puerta.

América Latina: La mujer en lucha°

fight, struggle

SARA SEFCHOVICH*

Hoy en día casi todos los países del continente cuentan con° legislaciones paternalistas y protectoras que, en el caso de la mujer, establecen desde igualdad ante la ley° hasta la no discriminación por razones de sexo. Todo esto, sin embargo, no es más que pura formalidad. Miremos, por ejemplo, el caso de la educación. Su acceso está limitado para la mayoría de los hombres y las mujeres de las clases bajas, pero afecta en mayor medida° a la mujer. En algunos países la población femenina constituye el 61 por ciento del total de analfabetos.°

En nuestros países la mujer que trabaja por un salario vive una discriminación en cuanto al acceso a los empleos, a los salarios bajos y a las difíciles condiciones creadas por su escasa capacitación° y por sus responsabilidades hogareñas.° Una mujer trabaja un promedio° de ochenta horas semanales en razón de su doble jornada.° Esto necesariamente afecta sus rendimientos° en el trabajo, su salud y sus relaciones familiares.

Ocupaciones tradicionales

Los trabajos para la mujer en América Latina han estado tradicionalmente en el campo, en las industrias textil y de alimentos° y en algunas ramas° de la manufactura mecánica y eléctrica. Además, en el sector de servicios hay mujeres que trabajan como secretarias, enfermeras, vendedoras ambulantes,° trabajadoras domésticas y prostitutas. De ahí que la participación de la mujer en la vida política y social sea mínima. En las familias campesinas,° el aislamiento° y la miseria han originado migraciones de las áreas rurales a las zonas marginales de las ciudades, donde la situación de explotación° se agrava.

cuentan . . . tienen

law

measure

personas que no saben leer ni escribir

escasa . . . limitada experiencia de la casa / *average* **en . . .** *due to her double work day (i.e., housework and outside employment)* productividad

comida / *branches*

vendedoras . . . *traveling saleswomen*

del campo / *isolation*

exploitation

*Sara Sefchovich, mexicana, socióloga, investigadora en el Instituto de Investigaciones de la Universidad Nacional Autónoma de México. El artículo es de *fem,* una revista feminista publicada en México.

Una campesina latinoamericana.

A pesar de este cuadro de la condición de la mujer en
América Latina, encontramos luchas significativas de
mujeres. En el siglo XVIII participaron en las guerras° de
independencia. Un siglo más tarde, las textileras, taba-
35 queras° y otras obreras° se organizaron en protesta de las
largas jornadas° de trabajo y los salarios inferiores. Con
el siglo XX surgen° grupos feministas en casi todos los
países, como, por ejemplo, «Flora Tristán» en el Perú, la
«Unión de Mujeres Bolivianas» y el «Movimiento Nacional
40 de Mujeres» en México.

Resultados de las luchas

Estos grupos han logrado° algunos resultados. En los
países «democráticos», los gobiernos han intentado im-
plantar desde arriba° soluciones al problema de la mujer.
Es el caso de México con su avanzada legislación y una
45 buena proporción de mujeres en los puestos° públicos. Es

combates armados

textileras . . . trabajadoras textil y de
  tabaco / trabajadoras
días
aparecen

obtenido

gobiernos . . . *govern-*
  ments have attempted
  to introduce from above
positions, offices

el caso de Venezuela, donde hay una diputada° llamada   *representante*
Argelia Laya, iniciadora de proyectos reformistas. Es
también la situación en Colombia, donde existe un
Código° de Familia en el que no sólo se trata de mejorar   *Code*
50   las condiciones de la mujer sino de suprimir° las discrimi-   eliminar
naciones entre los sexos.

     Hay países donde la represión es muy dura° y, con todo,   fuerte
las mujeres participan. Es el caso de las paraguayas
que denuncian las acciones policíacas° y la condición de   de la policía
55   la madre y el niño. Es el caso también de Guatemala
donde la participación de la mujer en la guerrilla° es no-   *guerrilla war*
table, y sobre todo hay una importante integración a la
lucha de las mujeres indígenas.°   indias nativas

     ¿Cuál es la lucha de las mujeres en América Latina?
60   En primer lugar hay que notar que nuestra lucha es
diferente a la de las mujeres en los países
«desarrollados».° Aquí nuestros problemas son parte del   *"developed"*
cuadro total de explotación económica, política y cultural
de nuestros pueblos.° Por eso la lucha femenina no puede   gentes
65   ser ni reivindicativa,° ni individual, ni contra los hombres.   *to redress past grievances*
Se trata de una lucha contra las dictaduras y la explota-
ción, pero que *simultáneamente* trabaje sobre la
condición específica de la mujer. Se trata sobre todo de
considerar que en esta lucha no es lo mismo una mujer de
70   la burguesía que una mujer obrera y campesina, y que
la solidaridad no es por sexo sino por clase.

     Así pues, en nuestros países, el feminismo y las luchas
de mujeres tienen una orientación propia y diferente. Aquí
no sólo se trata de luchar por servicios colectivos como
75   guarderías,° lavanderías,° etc., sino también por servicios   centros para niños / *laundries*
comunales básicos como agua y luz. Se trata, en síntesis,
de luchar por un cambio que incluya a todos en el proceso
productivo y permita a todos liberarse de la explotación.
En el caso de la mujer, ésta busca liberarse de su opresión
80   específica en su pobreza, en su doble jornada y en su
cuerpo. Los millones y millones de hombres, mujeres y
niños que no tienen alimentos, escuelas, hogares,° tierra,   casas
medios° de producción, medicinas, son nuestra   *means*
vergüenza° y nuestra causa, pero no vamos a dejar para   *shame*
85   después, para ningún segundo plano, la solución de
los problemas que como mujeres nos atañen.°   corresponden

VERDAD (+) O MENTIRA (0)

En la América Latina . . .

1. _____ Muy pocos países tienen leyes que establecen la igualdad entre los
sexos.

2. _____ La doble jornada de la mujer se refiere a los dos empleos que tiene fuera de casa.
3. _____ Cuando las campesinas emigran a la ciudad, encuentran que hay mayor explotación.
4. _____ En los países con gobiernos opresivos, la participación de la mujer en luchas políticas es inexistente.
5. _____ El feminismo trata de mejorar las condiciones de toda una clase social en vez de limitarse a combatir la explotación específica de las mujeres.

PREGUNTAS

1. Según la autora, ¿son eficaces (*effective*) las leyes antidiscriminatorias en los países de América Latina? Específicamente, ¿cuál es el caso de la educación?
2. ¿Cuáles son los trabajos tradicionales de la mujer latina? ¿Cómo se discrimina a la mujer?
3. ¿Por qué ha sido mínima la participación de la mujer latinoamericana en la vida política y social?
4. ¿Cómo ha protestado por su condición a través de la historia?
5. ¿Qué progreso ha hecho la mujer en los países «democráticos» del continente? ¿Y en los países represivos?
6. Según la autora, ¿por qué es diferente la lucha feminista en los países «en desarrollo» a la de los países «desarrollados»?

DISCUSIÓN

1. ¿Cree Ud. que la lucha de las mujeres en los Estados Unidos es «individual» y «contra los hombres»? ¿Cómo explica Ud. la resistencia a la Enmienda para la Igualdad de Derechos (*Equal Rights Amendment*)?
2. ¿Le parece bien a Ud. que las amas de casa (*housewives*) reciban un salario como en Suecia? ¿Por qué?

FORMACIÓN DE PALABRAS

Muchas veces el nombre para el trabajo o profesión de una persona viene del verbo que describe su trabajo o del producto con que trabaja. Entre las muchas terminaciones, dos de las más comunes son **-dor(a)** y **-ero(a)**.

ejemplo: **-dor(a)**
conquistar ⟶ conquista~~r~~ ⟶ conquista**dor(a)**

1. trabajar _____
2. vender _____
3. descubrir _____
4. iniciar _____

(**Otros ejemplos:** luchar, vencer, gobernar, jugar)

ejemplo: **-ero(a)**
carta ⟶ cart$\emptyset$ ⟶ **cartero(a)**
hotel ⟶ hotel**ero(a)**

1. textil   _____
2. obra   _____
3. cárcel   _____
4. enfermo   _____

(**Otros ejemplos:** zapato, reloj, libro, barba)

COMPOSICIÓN

1. Ud. es una obrera colombiana que trabaja una doble jornada. Escriba una carta a una amiga suya explicando por qué se siente frustrada.
2. Escriba una crítica o una defensa del movimiento feminista norteamericano.

MAFALDA

CHISTE

Un hombre muy dominante se casó con una mujer tímida y pasiva. Durante la luna de miel el marido empezó a criticar a su mujer, sobre todo por su costumbre de usar mucho el diminutivo. Una noche, cuando cenaban en un restaurante, ella le preguntó—¿No tienes una monedita? Quiero hacer una llamadita a mi hermanita.

—¡Qué barbaridad!—le gritó—Acabas de usar el diminutivo tres veces. ¡Es intolerable!

Su esposa empezó a llorar y no volvió a tocar su comida. Después de varios minutos el hombre, un poco arrepentido, le preguntó—¿Y por qué no comes?

—Pues, es que no tengo . . . ¡apeto!—le respondió la infeliz mujer.

EL HOMBRE Y LA MUJER

Marido en casa y olé*

NOEL CLARASÓ

Cuando se casaron se querían mucho. El amor cuando
empieza es como un helado° bueno. ¡Qué gusto da! Después, si pasa el tiempo, se funde.°

Él y ella se habían casado enamorados, como usted y
5   otra, como yo y otra, como todos y todas. Diez años después seguían tan casados como el primer día, y si no seguían tan enamorados . . .

Un sábado, al empezar la tarde, ella le decía:

—¿Y mañana, qué? Tú al fútbol con tus amigos y des-
10   pués un póquer, y yo en casa. Yo siempre sola en casa.

Él intentó hacerla responsable de° la soledad.

—Porque quieres. Tienes amigas, vecinas, dos hermanas, una madre. ¡Uf! ¿Para qué inventaron el teléfono?
¿Quieres que te las llame yo? Verás cómo te organizo
15   una reunión.

Ella dijo que no, que no; que no era ésta su ambición,
que:

ice cream

se . . . *melts away*

intentó . . . *tried to
blame her for*

---

*De *La Codorniz*, revista humorística de España.

—Ya podríamos pasar una tarde juntos los dos.

—¿Tú y yo?

20 —¿No somos marido y mujer?

—Sí, pero . . . ¿No será aburrido?

—Hablaremos. Nunca hablamos. Hablaremos.

Un emparedado° del verbo hablar. Y él, para estar informado:

25 —¿De qué?

—De todo. Lo natural es hablar de todo.

—Bien, sí. ¡Y olé!° Mañana ni fútbol ni póquer. Toda la tarde aquí contigo. ¿Te apetece° algo más?

—Hablo en serio.

30 —Y yo. Bastaba° pedir. ¡Y olé!

El otro día, domingo, después de la comida y del café y de la sobremesa,° él se sentó en uno de los sillones confortables del sitio de estar, invitó a su mujer a sentarse en el otro sillón, la tuvo un ratito en observación y susurró:°

35 —Bueno, ya estamos los dos solitos en casa. Son las cuatro. Hasta las diez tenemos seis horas para hablar de todo. ¡Maravilloso! ¿Empiezas tú o prefieres que empiece yo? Los dos a la vez sería muy liado,° ¿no te parece?

Ella le miraba aturdida° por la novedad,° no del rostro,°
40 pues era el de todos los días, sino por las palabras.

—Empieza tú.

Él empezó:

—Ayer salió una disposición en la Hoja Oficial° que nos obligará a modificar el sistema de ventas.° Porque, es
45 claro, si se suprimen° los intermediarios . . .

—No seas pesado.° De esas cosas, no.

—Son mis cosas, mi negocio. Pero si lo prefieres, hablaremos de las tuyas.

Ella no dio con° ninguna que le pareciera interesantí-
50 sima y se refugió en una ampliación del tema:

—De las nuestras.

Luis° miró a su alrededor antes de empezar.

—Los cuatro silloncitos son más pequeños que las dos butacas° y tienen la tapicería° distinta . . . la lámpara
55 cuelga° del techo y la alfombra cubre los baldosines° . . . En este cuadro se ve un árbol y un carro y la mesa tiene cuatro patas.°

—Pero ¿qué dices?

—Estoy hablando de nuestras cosas. Todo lo que he
60 nombrado nos pertenece° a los dos.

—No quise decir esto.

—Pues habla tú. Te escucho. Anda, empieza.

—Así, no; así no sé qué decir.

—Ponte de pie,° o de rodillas, como gustes.

65 Antes de media hora ella le rogaba° que se acercara a la

sandwich—see preceding line	
¡Y . . . expresión de aprobación (¡bravo!)	
Te . . . Deseas	
Era suficiente	
Hispanic custom of remaining at the table a while after eating	
murmuró	
complicado	
desorientada / novelty / cara	
disposición . . . decree in the Official Record	
sales	
se . . . se eliminan	
aburrido	
dio . . . encontró	
nombre del marido	
sillas grandes / upholstery	
se suspende / floor tiles	
legs of a table or chair	
belongs	
Ponte . . . Levántate	
imploraba	

salida del fútbol,° que recogiera a los amigos de los otros domingos y que terminara de pasar la tarde jugando al póquer con ellos. Él obedeció y ella le dijo:

—Y si ganas, me das una parte.

70   Perdió, pero le dio una parte, como si hubiese ganado. Y ella, dinero en mano, habló de lo que pensaba hacer con el dinero. Que ésta sí que es conversación. Con el dinero en mano se entiende,° y si no, a buscarlo.

del . . . del estadio de fútbol

se . . . *people understand each other*

VERDAD (+) O MENTIRA (0)

1. _____ Los domingos el marido normalmente sale para ver un partido de fútbol o jugar al póquer, y la mujer se queda sola.
2. _____ El marido reacciona con entusiasmo y sin sarcasmo ante la idea de pasar una tarde conversando con su mujer.
3. _____ Cuando habla su marido de los negocios, la mujer escucha con interés y contribuye con opiniones personales.
4. _____ Según el marido, lo que ellos tienen en común son los muebles de la casa.
5. _____ Desesperada, la mujer recomienda que su marido invite a sus amigos a la casa para una fiesta.
6. _____ Al hablar de ganar y gastar el dinero, se restablece el estado normal del matrimonio.

FORMACIÓN DE PALABRAS

A. *Siga Ud. el modelo:* Si nos casamos, estamos **casados.**

1. **Si nos enamoramos, estamos** _____ .
2. **Si nos divorciamos, estamos** _____ .
3. **Si nos frustramos, estamos** _____ .

B. *Convierta Ud. el verbo al sustantivo:* **-ar** ⟶ **-ación**

1. **admirar**   la _____
2. **aprobar**   la _____
3. **discriminar**   la _____

(Otros ejemplos: frustrar, apreciar, explicar)

PREGUNTAS

1. ¿Qué quiere decir el autor cuando compara el amor con un helado? ¿Está Ud. de acuerdo?
2. ¿Qué clase de persona es el marido? ¿Y la mujer?

3. ¿Por qué no pueden conversar?
4. ¿Qué papel tiene el dinero en la vida de este matrimonio? ¿Es muy común esto?
5. Si Ud. fuera consejero(a) matrimonial (*marriage counselor*), ¿qué cambios de acciones o actitudes le recomendaría al marido? ¿Y a la mujer?

—Dime, Manolo, ¿ha cambiado nuestro amor o hemos cambiado nosotros?

DISCUSIÓN

1. ¿Qué le está pasando a la familia tradicional norteamericana (el padre, la madre que no trabaja, dos o tres hijos)? ¿Por qué cree Ud. que hay más divorcios hoy que hace cincuenta años?
2. ¿Quién sufre más en un divorcio? ¿Por qué? ¿Quién debe tener la custodia de los hijos? Explique.

Vocabulario auxiliar

la asistencia de divorcio *alimony*
la ayuda económica al niño *child support*
cambiar *to change*
la carrera *career*
comprometerse (*n.* el compromiso) *to commit oneself (n. commitment)*
la custodia compartida *joint custody*
el egoísmo (*adj.* egoísta) *selfishness (adj. selfish)*
esperar *to expect, hope*
la falta de comunicación *lack of communication*

la familia nuclear, extensa *nuclear, extended family*
la fidelidad (*adj.* fiel) *faithfulness (adj. faithful)*
jefe o cabeza de familia *head of household*
mudarse *to move (from one place of residence to another)*
las presiones *pressures*
el ritmo de vida *pace of life*
soltero(a) *single person*
tolerar (*n.* la tolerancia)
los valores *values*

MINIDEBATES

En una o dos frases, explique por qué Ud. está de acuerdo o no con las siguientes declaraciones:

1. En un matrimonio la mujer debe conservar su propio apellido.
2. Dos homosexuales deben poder casarse legalmente.
3. La liberación de las mujeres es la causa del problema nacional de las madres adolescentes no casadas.

COMPOSICIÓN

Mucha gente cree que antes de casarse, los novios deben hacer un contrato. Si Ud. fuera a escribir un contrato de matrimonio, ¿cuáles serían las tres condiciones principales que incluiría? ¿Por qué?

CHISTES

Recuerdos vagos

Una actriz recién casada de Hollywood entra en la casa en brazos de su nuevo esposo. Al cruzar la puerta de la alcoba nupcial, exclama:

—¡Qué familiar me parece esta casa, Roberto! . . . ¿Estás seguro de que no hemos estado casados antes?

¿El español?

Escrito en la puerta principal de una clínica de maternidad:

    amo
    amas
    amamá

Chiripa° Suerte

RUBÉN DARÍO*

Casi casi me quisiste;
casi casi te he querido;
si no es por el casi casi,
casi me caso contigo.

El varón° domado° hombre / dominado

De la felicidad de los esclavos° slaves

ESTHER VILAR**

El *MG* amarillo limón se inclina y da bandazos.° La
mujer—joven—que lo conduce° lo frena,° baja de él y des-
cubre que la rueda delantera° izquierda está en el suelo.°
No pierde un instante en tomar medidas° para la reparación de la llanta:° inmediatamente lanza° miradas a
los coches que pasan. No tarda en detenerse una camioneta,° al percibir su conductor esa señal de desamparo°
femenino («*débil mujer abandonada por la técnica masculina*»). El conductor nota al instante lo que hay que hacer.
«En seguida estará»,° dice consoladoramente,° y pide a la
mujer que le dé el gato.° No le pregunta siquiera si ella
misma sería capaz de cambiar la rueda: ya sabe que no lo
es. Ella no encuentra gato alguno en su *MG*, razón por la
cual el hombre va por el suyo. Le bastan° cinco minutos
para resolver el problema. Ahora tiene las manos manchadas de grasa.° La mujer le ofrece un pañuelito delicado
que él rechaza° cortésmente. Siempre tiene a mano en la
caja de herramientas° un trapo° y gasolina, precisamente
para casos así. Ella le da las gracias exuberantemente y
pide perdón por su torpeza° «típicamente femenina». Si

Glosses (right column):

se . . . *tilts to one side and lurches along*
drives / brakes
rueda . . . *front tire / ground*
steps
rueda / she casts

station wagon / helplessness

«En . . . *"It'll be fixed right up." / comfortingly*
jack

son suficientes

manchadas . . . *muy sucias*
no acepta
caja . . . *tool box / rag*

ignorancia, inhabilidad

---

*Rubén Darío (1867–1916), famoso poeta nicaragüense.

**Esther Vilar (n. 1935), escritora argentina contemporánea. *El varón do-
mado*, una fuerte defensa de los derechos del varón, ha tenido un gran éxito
en varios países del mundo.

él no hubiera pasado por allí—declara—se habría tenido
que quedar probablemente hasta la noche. Él no contesta,
sino que le cierra con delicadeza la puerta y le aconseja° — da la sugestión
que cambie pronto la rueda pinchada.° Ella contesta — flat
25 que lo hará aquel mismo día en la estación de servicio a la
que acostumbra ir. Y arranca.° — she starts off

El hombre ordena las herramientas en la caja y se
vuelve hacia la camioneta, lamentando no poder lavarse
las manos. Tampoco lleva tan limpios los zapatos, pues
30 para cambiar la rueda ha tenido que chapotear° en una — splash about
zona de barro;° y su trabajo—es representante—requiere — mud
zapatos limpios. Tendrá que darse prisa si quiere alcan-
zar° al cliente que sigue en su lista. Pone el motor en — llegar a ver
marcha.° «Estas mujeres—va pensando—no se sabe — moción
35 nunca cuál es la más tonta»; y se pregunta qué habría
hecho aquélla si él no hubiera pasado por allí. Acelera im-
prudentemente con objeto de recuperar el retraso° que — delay
lleva. Al cabo de un rato empieza a tararear° algo en voz — hum
baja. Se siente feliz de alguna manera.

40 La mayoría de los hombres se habría portado° de ese — behaved
modo en la misma situación; y también la mayoría de las
mujeres: sobre la sencilla base de que el hombre es
hombre y ella es algo enteramente distinto, la mujer hace
sin el menor escrúpulo que el varón trabaje para ella
45 siempre que se presenta la ocasión. La mujer de nuestro
incidente no habría podido hacer más de lo que hizo,
esperar la ayuda de un hombre; porque lo único que ha
aprendido a propósito de averías° automovilísticas es que — breakdowns
hay que cargar° la reparación a un hombre. En cambio, — poner la responsabilidad
50 el hombre de nuestra historieta, que soluciona velozmente
el problema de una persona desconocida, se ensucia el
traje, pone en peligro la conclusión de su trabajo del día y,

al final, se pone en peligro incluso él mismo por la necesidad de acelerar exageradamente. ¿Y por qué se va la
55 mujer a ocupar de reparaciones si la mitad° del género   cincuenta por ciento
humano—los varones—lo sabe hacer tan bien y está tan
deseosa de poner sus capacidades a disposición de la otra
mitad?

Las mujeres hacen que los varones trabajen para ellas,
60 piensen por ellas, carguen en su lugar con todas las
responsabilidades. Las mujeres explotan° a los hombres.   *exploit*
Y, sin embargo, los varones son robustos, inteligentes,
imaginativos, mientras que las mujeres son débiles,
tontas y carecen de° fantasía. ¿Cómo es que, a pesar de   **carecen . . . no tienen**
65 ello, son las mujeres las que explotan a los hombres, y no
lo contrario?

¿Será, tal vez, que la fuerza, la inteligencia y la imaginación no son en absoluto condiciones del poder, sino
de la sumisión? ¿Que el mundo esté gobernado° por los   mandado
70 seres que no sirven más que para dominar, o sea, por las
mujeres? Mas, ¿cómo consiguen° las mujeres que sus   *manage*
víctimas no se sientan humilladas y engañadas,° sino   *deceived*
como dueños,° como «señores»? ¿Cómo consiguen las mu-   jefes
jeres inspirar a los varones ese sentimiento de felicidad
75 que experimentan° cuando trabajan para ellas?   sienten
¿Cómo no se desenmascara° nunca a las mujeres?   *unmask, expose*

VERDAD (+) O MENTIRA (0)

1. _____ El conductor de la camioneta se detiene porque reconoce la señal de una
débil mujer.
2. _____ Al principio el hombre cree que la mujer es capaz de cambiar la rueda
pinchada.
3. _____ El trabajo del hombre requiere zapatos limpios, una apariencia orde-
nada y puntualidad.
4. _____ Según la autora, esta escena no es típica de la mayoría de los hombres y
las mujeres.
5. _____ La autora cree que las mujeres son superiores a los hombres.
6. _____ A pesar de ser víctimas de las mujeres dominantes, los varones se sienten superiores y felices.

PREGUNTAS

1. ¿Cuál es la primera reacción de la mujer al descubrir la rueda pinchada de su
coche? ¿Cree Ud. que es típica esta reacción? ¿Por qué?
2. Cómo muestra la mujer «su torpeza típicamente femenina»? ¿Cómo sabemos que
el hombre está bien preparado para estas situaciones?

3. ¿Qué consecuencias negativas sufre el hombre por haber ayudado a la mujer? Pero, ¿cómo se siente mentalmente? ¿Cómo explica Ud. esto?
4. Según la autora, ¿por qué no se ocupan las mujeres de la reparación de automóviles?
5. ¿Cómo explotan las mujeres a los varones, en opinión de la autora? ¿Qué cualidades tienen los dos sexos? ¿Está Ud. de acuerdo? Explique.
6. En la serie de preguntas del final, ¿qué es lo que no comprende la autora? ¿Cómo contestaría Ud. sus preguntas?
7. ¿Qué piensa Ud. de este artículo?

DISCUSIÓN

1. ¿En qué costumbres o actitudes de nuestra sociedad vemos que al hombre se le obliga a proteger o ayudar a la mujer? ¿Cree Ud. que el hombre sufre con estas obligaciones? Explique.
2. Algunos afirman que, por razones biológicas, el hombre tiene una aptitud natural para las matemáticas y la mujer una habilidad verbal superior. ¿Qué opina Ud.?

COMPOSICIÓN

Desde el punto de vista de un hombre, explique por qué es difícil ser hombre en nuestra sociedad.

Vocabulario y actitudes:

Aventuras e historias verdes

Es interesante notar que muchas de las palabras inglesas que se refieren al sexo se derivan de términos relacionados con los negocios, las leyes o la suciedad, mientras que esto no ocurre tanto en español. Los amores entre dos personas no casadas se llaman *an affair* en inglés, en español, «una aventura». En
5 inglés se dice que el hombre *possesses* la mujer; en español, el hombre «goza» a la mujer. El niño nacido como resultado de estos amores fuera del matrimonio es *an illegitimate child* en inglés, «un hijo natural» en español.

    Dirty words son «palabrotas» (palabras grandes y feas). *Dirty jokes* y *dirty books* son «historias verdes», «libros verdes». *A dirty old man* se traduce como
10 «un viejo verde» en castellano.

    En fin, el español relaciona el sexo con el color verde (simbólico de la vida, la naturaleza y la esperanza), con el gozo, con lo natural. El anglosajón relaciona el sexo con los negocios, lo jurídico, lo sucio. ¿Es posible que la tendencia anglosajona sea un reflejo de cierto puritanismo o represión sexual que no está presente
15 en la historia española?

Rima XI

GUSTAVO ADOLFO BÉCQUER*

«Yo soy ardiente, yo soy morena,°   *brunette*
yo soy el símbolo de la pasión;
de ansia° de goces° mi alma está llena.   *deseo / de . . . for*
¿A mí me buscas»? «No es a ti, no».   *pleasures*

5 «Mi frente° es pálida; mis trenzas,° de oro;   *cara / braids*
puedo brindarte dichas° sin fin;   **brindarte . . .**
yo de ternura guardo un tesoro.°   ofrecerte felicidades
¿A mí me llamas»? «No; no es a ti».   **de . . .** de cariño tengo
                                    una riqueza

«Yo soy un sueño,° un imposible,   *dream*
10 vano fantasma de niebla° y luz;   *mist*
soy incorpórea, soy intangible;
no puedo amarte». ¡«Oh, ven; ven tú»!

---

*Gustavo Adolfo Bécquer (1836–70), el más famoso de los poetas románticos
de España. En sus *Rimas* evoca con fina sensibilidad el mundo íntimo del
hombre, sus amores, sus sueños y su búsqueda del ideal.

PREGUNTAS

1. ¿Cómo son las tres mujeres que aparecen ante el poeta?
2. ¿Por qué se enamora solamente de la última? ¿Es común esta actitud? ¿Por qué?
3. ¿Cree Ud. que el amor es algo distinto para el hombre que para la mujer? Explique.
4. ¿Qué personas famosas (actores, actrices, músicos, etc.) representan el ideal perfecto de la feminidad o de la masculinidad en nuestra cultura? ¿Qué características tienen?

Cien sonetos de amor
XXV

PABLO NERUDA*

Antes de amarte, amor, nada era mío:
vacilé° por las calles y las cosas: *I wandered*
nada contaba° ni tenía nombre: tenía importancia
el mundo era del aire que esperaba.

5 Yo conocí salones cenicientos,°   *ashen*
túneles habitados por la luna,
hangares° crueles que se despedían,°   *airplane hangars* / decían adiós
preguntas que insistían en la arena.°   sand

Todo estaba vacío,° muerto y mudo,°   *empty* / silencioso
10 caído, abandonado y decaído,°   en decadencia
todo era inalienablemente ajeno,°   *strange, distant*
todo era de los otros y de nadie,
hasta que tu belleza y tu pobreza
llenaron el otoño de regalos.

---

*Pablo Neruda (1904–73), poeta chileno de fama internacional que recibió el Premio Nobel en 1971. En versos sencillos sobre el amor y poesía experimental sobre la angustia de la vida, en poemas abiertamente políticos y odas a las cosas elementales, Neruda se dedicó a una constante renovación de tema y técnica. (Para una expresión de su poesía política, véase la página 50.) Los Cien sonetos de amor son dedicados a Matilde Urrutia, la última esposa de Neruda, una mujer de familia humilde con quien se casó Neruda a una edad madura.

1. ¿Cómo era la vida del poeta antes de conocer a su amada?
2. ¿Qué representa el amor para el poeta? Para Ud., ¿qué es el amor?
3. ¿Es el amor entre hombre y mujer la única forma del amor que influye en la vida? Explique.

El machismo en México*

SALVADOR REYES NEVARES

El machismo es una característica de ciertos mexicanos.
No vale para definir a toda la población del país. Por otra
parte, esta singular obsesión no es privativa° de México.   exclusiva
Puede sospecharse que ciertos españoles, o griegos,
5 o franceses o italianos están poseídos de ella.°   it, referring to «la
                                                                    obsesión»

*De *Mundo Nuevo*, revista argentina publicada en París.

¿Qué es el machismo? ¿Cómo es el individuo contaminado de machismo?

El machista es un hombre que se da importancia, pero no de cualquier modo: su importancia proviene° de su
10 poderío° sexual. Puede conceder que intelectualmente no descuella° gran cosa, puede estar de acuerdo en que no tiene una gran habilidad en el trabajo, en que es mediocre para todo, menos en su papel de macho.°

El machista es muy hombre con las mujeres, pero tam-
15 bién es muy hombre a la hora de ingerir° licores y en el momento de la pelea.° La borrachera° del varón° despierta en las mujeres reacciones: las aterroriza, las escandaliza, las enfada. Lo que hay en el fondo de la conducta machista es una frase: «Para que vean que no me importa lo
20 que ella quiera. Yo hago lo que me da la gana».° Hay un propósito° obsesivo de probar que se es libre respecto a la mujer y que ésta se encuentra absolutamente sometida.°

El machista pretende autoafirmarse.° ¿Delante de quién? Delante de sus prójimos° que lo contemplan. ¿Res-
25 pecto a° quién? Respecto a una mujer.

Ahora bien, ¿cuál es el tipo de reacción que se establece entre el hombre y la mujer, para que aquél se convierta en un machista? Por debajo de las autoafirmaciones es fácil distinguir una radical conciencia de debilidad.°
30 Ese hombre que bebe para demostrar que es muy macho y que hace lo que le da la gana, en realidad tiene serias dudas. Sospecha que es débil y que está a merced° de la mujer. El machista se percata° de esa realidad, pero no quiere confesarse a sí mismo que se ha percatado. Él es
35 el fuerte. Es el macho, el jefe, el que manda. Y entonces monta su rudimentario mecanismo de prueba: hace lo que a la mujer no le gusta que haga.

El machista puede tener muy mal gusto, pero logra° lo que se propone: la derrota lacrimosa° de la hembra.° Se
40 consuma° con esa derrota, una especie de venganza° oscura. Voy a explicarme con más rigor.

El papel femenino

La historia de México se inicia con un acto de fecundación entre los españoles y los indígenas.°* De esta conjunción surgió° un nuevo pueblo.° Lo curioso del caso es
45 que nosotros en México hemos elegido a uno de los troncos de nuestra ascendencia° para atribuirle nuestro cariño y nuestro respeto. Nos hemos declarado indígenas. A

proviene°	viene
poderío°	poder
descuella°	se distingue
papel de macho.°	male
ingerir°	beber
pelea.° / borrachera° / varón°	combate / drunkenness / male
me da la gana».°	me . . . deseo hacer
propósito°	intención
sometida.°	dominada
autoafirmarse.°	afirmarse a sí mismo
prójimos°	compañeros
Respecto a°	Respecto a In regard to
debilidad.°	weakness
a merced°	a . . . at the mercy
se percata°	se . . . está consciente
logra°	obtiene
derrota lacrimosa° / hembra.°	derrota . . . tearful defeat / female
Se consuma° / venganza°	Se . . . Se completa / vengeance
indígenas.°	nativos indios
surgió° / pueblo.°	nació / gente
troncos de nuestra ascendencia°	troncos . . . branches of our ancestry

*Aquí se refiere a la Conquista española del siglo XVI. La combinación de españoles e indios creó una raza nueva: los mestizos.

pesar de esto, tenemos sentimientos ambivalentes hacia
nuestro pasado indio, igual que hacia los españoles.

50 Experimentamos° rencor hacia los españoles por haber   Sentimos
invadido nuestra cultura indígena. «. . . la Conquista—
dice Octavio Paz*—fue una violación,° no solamente en el   *rape*
sentido histórico, sino en la carne misma° de las indias».   **carne . . .** *very flesh*
Como consecuencia de esta violación original, el mexi-
55 cano siente un temor enfermizo, violento por todo lo que
pueda mancillar° la integridad de sus mujeres: su madre,   deshonrar
su esposa, su hermana, su hija. La modestia femenina
llega a constituirse en centro de la vida del hombre.

Por otro lado, lo ibérico° reside también en nosotros. Lo   español
60 español fue el elemento activo y predominante en la
Conquista, así representando la parte masculina. Lo
indígena, por su pasividad, hace la parte femenina en
aquel trance° de fecundación. El mexicano de hoy, pues,   momento crítico
se ve compelido a probar su masculinidad para no aso-
65 ciarse con la parte femenina de la Conquista. Dedica
todos sus actos a ese propósito fundamental de no permitir que se dude de él.

Aunque el mexicano siente cariño y respeto por lo
indígena, también experimenta vergüenza.° En la figura   *shame*
70 de la Malinche,** la madre universal del mexicano, Octavio Paz ve «el símbolo de la entrega». Dice que repudia-   capitulación
mos a la Malinche, pero es un repudio a medias.° Al   **a . . .** parcial
renegar° de la Malinche, en realidad renegamos de la   negar vigorosamente
parte india de nuestro ser. Pero, no obstante, en
75 Cuauhtémoc† la reverenciamos y la admiramos. El mexicano oscila entre estos dos sentimientos—repudio y admiración—siempre que vuelve la cara hacia su pasado
indígena.

Amor contrariado° es, pues, el primer motor° del ma-   frustrado / *motivating*
80 chismo. Amor y vergüenza y una rabia° de siglos. El ma-   *force*
chismo implica un acto de afirmación de la masculinidad.   furia
El acto erótico constituirá la prueba por antonomasia.°   **por . . .** por excelencia
Mi conducta al volante° de un automóvil, o al frente de un   *steering wheel*
grupo de subordinados, o en una reunión de
85 condiscípulos,° o en una fiesta será siempre una conducta   compañeros
machista. Con ese fin gritaré y reiré más que los otros, y
provocaré alguna riña° para que reparen en mí;° y sobre   combate, pelea /
todo, mantendré uncida° a mi mujer a una disciplina que   **reparen . . .** me
la preserve a ella y a mí me reafirme en mi condición   observen
90 de jefe de la casa.   *yoked*

---

*Octavio Paz—un famoso escritor contemporáneo de México.
**La Malinche—la amante india del conquistador español Hernán Cortés.
†Cuauhtémoc—el jefe indio que organizó la última rebelión contra los españoles.

La contrapartida: el hembrismo°

El machismo supone el otro lado de la medalla,° el hembrismo. Los rasgos° de la feminidad son normalmente pasivos: la paciencia, la fidelidad, la resistencia ante los infortunios, la dulzura° . . .

95 Pues bien, la «abnegada° mujer mexicana» es una suma de tales virtudes, pero llevadas a lo alto° que acaban por° ser ridículas. El hombre machista necesita una mujer así. Para los alardes° de virilidad insaciable, la mujer que resiste todas las infidelidades es ideal; para exabrup-
100 tos,° y demás actos de tiranía, una mujer inmensamente pasiva, sumisa° y resistente es indispensable.

El camino de la curación

Es posible avizorar una curación.° Se trata de atenerse a° la dualidad que nos preside.° En el momento en que no subsistan ni la noción del indio ni la del español, sino
105 solamente la del mexicano, en ese momento México se sentirá de una sola pieza, y el machismo se habrá quedado entonces sin base.

exaggeratedly feminine actions and attitudes characterizing women in certain cultures
coin
características
sweetness
sacrificadora
a . . . a tal extremo
acaban . . . end up
boasts

grandes descortesías
obediente

avizorar . . . ver una solución
atenerse a aceptar / nos . . . existe en nosotros

OPCIONES MÚLTIPLES

1. El machista cree que es muy importante mostrar su habilidad (a) intelectual (b) amorosa (c) económica
2. El machista se emborracha y pelea para probar que tiene (a) gran respeto por la mujer (b) miedo de otros hombres (c) libertad absoluta de acción
3. En realidad el machista (a) no trata de autoafirmarse (b) duda de su fuerza (c) obedece a su mujer
4. Para el mexicano que piensa en su historia, el elemento indígena representa (a) la victoria (b) la pasividad (c) el papel masculino
5. A causa de la violencia que sufrieron los indios durante la Conquista española, el mexicano de hoy está obsesionado con (a) la pureza de las mujeres de su familia (b) la cultura española (c) el miedo de entrar en peleas
6. ¿Qué siente el mexicano contemporáneo hacia la parte india de su ser? (a) admiración sin límites (b) indiferencia absoluta (c) emociones contradictorias
7. Como prueba de su masculinidad, el machista no (a) grita en las fiestas (b) permite que su mujer tenga libertad (c) maneja el auto rápidamente

PREGUNTAS

1. Según el autor, ¿en qué sociedades existe el machismo?
2. ¿Qué es un machista? ¿Qué poderío superior cree tener?

3. ¿Qué acciones son típicas del machista?
4. ¿Qué dudas tiene?
5. ¿Cuáles son los dos elementos que componen el pueblo (nacionalidad) mexicano, y cuál respeta más el mexicano de hoy?
6. ¿Por qué siente rencor por los españoles el mexicano? ¿Cómo ha afectado la Conquista su actitud hacia las mujeres?
7. Por otra parte, ¿cómo se identifica el mexicano con el español de la Conquista? ¿Qué acciones o actitudes provoca esto?
8. ¿Quiénes eran la Malinche y Cuauhtémoc? ¿Qué emociones diferentes siente el mexicano por estos dos representantes de su parte india?
9. ¿Qué características tiene la mujer hembrista? ¿Cómo se complementan el hembrismo y el machismo?
10. ¿Qué curación sugiere el autor para el machismo mexicano?

DISCUSIÓN

Algunas personas creen que sería mejor volver a las relaciones tradicionales entre los sexos. Dicen que con la nueva igualdad entre hombre y mujer, la vida ha perdido mucho de su emoción y romanticismo y, en su lugar, hay tensión, pena y confusión. ¿Está Ud. de acuerdo?

COMPOSICIÓN

1. ¿Cree Ud. que existe el machismo en los Estados Unidos? ¿Y el hembrismo? Explique.
2. Algunos psicólogos afirman que ciertas razones machistas explican el carácter violento de la vida norteamericana. ¿Qué opina Ud.? ¿Se puede asociar el machismo con algunos deportes? ¿Con la pornografía y el maltrato físico de las esposas? ¿Con el nivel alto de crímenes? ¿Por qué sí o no?

4

CUESTIONES ÉTICAS

Vocabulario preliminar

Estudie el vocabulario antes de empezar el diálogo sobre algunos problemas de hoy. Luego, utilice este vocabulario como medio de consulta durante su estudio del capítulo.

1. **asesinar** eliminar a una persona (*sinónimo:* **matar**); **asesino (el)** persona que asesina; **asesinato (el)** acción de asesinar, homicidio
2. **crear** producir, hacer, establecer
3. **derecho (el)** autoridad de actuar o pedir algo; **tener derecho a** *to have a right to*
4. **ética (la)** parte de la filosofía que trata de la moral y de las obligaciones del individuo; *adj.* **ético**
5. **gobierno (el)** mando, administración, control de una nación; *v.* **gobernar**

6. **justicia (la)** virtud que hace dar a cada cual lo que le corresponde; *adj.* **justo, injusto**
7. **ley (la)** acto o legislación del gobierno u otra autoridad
8. **matar** eliminar, quitar la vida de una manera violenta (*sinónimo:* **asesinar**)
9. **muerte (la)** cesación definitiva de la vida; *v.* **morir**
10. **peligro (el)** una dificultad inminente; algo que puede causar consecuencias graves; *adj.* **peligroso**
11. **proteger** dar protección
12. **ser humano (el)** hombre o mujer, persona, individuo

Problemas de hoy
un diálogo

(Dos amigos de habla española se reúnen en un café de San Francisco:)

ALBERTO — ¡Qué bueno verte, Ana! ¿Cómo te fue en Nueva York?

ANA — Bien, pero regresé con un dolor de cabeza horrible.

ALBERTO — ¿Por qué? Muchas fiestas y poco dormir, ⁵ ¿verdad?

ANA — No, hombre. Es que soy alérgica al humo° de cigarrillo, y mucha gente fumaba° en el avión.

          smoke
          were smoking

ALBERTO — ¿Por qué no te sentaste en la sección para los no-fumadores?

¹⁰ **ANA** — Eso no ayudó. Había humo por todas partes. Creo que el gobierno debe tener leyes que prohíban fumar en los aviones.

ALBERTO — Pero no sería justo. Yo no fumo mucho, pero
necesito fumar precisamente cuando estoy nervioso, como
15 en los aviones.

ANA — ¡Y todos los demás tenemos que respirar el humo y
luego aguantar° el olor que nos deja en la ropa, en el   tolerar
pelo . . .!

ALBERTO — ¿No estás exagerando un poco? Nosotros los
20 fumadores también tenemos derechos. Ahora hay secciones especiales para los no-fumadores en todos los restaurantes y lugares públicos. ¿Qué más quieres?

ANA — El humo me llega de todas maneras. ¿Por qué tengo
que sufrir yo un mayor riesgo° de contraer cáncer simple-   risk
25 mente porque algunos locos quieren fumar? El fumar
es malísimo para la salud,° y se debe permitir sólo en   health
casas privadas.

ALBERTO — Ésa es una forma de intolerancia. Ahora hay
grupos que quieren imponer sus creencias y opiniones a
30 todo el mundo. Por ejemplo, en la escuela de mi hijo,
un comité acaba de quitar varios libros de la biblioteca—
entre ellos algunos clásicos—porque los considera inmo-
rales. Eso no me gusta nada. Creo en la libertad del individuo, y me opongo a la censura.

35 **ANA** — Yo también creo en la libertad, pero no sin condiciones. Hay muchos libros, y películas también, que
realmente son «basura»,° y no deben estar en las escue-   garbage
las. Los jóvenes no necesitan libros que glorifican la
violencia y la pornografía. Muchos crímenes son conse-
40 cuencia de ese tipo de lectura.

ALBERTO — Ninguno de los estudios hechos por los
sociólogos ha podido establecer que la violencia en libros
o películas sea responsable del crimen.

ANA — Bueno, hay que usar el sentido° común. Es obvio   sense
45 que el ambiente influye sobre el ser humano. Si los niños
leen y ven hechos violentos, van a imitarlos.

ALBERTO — No toda la violencia viene de libros y películas.
Hay algunas formas que son aceptadas oficialmente por
la sociedad: las guerras,° por ejemplo, y la pena capital°   combates armados /
50 que, desgraciadamente, varios estados han vuelto a   sentencia a muerte
imponer. ¡Qué barbaridad!

ANA — ¿Por qué? Con la pena capital eliminas a un criminal peligroso y proteges a los demás. Muchas veces los
asesinos que salen de la cárcel° vuelven a matar. ¿Por qué   prisión
55 muestras tanta compasión por el criminal y ninguna por
las víctimas?

ALBERTO — ¿Y si la justicia comete un error y mata a un
inocente? La muerte no tiene remedio, mujer. Además, se
sabe que la ejecución de un criminal no impide actos
60 criminales de otros. Lo que sí bajaría el número de robos y

asesinatos es el control de las armas.° En este país cual- weapons
quier loco puede obtener una pistola. De todos los países
del mundo, el nuestro tiene el número más alto de asesinatos por persona.

65 **ANA** — Espérate. La posesión de armas es un derecho
garantizado en la Constitución. Yo vivo en un barrio peligroso y necesito una pistola para proteger mi casa y mi
familia.

ALBERTO — Me parece que mi derecho de caminar sin peli-
70 gro por las calles importa más que tu derecho de poseer
armas. Ahora, cualquier persona famosa—sea político,
cantante o jefe religioso—corre peligro cada vez que
aparece en público.

ANA — Quizás ése sea el precio de vivir en una sociedad
75 libre. Tú dijiste que estás a favor de la libertad, ¿no?

ALBERTO — Pero, como tú explicabas antes, la libertad con
ciertas restricciones. De todas formas, aunque tenemos
opiniones diferentes, somos amigos. Supongo que no me
vas a matar con tu pistola, ¿verdad?

80 **ANA** — Claro que no, hombre. La dejé en casa. Hoy llevo el
machete.

ALBERTO — ¡Caramba! Ahora sí tengo miedo.

PREGUNTAS

1. ¿Qué diferencias de opinión hay entre Ana y Alberto sobre el fumar? ¿Con quién está Ud. de acuerdo y por qué?
2. ¿Qué piensan Alberto y Ana de la censura de libros en las escuelas públicas? ¿Cree Ud. que lo que se lee en los libros puede tener efectos negativos sobre los jóvenes? Explique.
3. ¿Cuáles son los argumentos que da Ana a favor de la pena capital? ¿Por qué no está de acuerdo Alberto? ¿Qué opina Ud. sobre esta cuestión?
4. ¿Cree Ud., como Alberto, que se debe imponer más control sobre la venta de armas? ¿Por qué?

SINÓNIMOS

Después de estudiar el Vocabulario preliminar, busque los sinónimos de las palabras entre paréntesis y cambie la forma si es necesario.

asesinato	gobierno (el)	seres humanos
crear	ley	tener derecho a
ético	proteger	

1. La nueva (legislación) del Congreso afectará a millones de personas.
2. Las guerras (producen) problemas en todas partes del mundo.
3. Los habitantes del barrio (dan protección) a los viejos.
4. Todos los (individuos) sufren cuando hay discriminación.
5. La policía no sabe quién es responsable del (homicidio) del hombre que encontraron ayer.
6. No es (moral) abandonar a una víctima del crimen.
7. Los padres no (tienen autoridad de) abusar de sus hijos.
8. No comprendo la política de (la administración) en la Casa Blanca.

DISCUSIÓN

Defienda o critique Ud. la inclusión de estas materias en la biblioteca de una escuela pública:

> libros que perpetúan estereotipos sexuales
> textos de biología que explican la teoría de evolución de Darwin
> novelas que contienen descripciones explícitas de actos sexuales
> libros que afirman la mentalidad inferior de grupos minoritarios
> novelas que abundan en palabras groseras
> libros de historietas (comic books) que representan las grandes obras de Shakespeare, Cervantes, Melville, etc.

PEQUEÑAS ENTREVISTAS
ESPONTÁNEAS

Imagínese que Ud. es un(a) periodista que anda solicitando la opinión de la «persona de la calle» sobre los temas que se dan a continuación u otros de interés actual. Se deben dividir los temas entre varios «periodistas» que hablan con otros miembros de la clase.

«Buenos días. Soy periodista y trabajo para el famoso periódico _____ . ¿Qué piensa Ud. de:

unas penas más estrictas para los conductores borrachos (*drunk drivers*)?
el límite de velocidad de cincuenta y cinco millas por hora para los
    automóviles?
los derechos de los inválidos (*handicapped*)?
un alto definitivo (*equivalent to «freeze»*) en la producción de armas nucleares?
el veredicto (*verdict*) de «inocente por razón de locura»?
los problemas que causan los perros en la ciudad?

La mordida°: una institución*

«bite» (bribe)

Tan violenta es la corrupción en los tiempos actuales,° que indudablemente corroe° y afecta a individuos de diversas capas° sociales y de diferentes actividades.

    Sin embargo, el deplorable hábito de la mordida se ha
5 convertido ya en una verdadera institución, que implica querer arreglar ciertos asuntos mediante° el discreto pago de dinero. La mordida, que no es otra cosa que un vulgar soborno,° se produce cotidianamente° en las calles de la ciudad de México, a través de° inescrupulosos agentes
10 policiales, quienes para evitarse la molestia° de aplicar una infracción, aceptan una mordida de 100, 200 o 500 pesos.° Si se considera que en el Distrito Federal° existen más de 20 mil agentes policiales, el dinero clandestino que se moviliza a través de la mordida supera los 60
15 millones de pesos.° Una verdadera fortuna.

presentes, de hoy
corroes
clases

arreglar . . . settle
  certain matters by
  means of
bribe / todos los días
a . . . through, by means
  of
evitarse . . . avoid the
  bother
100 . . . equivalent of $2,
$4, $10 (June 1982) /
Ciudad de México

supera . . . exceeds
$1,200,000

*De *Visión*, una revista interamericana publicada en México.

El problema de la corrupción no es privativo° de México. Ocurre en todas partes, incluso° en los países más avanzados desde el punto de vista cultural y económico. Hay leyes en los Estados Unidos que limitan la mordida;
20 en cambio, en Italia aprobaron° legislación que la legaliza. Otros países tienen un nombre especial para este hábito corruptivo: en Alemania lo llaman *shmiergeld (dinero untable°)*; en Francia, *pot-de-vin;°* en Japón, *kuroi kiri (niebla tenebrosa°)*.
25 Todos, de alguna manera, formamos parte de la cadena° de la corrupción. Es corrupto lo mismo el policía que obtiene dinero ilegalmente de quien viola un reglamento,° que el empleado público que, por una gratificación, da preferencia al solicitante° de un servicio; el mesero que
30 abulta la cuenta° del cliente, o el trabajador que no cumple° puntualmente con sus obligaciones. Unos son victimarios,° otros víctimas. Pero todos participamos. Las víctimas, como fruto° de una reacción muy humana, buscan con frecuencia convertirse en victimarios, racionali-
35 zando su conducta con conceptos que ignoran normas morales.

exclusivo
even

autorizaron

dinero . . . *money to grease someone's palm, bribe /* **pot . . .** *jug of wine*
niebla . . . *dark fog chain regulation*

applicant
mesero . . . *waiter who pads the bill carry out, fulfill victimizers resultado*

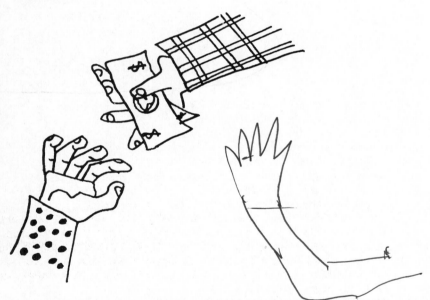

¿Culpables?° Todos, tanto el que recibe dinero como el que lo da. Los medios° legales, en estos casos, parecen ser inoperantes. Es urgente, entonces, apelar a la conciencia
40 de cada persona para reprimir° y erradicar la delictiva° práctica de la mordida, síntoma° de una corrupción generalizada.

Guilty
means

repress / unlawful
indicación

1. ¿Qué es la mordida? ¿En qué situaciones ocurre?
2. ¿Se limita la mordida a un solo país o a una sola clase social? Explique.
3. ¿Cómo reaccionan a veces las víctimas de la corrupción? ¿Cree Ud. que es justificable esta reacción? ¿Por qué?
4. Según su opinión, ¿hay un grupo de personas más susceptibles a la mordida? ¿Es posible erradicar la mordida? ¿Por qué?

MAFALDA

DISCUSIÓN

¿Es ética o no ética la práctica de poner celadas a las personas (*entrapment*)? (El poner celadas ocurre cuando las autoridades o la policía, disfrazadas [*disguised*] de criminales, inventan un crimen para atrapar a cierto individuo en una actividad ilegal, pero sin que este individuo sepa que el crimen es una invención deliberada.)

EL TRIBUNAL DE LA ÉTICA

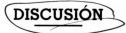

Todos están de acuerdo que el asesino es un criminal inmoral. Sin embargo, no todas las situaciones son tan fáciles de juzgar (*judge*). Si Ud. fuera juez (*judge*), ¿cuáles de los siguientes casos juzgaría como ejemplos de una falta de ética? ¿Qué recomendaría a la persona culpable? ¿Cuál le parece el caso más grave? ¿El menos grave?

1. una persona que falsifica ligeramente los datos cuando prepara sus impuestos (*taxes*) federales.
2. una persona que cuenta una mentirita (*little white lie*) para no ofender a su amigo.
3. una secretaria que lleva a casa, para su uso personal, lápices, plumas, papeles, etc., de la oficina.

4. un(a) estudiante que halla un par de guantes en la biblioteca y los guarda, en vez de entregarlos a las autoridades.
5. una persona que no dice nada cuando el camarero calcula mal la cuenta, ahorrándose (*saving himself or herself*) $10.
6. varias personas que observan un crimen pero no hacen nada para ayudar a la víctima.

EJERCICIO DE VOCABULARIO

Hay muchos verbos en inglés que terminan en -*ate*. Cuando son cognados, muchas veces corresponden a verbos españoles que terminan en -**ar.** Siguiendo esta fórmula, escriba Ud. el verbo español que corresponde a los siguientes verbos en inglés.

ejemplo:
tolerate   **tolerar**

1. *create*   _____
2. *manipulate*   _____
3. *eliminate*   _____
4. *investigate*   _____

(Otros ejemplos: *appreciate, imitate, castigate, cooperate, violate*)

En defensa de la vida humana
un punto de vista

   ¿Puede Ud. imaginarse un mundo sin hambre, sin las enfermedades° y sufrimientos que siempre han caracterizado nuestra existencia? Por primera vez en la historia, esta utopía es posible, ya que los científicos han empezado a descifrar los secretos de los genes. Pero con la nueva investigación científica surge° una grave cuestión moral: ¿tiene el ser humano el derecho a interferir con los procesos naturales de la vida y la muerte? La respuesta es un NO enfático.

diseases

aparece

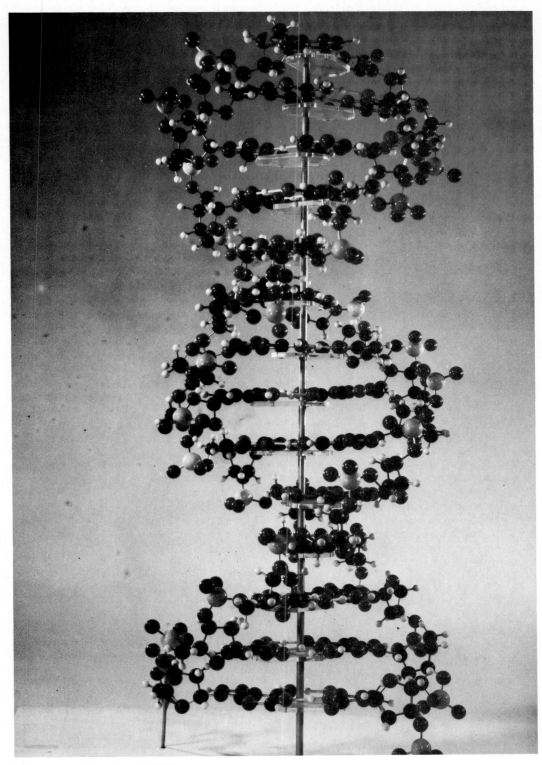

Un modelo de la molécula DNA.

La ingeniería genética°

La ingeniería . . .
*Genetic engineering:
the manipulation
of basic hereditary ma-
terials (DNA) in order
to modify characteristics
of organisms*

10   La vida, tal como nos fue dada, es preciosa y especial.
No debemos intentar modificarla en nombre del progreso
científico, como está ocurriendo hoy día con la ingeniería
genética. Los biólogos han aprendido a cortar y volver
a juntar° segmentos de la molécula DNA, materia básica
15   genética que determina la estructura y función de los
organismos. Al arreglar de nuevo° en combinaciones distintas las secciones cortadas de DNA, es posible cambiar
radicalmente las características del organismo. Así los
científicos pueden crear productos específicos que ellos
20   mismos determinan. Las aplicaciones potenciales son
innumerables. En la medicina, por ejemplo, se eliminarán
la hemofilia, el cáncer y la diabetes, y se producirán en
el laboratorio anticuerpos° para combatir células enfer-
mas.° En la industria, desaparecerá la escasez ener-
25   gética° con la conversión de madera en combustibles,°
como el *gasohol*, y con la producción del petróleo obtenido
del carbón licuado.° En la agricultura, se proyecta la
fabricación artificial de maíz, trigo° y arroz, y la creación
de cultivos auto-fertilizantes° que resisten enfermedades.
30   Quizás lo más asombroso será el «clonaje»° de vacas,
puercos y ovejas° con características especiales que ga-
rantizarán una máxima productividad.

volver . . . *reconnect*

arreglar . . . *rearranging*

antibodies
células . . .
diseased cells
escasez . . . *energy
shortage* / **madera . . .**
wood into fuels
carbón . . . *liquefied
coal*
maíz . . . *corn, wheat*
cultivos . . . *self-fertiliz-
ing crops*
cloning
sheep

        ¿Un mundo ideal? Pues no, porque los peligros poten-
ciales de la nueva biotecnología son igualmente innume-
35   rables. ¿Qué pasa, por ejemplo, si los biólogos, por
casualidad° o deliberadamente, producen algunas enfermedades mortales que resisten los antibióticos? Crearían
epidemias° que causarían la muerte y el sufrimiento
de millones de personas en el mundo. Aun más horroroso:
40   una vez que se haya permitido el «clonaje» de animales,
habrá un paso muy corto para el «clonaje» de seres humanos. Los abusos de la medicina y la ciencia abundan;
piense Ud. en Hitler, que trató de producir una raza suprema, o en la creación más reciente de los bebés en
45   probeta.° No es inconcebible, pues, un mundo futuro de
superhombres perfectos con cualidades idénticas, sin las
complejidades y excentricidades que dan al ser humano
su carácter distintivo y único. Intentar reconstruir nuestra
composición genética y la de otros animales y plantas
50   es creerse Dios, superior a todas las demás formas
de vida.

accidentalmente

epidemics

bebés . . . *test-tube
babies*

        En vez de manipular la vida, debemos preservarla a
toda costa, tal como es. Sin embargo, hay personas que no
solamente quieren crear la vida sino la muerte también,
55   como los partidarios° de la eutanasia° y el aborto.

defensores / «*mercy
killing*»

La eutanasia

Mucha gente sostiene que es un acto de compasión dejar morir a un viejo o a un enfermo incurable que pide la muerte. El argumento predilecto° es que todos debemos tener derecho a detener nuestro sufrimiento «voluntaria-
60 mente» para poder «morir con dignidad». Pero estos defensores de la eutanasia olvidan que la misión del médico es curar, no matar. En lugar de acortar° la vida, hay que prolongarla, aun si son necesarias medidas° heroicas que sostienen artificialmente al paciente. ¿Cómo
65 se sentiría Ud. si, al día siguiente de mandar desconectarle los tubos a su madre, se descubriera la cura para su enfermedad? Además, ni la persona que sufre de una enfermedad dolorosa ni su familia tiene suficiente estabilidad emocional o mental en esas circunstancias críticas.
70 Las decisiones de la vida y la muerte no se deben tomar en momentos de debilidad. La muerte es irreversible.

favorito

hacer más corta
métodos

El aborto

Nadie—ni un médico, ni Ud., ni yo—puede autorizar la eliminación de otro ser humano, sea feto o embrión,° niño o adulto, anciano,° enfermo incurable o agonizante.°
75 Todos tenemos derecho a la vida, especialmente los que no han nacido todavía.° ¿Qué defensa tienen estos seres inocentes contra la irresponsabilidad de sus madres?—sobre todo esas madres que prefieren hablar de «los derechos de la mujer» en vez de usar anticonceptivos
80 o de planear con inteligencia sus finanzas. Un aborto no es nada menos que un asesinato imperdonable. Aun si uno afirma que la vida humana no empieza hasta el punto en que el feto puede sobrevivir fuera del útero° (alrededor de los seis meses), nadie puede negar que, si se
85 aborta un feto antes de este punto, se ha matado la *posibilidad* de vida. El bebé, aunque quizás no deseado por los padres, tiene la *posibilidad* de transformarse en un adulto productivo y feliz. Pero con el aborto no existen posibilidades, ni segundas oportunidades.

feto . . . *fetus or embryo*
persona vieja / persona
  que está muriendo
los . . . *the unborn*

sobrevivir . . . *survive
outside of the uterus*

90 El hombre es el único animal con capacidad para gobernar los procesos fundamentales de la vida y la muerte. Pero este poder espantoso° le impone la responsabilidad moral de no negar el derecho a una vida digna y de no alterar la estructura del ser humano. La genética y la
95 medicina están avanzando rápidamente, pero todavía no poseemos la sabiduría° suficiente para utilizar bien nuestros conocimientos.

frightening

wisdom

SÍ O NO

Escriba Ud. «sí» delante de las oraciones que representan opiniones o creencias expresadas en «En defensa de la vida humana» y «no» delante de las que oponen sus ideas.

En «En defensa de la vida humana» se afirma que . . .

1. _____ No se debe intervenir en los procesos de la vida y la muerte, a pesar de la utopía que promete la ciencia.
2. _____ Hay poca evidencia de que el ser humano ha abusado de la medicina y la ciencia.
3. _____ Cuando no hay esperanzas de curación, es mejor dejar morir al enfermo.
4. _____ El feto es un ser humano, y por eso, un aborto es lo mismo que un asesinato.
5. _____ Las mujeres tienen derecho a controlar su propio cuerpo.

PREGUNTAS

1. ¿Cuál es la cuestión moral que trae consigo la nueva investigación científica?
2. ¿Qué es la ingeniería genética? ¿Qué beneficios traerá? ¿Qué peligros existen?
3. ¿Cree Ud. que debemos manipular la vida? ¿Qué piensa Ud. del «clonaje»? ¿De los bebés en probeta?
4. ¿Qué argumentos se dan a favor de la eutanasia? ¿Y en contra? ¿Qué opina Ud. sobre esto?
5. ¿Qué puntos se presentan en contra del aborto? ¿Está Ud. de acuerdo? ¿Por qué?
6. ¿Debe el hombre (el padre) participar en la decisión del aborto? ¿Quién debe pagar el aborto—la mujer, el hombre o el gobierno? Explique.

DISCUSIÓN

Se ha escrito que «Lo malo no es morir; lo malo es que nos tengan en la cama de un hospital llenos de tubos y de agujas (*needles*), como si fuéramos vegetales». ¿Cree Ud. que sostener al paciente así es prolongar la vida o prolongar la muerte? ¿Deshumanizamos la muerte en nuestra sociedad? Explique.

Discusiones de mesa redonda

Cuatro estudiantes deben preparar una discusión en grupo sobre uno de los siguientes temas. Cada estudiante debe hacer el papel de acuerdo con una de las personas mencionadas en la lista. El resto de la clase debe preparar preguntas para dirigírselas al grupo.

La eutanasia

Pro	Contra
un(a) viejo(a) que quiere morir	*un(a) médico(a) que defiende el*
un(a) enfermero(a) que ha visto	*juramento de Hipócrates*
la agonía de niños que tienen	*una persona religiosa que siente*
enfermedades incurables	*reverencia por la vida*

La ingeniería genética

Pro	Contra
un(a) biólogo(a) entusiasmado(a) por las	*un político que teme otro Hitler*
posibilidades de la ciencia	*un(a) profesor(a) de ética*
una persona que sufre de cáncer,	
hemofilia o diabetes	

Treinta años de impunidad*

FERNANDO NÚÑEZ

Rodando° las cinco de la tarde, un hombre llega a la Confitería La Paz,° en la capital boliviana, se sienta con unos amigos y pide una cerveza. Mientras tanto° en Chile, un hombre de negocios hace una pausa en sus labores
5 como dueño de una enlatadora de pescado.° ¿Qué tienen en común estos hombres? Los dos son de origen alemán° y prófugos° de la justicia europea por haber asesinado a miles—e indirectamente a cientos de miles—de personas cuyo único crimen era el haber nacido judíos.°
10 Sus verdaderas identidades son conocidas por las autoridades de los países que los albergan.° El hombre que visita la confitería boliviana es Klaus Barbie, apodado° «el carnicero° de Lyon» y condenado a muerte en Francia. El hombre de negocios chileno es Walter Rauff, excoronel de
15 la SS,° quien inventó los «camiones° de la muerte», donde se encerraba a prisioneros judíos hasta que los gases del escape° los sofocaban.

¿Por qué están libres estos hombres? Quizá la razón más importante sea el respeto que se tiene en la América
20 Latina por el derecho de asilo.° Muchos juristas,° que personalmente odian la idea de esconder a los criminales nazis, sostienen que de concederse la extradición° en estos casos se crearían precedentes peligrosos que, más adelante, se podrían aplicar a auténticos refugiados
25 políticos latinoamericanos.

Los nazis en la Argentina

Un ejemplo claro de cómo se desarrolló° la influencia nazi en la América Latina es la Argentina. Después de la Primera Guerra Mundial,° muchos alemanes emigraron del país huyendo° de la crisis económica. Se desenvolvie-
30 ron con éxito° en la Argentina, fundando sus propias escuelas y negocios, pero siempre manteniéndose leales a su patria.° Cuando los nazis llegaron al poder, muchos de ellos le declararon su lealtad al Partido° Nazi, que llegó a tener 60 mil miembros en la Argentina.

Cerca de
Confitería . . . *a well-known coffee house*
Mientras . . . *Meanwhile*
dueño . . . *owner of a fish-canning factory*
German
fugitivos

el . . . *having been born Jews*

hospedan, reciben
llamado
butcher

Hitler's elite protective guard / trucks

gases . . . *exhaust fumes*

asylum / abogados

de . . . *if extradition were granted*

developed

Guerra . . . *World War*
escapando
Se . . . *They established themselves successfully*
leales . . . devotos, constantes a su país de origen
Party

---

*De *Visión*, una revista interamericana publicada en México.

35 　　Cuando terminó la Segunda Guerra Mundial, el presidente Juan Perón ayudó a los nazis en todo lo que pudo,
proporcionándoles° pasaportes, nuevas identidades 　　　　dándoles
e inmunidad. Aun después del derrocamiento° de Perón, 　　expulsión
las simpatías pronazis en algunos sectores del país no
40 cambiaron y, según algunos observadores, todavía no han
cambiado.

«El Ángel de la Muerte»

　　Un caso que demuestra claramente la relativa impunidad con que se han desenvuelto los nazis en la América
Latina es el del exmédico jefe de Auschwitz, Josef Men-
45 gele, conocido como «el Ángel de la Muerte». Obsesio-
nado con la limpieza,° llevaba el uniforme planchado,° 　　higiene / *ironed*
usaba guantes blancos y limpiaba sus instrumentos
con cuidado, aun antes de matar a sus «pacientes» in-
yectándoles ácido fénico.° Es un hombre culto; obtuvo un 　　*carbolic*
50 doctorado en filosofía de la Universidad de Munich y
otro en medicina de la Universidad de Frankfort. Mengele
sostenía la teoría de que el ser humano, al igual que° 　　**al . . .** *like*
los perros, tenía un *pedigree* y que se podían mejorar sus
características raciales mediante la cruza.° Le fascinaban 　　**mediante . . .** *by*
55 los ojos azules; hizo varios experimentos para convertir 　　*crossbreeding*
en azul el color de los ojos de sus víctimas, y en rubio
el color de su pelo.

Josef Mengele, «el Ángel de la Muerte».

Después de la guerra

Terminada la guerra, Mengele fue a la Argentina, donde se quedó muchos años bajo la protección del go-
60 bierno. Cuando en 1960 los oficiales alemanes solicitaron la extradición de Mengele, el gobierno argentino se negó° a arrestarlo, alegando que los supuestos° «crímenes» del doctor podían ser considerados actos políticos y no delitos comunes.°
65 Durante varios años Mengele vivía tranquilamente en la selva° del Paraguay, otro país latinoamericano que ha protegido a los criminales nazis. Allí, según algunos, continuaba sus experimentos raciales, ahora con los indios. En 1979 la Corte Suprema del Paraguay le revocó
70 la ciudadanía,° no por sus crímenes, sino porque había estado fuera del país por más de dos años. Hoy en día, no se sabe exactamente dónde está el doctor Mengele, aunque se le ha visto recientemente en el Uruguay.
En otras partes del mundo sigue la caza° de los crimi-
75 nales nazis. El gobierno de los Estados Unidos, por ejemplo, al descubrir que los exnazis han falsificado su pasado, les quita su ciudadanía y los deporta. En Alemania han eliminado la ley de prescripción° con respecto

refused
aparentes

delitos . . . crímenes ordinarios, sin intención política
lugar de muchos árboles

citizenship

hunt

ley . . . *statute of limitations*

Simón Weisenthal, quien se ha dedicado a cazar a los criminales nazis por todo el mundo, ante un mapa de Alemania.

a los crímenes nazis, arguyendo que después de Ausch-
80 witz, no se puede establecer límites en casos de asesi-
nato. Tanto en Alemania como en otros países ha surgido°   **ha** . . . *there has arisen*
un debate sobre qué medidas° se deben tomar con Men-   *measures*
gele y los otros nazis. Algunas personas opinan que
son enfermos mentales, incapaces de comprender la na-
85 turaleza de sus actos y que, por lo tanto,° sería inútil pro-   **por** . . . *therefore*
cesarlos.° Otros temen que los esfuerzos° por capturar a   *to bring them to trial /*
estos hombres perjudiquen° la imagen actual° del pueblo°   *efforts*
alemán, recordando una época triste y ya muy lejana en   *harm /* **presente, de hoy /**
la historia del país. Creen que después de tanto tiempo se   **gente**
90 debe declarar una amnistía general en vez de seguir con
viejos odios y represalias.° Sin embargo, muchos otros   *reprisals*
exigen° la condena de Mengele y los demás nazis, man-   **demandan**
teniendo que a pesar del paso de tantos años, hay que
cumplir con° la justicia para que nadie jamás se olvide de   *carry out*
95 tales atrocidades como las que cometía el hombre que
«coleccionaba ojos azules».

OPCIONES MÚLTIPLES

1. Los dos hombres descritos en el primer párrafo originalmente son de   (a) la Argentina   (b) Alemania   (c) Francia
2. Muchos juristas latinoamericanos se oponen a la extradición de los nazis porque (a) no los consideran criminales   (b) creen en la superioridad racial de los nazis (c) temen interferir con los derechos de refugiados políticos
3. La mayoría de los emigrantes alemanes que llegaron a la Argentina después de la Primera Guerra Mundial   (a) se mantuvieron leales a su patria   (b) no tu- vieron éxito en los negocios   (c) se olvidaron de su identidad como alemanes
4. Después de la Segunda Guerra Mundial el presidente Juan Perón   (a) ignoraba la presencia de los nazis en su país   (b) trató de deportarlos   (c) les ofreció inmunidad
5. Desde después de la guerra Josef Mengele   (a) se ha quedado en Alemania (b) ha sido perseguido por los gobiernos latinoamericanos   (c) ha vivido en va- rios países de la América Latina

PREGUNTAS

1. ¿Quiénes son los dos hombres descritos al comienzo del artículo? ¿Qué tipo de vida llevan hoy? ¿Qué hicieron antes?
2. ¿Por qué están libres estos hombres?
3. ¿Cómo llegaron a tener influencia en la Argentina los nazis? ¿Por qué es impor- tante Juan Perón en la historia de los nazis?
4. ¿Quién es Josef Mengele? ¿Qué clase de hombre era? ¿Qué teoría tenía sobre el ser humano?

5. ¿Qué hizo Mengele después de la Segunda Guerra Mundial? ¿Cómo reaccionaron ante la presencia de Mengele los gobiernos de la Argentina y del Paraguay?
6. ¿Cuáles son las opiniones sobre qué se debe hacer con Mengele y otros criminales nazis?

DISCUSIÓN

1. ¿Está Ud. a favor del derecho de asilo político? ¿Y de la ley de prescripción (*statute of limitations*)? ¿Por qué? ¿Se deben aplicar en casos como los de Mengele y los demás nazis? ¿Qué piensa Ud. que se debe hacer con ellos?
2. ¿Cree Ud. que en nuestra sociedad los criminales reciben más protección y publicidad que las víctimas? Explique. ¿Qué opina Ud. de los grupos de vigilancia que se organizan para proteger a los demás?

Vocabulario auxiliar

(Consulte Ud. también el Vocabulario preliminar *al comienzo del capítulo.)*

castigar *to punish*
la Corte Suprema *the Supreme Court*
los crímenes graves *serious crimes*
eficaz *effective* (antónimo: **ineficaz**)
los medios de comunicación *the media*
las noticias *the news*

ocupado(a) *busy*
los periódicos sensacionalistas
la policía
los políticos *the politicians*
tomarse la ley por su mano *to take the law into their (your) own hands*

COMPOSICIÓN

Imagínese que Ud. es:

1. Un(a) psicólogo(a) que presenta su teoría sobre las causas de la discriminación contra los judíos, los negros, los homosexuales y otros grupos.
2. Un(a) alemán(a) joven que quiere olvidar el pasado. Escriba una carta al jefe de su gobierno pidiéndole que declare una amnistía general.

MAFALDA

El milagro

ANA ALOMÁ VELILLA*

Claro° caminaba pensativo por la carretera.° Desde hacía varios días lo atormentaba el mismo pensamiento: ¿qué hacer con el poder° que había recibido? ¿por qué se le había dado a él, que no recordaba haber hecho nada
5 especialmente meritorio? Cierto era que había procurado° ser honrado y justo; que había formado una familia que amaba y respetaba y sostenía;° pero esas cosas las consideraba como un deber que entrañaba° gran satisfacción.

Miró hacia arriba. El cielo se había limpiado de nubes y
10 ahora mostraba un azul zafiro terso como la seda.° Se inclinó° para apartar una piedra que aplastaba° una plantita de flores. Sonrió° al hacerlo. Recordó cuando el médico del pueblo le había preguntado cuántos años de su vida había pasado en esa posición: inclinado sobre
15 el surco.° Claro no lo sabía exactamente, pero consideró que habían sido muchos.

No le importaba la aparente humillación que la posición comportaba.° Se inclinaba, sí, pero se inclinaba ante la vida. La vida latente en cada semilla° que sembraba,° en
20 cada raíz° que cuidaba, en cada plantita que regaba° en espera de la siguiente jornada.° Y en toda esa vida estaba Dios. Dios, a Quien nunca pudo concebir sino vibrando en cada ser° que le rodeaba.° Alzó el tallito comprimido° por la piedra y notó que se había marchi-
25 tado.° Lo volvió a depositar suavemente sobre la tierra y pensó que en el cielo de Dios, florecería en todo su esplendor. Su muerte era una momentánea negación pero volvería a renacer. Vivió aquí y viviría allá. La muerte no es más que un NO entre dos SÍES.°
30 Un pequeño carro tirado° por un famélico° caballo lo sacó de su abstracción. Juan, el lisiado,° le saludó con afecto.°

—Buenos días, Claro.
—Buenos días, Juan. ¿Vas al pueblo?

nombre del personaje principal del cuento / camino
"special power" in this context
había . . . había tratado de

supported
producía

azul . . . sapphire blue as smooth as silk
Se . . . He bent over / was crushing
He smiled

furrow in field

implicaba
seed / plantaba
root / daba agua
día de trabajo

being / surrounded
Alzó . . . Levantó la plantita arruinada
withered

dos . . . two yeses; i.e., this life and the afterlife
carro . . . cart drawn / hambriento
cripple
affection

---

*Ana Alomá Velilla, escritora cubana que ahora reside en los Estados Unidos. Algunos de sus cuentos describen las creencias profundas del campesino cubano. La sencilla fe religiosa de Claro, el personaje principal de este cuento, caracteriza la de muchos campesinos hispanos.

35 —Voy a buscar al médico. A Rosa le ha vuelto el dolor
del pecho.

—¡Vaya por Dios! Ojalá que Rosa se encuentre bien
cuando regreses.

—Gracias, compadre.° Hasta luego.   buen amigo

40 —Hasta luego.

La presencia de Juan le trajo de nuevo al problema. He
aquí un caso que podría resolver. Pero solamente tenía un
deseo° válido . . . ¿A quién debería curar? ¿A Juan de su   un . . . just one wish
cojera° que le impedía trabajar normalmente, o a Rosa,   lameness

45 que con el dolor no podía atender debidamente a los
hijos? Además . . . ¿complacería° a Dios que empleara°   alegraría / que . . . past
ese poder en un caso relativamente pequeño en compara-   subjunctive: that he use
ción con las grandes miserias que había que remediar?

Eso era algo que no comprendía: la presencia de la

50 miseria, el dolor y la enfermedad en un mundo formado
por Dios. El cura° del pueblo había hablado del diablo° y   priest / devil
de su obra nefasta,° pero Claro no comprendía bien ese   mala
poderío del mal cuando sobre él reinaba un Principio
de Bondad Todopoderoso.° Tal vez era para asustar° a los   Principio . . . Principle of

55 niños de la doctrina y hacerles obedecer. Pero él había   All-powerful Goodness /
obtenido un mayor respeto y obediencia de sus hijos   intimidar
y jamás los asustó con el diablo ni con los castigos° del   punishments
infierno.

Volvió a repasar lo sucedido° aquel día. Salió temprano   Volvió . . . pensó otra vez

60 como de costumbre. Quería limpiar el maizal° y prepa-   en lo que había ocurrido
rarlo para la próxima cosecha.° Al mirar el campo notó   (a flashback to several
algo desacostumbrado. Generalmente la mañana era ale-   days ago)
gre y llena de vida, pero ese día había algo en el aire:—   cornfield
su límpida transparencia, el brillo° que reflejaban las   crop

65 piedras, las nubes, el río—que hizo que Claro avanzara   brightness
deslumbrado.° Y de pronto, una Voz se había oído por todo
el firmamento y depositó en él, ¡en Claro!, el poder de   confundido por la luz
realizar un deseo.° Él había sentido el Eco de Aquella Voz   realizar . . . having one
vibrando incontenible sobre todas las cosas que le rodea-   wish fulfilled

70 ban. Vibró en las oquedades° de las rocas, vibró en las   hollows
piedras blancas inundadas de sol, vibró en el rumor de las
cañas bravas° y se hizo música en las ondas° claras del   cañas . . . plantas muy
río.   altas / ripples

Desde entonces, Claro cayó en aquel estado de preocu-

75 pación: ¿qué hacer con ese poder? ¿cómo saber si se le
empleaba de acuerdo con los deseos de Dios? ¿cómo
él, pobre y humilde guajiro,° podía tener la sabiduría°   campesino cubano /
necesaria para emplear ese otorgamiento inesperado?°   conocimiento profundo
Vio pasar a Juan de nuevo con el médico en dirección   otorgamiento . . .

80 al bohío° donde le esperaba la enferma, pero Claro no   unexpected gift
podía pensar en otra cosa que en la incertidumbre° que lo   casa rústica
consumía.   indecisión

Súbitamente° sonrió aliviado ante un pensamiento. ¡Sí, eso mismo haría! Ésa era la fórmula que resolvería toda la difícil cuestión. Eso permitiría que Juan y Rosa curaran, pero también que toda la miseria, la tristeza y la enfermedad desaparecieran de la Tierra y que este mundo fuera el que Dios concibió° al crearlo.

—¡Dios mío!—exclamó ferverosa y profundamente concentrado—Mi único deseo es que este mundo sea como Tú lo has querido . . . !

Esperó anhelante° y temeroso la gran transformación. Apenas se atrevía° a respirar y no osaba° abrir los ojos. Todo su mundo debía estar cambiando. Al fin, y poco a poco, fue abriendo los ojos. Luego miró asombrado° a todo lo que alcanzaba° la vista. La tierra, los árboles, el río y las nubes estaban igual.

—Bien está—se dijo Claro ligeramente° confundido— esto no tenía por qué° cambiar.

Por la carretera venía Juan llevando al médico de regreso. Parecía triste y preocupado. Detuvo el carrito y le dirigió la palabra:°

De pronto

imaginó

anxious
Apenas . . . *He scarcely dared /* **no** . . . *he didn't dare*
sorprendido
llegaba a

un poco
por . . . *razón por*

le . . . *le dijo*

—Claro, avísale° a la comadre a ver si puede cuidar° a los muchachos. El doctor y yo vamos a gestionar el in-
105 greso° de Rosa en el hospital. No hay otro remedio . . .— agregó° tristemente.

Claro se sintió perplejo. Entonces . . . ¡nada había cambiado! Seguían existiendo la enfermedad y la miseria y . . . Sin embargo, no era posible que Dios quisiera
110 eso. Todo lo que él vivió fue—tenía que ser—imaginación suya. Miró a su alrededor.°

—Eso ha sido seguramente—pensó—pura imaginación mía.

Y todavía perplejo, se encaminó a su casa para decirle a
115 su esposa que fuera a buscar a los niños de su comadre Rosa . . .

infórmale / atender

gestionar . . . preparar
 la entrada
he added

surroundings

REFRÁN

Quien no sabe del mal, no sabe del bien.

VERDAD (+) O MENTIRA (0)

1. _____ Claro no entendía por qué Dios le había dado un poder especial.
2. _____ Le preocupaba la muerte de la plantita porque sabía que nunca viviría otra vez.
3. _____ Juan, el lisiado, y su esposa enferma, Rosa, eran buenos amigos de Claro.
4. _____ Claro no sabía si debía expresar un deseo pequeño y particular, o uno más grande que afectara todo el mundo.
5. _____ El deseo que Claro comunicó a Dios fue que su familia viviera en paz.
6. _____ Al final del cuento, Claro se sentía feliz porque Rosa estaba curada y ya no habría más miseria en el mundo.

PREGUNTAS

1. ¿Qué tipo de persona es Claro? ¿Cómo vemos su amor hacia la naturaleza?
2. ¿Qué pensaba Claro del diablo?
3. ¿Cuál era el poder especial que Dios le dio? ¿Por qué estaba preocupado Claro?
4. ¿Cómo le complicaban la situación los casos de Juan y Rosa?
5. ¿Cuál fue el único deseo que Claro expresó a Dios?
6. ¿Cómo cambió el mundo a causa de su deseo? ¿Qué pensó Claro al final del cuento?
7. Si la conclusión de Claro es errónea, ¿qué cree Ud. que Dios trataba de comunicarle?
8. ¿Qué ventajas (puntos positivos) hay en tener una fe (faith) sencilla? ¿Es beneficiosa una visión más complicada? Explique.

DISCUSIÓN

Claro no acepta completamente algunas doctrinas de su iglesia, como la presencia del diablo. En nuestra sociedad también, mucha gente no acepta del todo la religión ortodoxa. Otros la critican o defienden con fervor. ¿Qué piensa Ud. de las siguientes opiniones?

A. Las iglesias (o templos) crean muchos problemas en la sociedad: la hipocresía, el prejuicio, las guerras.
B. Las iglesias (o templos), con sus obras de caridad, sus misioneros y la seguridad emocional que ofrecen a la gente, son una fuerza positiva en la sociedad.

En una o dos frases, explique por qué Ud. está de acuerdo o no con las siguientes declaraciones:

1. La religión es el opio de los pueblos (la gente).
2. Se deben permitir las oraciones *(prayers)* en las escuelas públicas.
3. La «Mayoría Moral» hace una contribución positiva a nuestra sociedad.
4. Es injusto enseñar solamente la teoría de la evolución en las escuelas. También hay que presentar la creación del universo por Dios.
5. Las mujeres no deben ser curas *(priests)*, ministros o rabinos *(rabbis)*.
6. Las iglesias y los templos, como cualquier otro propietario *(property owner)*, deben pagar impuestos *(taxes)*.

—¡Jesús, ven acá inmediatamente!

Si Ud. escucha a los hispanos en sus conversaciones diarias, oirá tanto los nombres de Dios y Jesucristo que Ud. podría concluir o (1) que los hispanos maldicen *(swear)* mucho, o (2) que son gente exageradamente religiosa. Pues, ninguna de estas observaciones es realmente válida, pero sí es cierto que el Dios de
5 los hispanos es más íntimo y personal que el de los anglosajones.

Vemos esta personalización de la religión en los nombres hispanos. Muchos hombres se llaman Jesús, Ángel, Santo o aun María (José María González). Entre los nombres femeninos están Concepción *(the Immaculate Conception of Mary)*, Trinidad, María, Ángela, Consuelo y María José. Todos los años el niño celebra
10 dos días especiales: su cumpleaños y el día de su santo, esto es, la fecha del santo de su nombre.

Ciertas expresiones diarias revelan una relación con Dios íntima e informal. Cuando alguien estornuda *(sneezes)*, muchos responden con «salud», pero también se oye con frecuencia «Jesús». Si estornuda dos veces, «Jesús y María», y
15 si tres veces, «Jesús, María y José». Para mostrar sorpresa o incredulidad, el hispano dice, «¡Ave María!» o «¡Madre de Dios!» o «¡Dios mío!» Además, es muy común terminar una frase con «si Dios quiere» («Nos vemos el lunes, si Dios quiere»).

La diferencia de actitud hacia Dios entre las culturas hispanas y anglosajonas
20 es quizás más notable en el uso de palabrotas *(swear words)*. En inglés para insultar a alguien o para expresar enojo, se dice «*God damn you (it)!*» o «*Jesus Christ!*» o «*Go to hell!*» Éste es el Dios puritano de la ira, un Dios amenazante *(threatening)* que juzga y castiga. En cambio, las palabras más insultantes en español son «¡Tu madre!» Al poner en duda el honor de la madre, el hispano
25 ofende profundamente. Pero normalmente no usa el nombre de Dios para expresar sentimientos fuertes y negativos, porque su Dios, ante todo, es el Dios personal del amor, del consuelo, un Dios accesible, en fin, el Dios familiar a quien habla el hispano diciéndole «*Tú*».

CHISTE

Un ministro entró en un café y se sentó al lado de un joven que estaba leyendo el periódico. El joven, al notar el traje religioso del ministro, preguntó:

CUESTIONES ÉTICAS

—¿Dónde queda su iglesia, padre?

—Aquí cerca, al otro lado de la calle—contestó el ministro.

—¡Ah!—exclamó el joven—¡Ésa es la misma iglesia a que voy yo!

—¡Qué raro! Hace cinco años que soy ministro en esa iglesia y no creo haberlo visto a Ud. nunca.

—Bueno, padre—dijo el joven—No dije que yo era un fanático.

La rebelión de las masas (selecciones)

JOSÉ ORTEGA Y GASSET*

Hay un hecho° que, para bien o para mal, es el más importante en la vida pública de la hora presente. Se llama la rebelión de las masas. Las ciudades están llenas° de gente. Los cafés, llenos de consumidores. Las
5 playas, llenas de bañistas.° ¿Qué es lo que vemos? Vemos «la invasión de los bárbaros»° en los lugares mejores, reservados antes a minorías.° Las masas gozan de los placeres° y usan los utensilios inventados por los grupos selectos y que antes sólo éstos usufructuaban.° Vivimos
10 bajo el brutal imperio° de las masas.

La sociedad es siempre una unidad dinámica de dos factores: minoría y masas. Las minorías son individuos o grupos de individuos especialmente cualificados que

°fact

°full
°bathers
°barbarians
°minorities
gozan . . . *enjoy the pleasures*
éstos . . . *the latter enjoyed the use of*
°dominación

*José Ortega y Gasset (1883–1955), filósofo español de fama internacional; también metafísico y crítico de arte y literatura. Miembro de la «Generación del 14», Ortega es más conocido por sus obras filosóficas sobre la historia, la política y la sociología. En *La rebelión de las masas* (1930), analiza lo que ocurre cuando se aplica el concepto democrático de «igualdad ante la ley» a otros sectores de la vida, como el arte, la economía, la educación y la religión. El hombre común, más numeroso hoy que nunca, se cree igual a todos, e impone sus cualidades mediocres y la uniformidad en todos los aspectos de la vida pública. El resultado inevitable, según Ortega, es una perversión, una debilitación de los valores y criterios de excelencia tradicionales, que durante siglos fueron laboriosamente establecidos por grupos pequeños de hombres selectos.

acumulan sobre sí° dificultades y deberes.° El hombre ex-
15 celente se exige mucho a sí mismo.° Trasciende° de lo
que es hacia lo que se propone° como deber y exigencia.
La masa es el conjunto de personas no especialmente
cualificadas que no se exigen nada especial. El hombre
vulgar° se contenta con lo que es, y está encantado con-
20 sigo.° No se entienda por masas sólo «las masas
obreras»;° dentro de cada clase social hay masa y minoría
auténtica. Masa es «el hombre medio»,° cuya vida carece
de° proyectos.

    Ahora bien: existen en la sociedad operaciones, activi-
25 dades, funciones que son especiales, y, consecuentemente, no pueden ser bien ejecutadas° sin dotes° también
especiales. Por ejemplo: la vida política, intelectual,
moral, económica, el modo de vestir° y de gozar.
Antes eran ejercidas estas actividades especiales por
30 minorías calificadas. La masa no pretendía° intervenir en
ellas. La masa ha venido al mundo para ser dirigida,
influida, representada, organizada por las minorías excelentes. Pretender la masa actuar por sí misma es, pues,
rebelarse contra su propio° destino, y como eso es lo
35 que hace ahora, hablo yo de la rebelión de las masas.

    Mientras en el pretérito° vivir significaba para el
hombre medio encontrar dificultades, peligros,
escaseces,° limitaciones de destino y dependencia, el
mundo nuevo aparece como un ámbito° de posibilidades
40 prácticamente ilimitadas, donde no se depende de nadie.
Nuestra vida, como repertorio de posibilidades, es
magnífica, exuberante, superior a todas las históricamente conocidas. Prácticamente nada es imposible y nadie es superior a nadie. De aquí que por vez primera
45 nos encontremos con una época que no reconoce en nada
pretérito posible modelo o norma. Los muertos ya no
pueden ayudarnos. Tenemos que resolver nuestros problemas sin colaboración activa del pasado.

    El hombre vulgar, al encontrarse con este mundo
50 técnica y socialmente tan perfecto, cree que lo ha producido la naturaleza, y no piensa nunca en los esfuerzos
geniales° de individuos excelentes que supone su
creación.° El nuevo hombre desea el automóvil y goza de
él;° pero cree que es fruta espontánea de un árbol
55 edénico.° Ha aprendido a usar muchos aparatos de civilización, pero se caracteriza por ignorar de raíz los principios mismos° de la civilización. No le preocupa más que
su bienestar° y, al mismo tiempo, es insolidario° de las
causas de su bienestar.

	themselves / obligaciones
	se . . . *demands a great deal of himself* / transciende
	se . . . determina hacer
	ordinario, sin distinción
	with himself
	de trabajadores
	average
	carece . . . no tiene
	carried out / aptitudes
	dress
	trataba de, deseaba
	natural
	pasado
	shortages
	espacio
	esfuerzos . . . *ingenious efforts*
	supone . . . *the creation (of the perfect world) implies*
	goza . . . *enjoys its use* del paraíso de Edén
	ignorar . . . no saber completamente las ideas básicas o los orígenes
	well-being / *disconnected*

60   Está satisfecho tal y como es. Es incapaz de salir un rato
de sí mismo y compararse con otros seres para descubrir
sus insuficiencias. El hombre-masa se siente perfecto.
Como lo más natural del mundo, tenderá° a afirmar y dar
por bueno y completo cuanto° en sí halla: opiniones,
65   apetitos, preferencias o gustos.° ¿Por qué no, si, según
hemos visto, nada ni nadie le fuerza a caer en la cuenta°
de que él es un hombre de segunda clase, limitadísimo?

tendrá la tendencia
todo lo que
tastes
caer . . . *to realize*

CAPÍTULO CUATRO

132

Lo característico del momento es que el alma° vulgar,   persona
sabiéndose vulgar, tiene el denuedo° de afirmar el derecho   boldness
70 de la vulgaridad y lo impone dondequiera.°   anywhere
    Resumen: el hombre vulgar, antes dirigido, ha resuelto°   past participle of
a gobernar el mundo. Si se estudia la estructura   **resolver** (resolved)
psicológica del hombre-masa, se encuentra la conocida
psicología del niño mimado:° 1., una impresión de que   spoiled
75 la vida es fácil, sin limitaciones trágicas; por lo tanto,°   **por** . . . therefore
cada individuo encuentra en sí una sensación de dominio
y triunfo que, 2., le invita a afirmarse a sí mismo tal cual°   **tal** . . . such as
es. Este contentamiento consigo le lleva a cerrarse para
toda instancia exterior, a no escuchar, a no poner en tela
80 de juicio° sus opiniones. Actuará, pues, como si sólo él   **poner** . . . dudar de
y sus congéneres° existieran en el mundo; por lo tanto, 3.,   otras personas como él
intervendrá en todo imponiendo su vulgar opinión sin
contemplaciones ni reservas.°   restricciones, prudencia
    Yo sé que muchos de los que me leen no piensan lo
85 mismo que yo. Esto confirma el teorema.° Aunque resulte   theorem
errónea mi opinión, quedaría el hecho de que muchos
lectores discrepantes no han pensado cinco minutos sobre
tan compleja materia. ¿Cómo van a pensar lo mismo que
yo? Pero al creerse con derecho a tener una opinión sobre
90 el asunto° sin previo esfuerzo para forjársela,° manifiestan   cuestión / formar (la
su ejemplar pertenencia° al modo absurdo de ser hombre   opinión)
que he llamado «masa rebelde».   **ejemplar** . . . exemplary
                                                                             membership or belong-
                                                                             ing to

OPCIONES MÚLTIPLES

Según Ortega y Gasset . . .

1. La rebelión de las masas se refiere a   (a) un movimiento político que origina un
   nuevo gobierno   (b) la insistencia de las masas en controlar sectores de la vida
   pública antes reservados a minorías   (c) actos violentos cometidos por los
   obreros
2. El hombre vulgar es   (a) el que dice muchas obscenidades   (b) miembro
   solamente de la clase baja social   (c) el hombre ordinario sin distinción ni
   ambición
3. En épocas anteriores a la presente,   (a) la vida difícil del hombre medio le forzó a
   reconocer sus límites   (b) las masas intervinieron activamente en la vida política
   y social   (c) el hombre-masa era un niño mimado
4. ¿Cuál de las siguientes características no pertenece al hombre-masa?   (a) no se
   exige nada de sí mismo   (b) es incapaz de compararse con otras personas   (c) lo
   vemos por todas partes   (d) expresa sus opiniones y gustos después de mucha reflexión   (e) es ignorante del pasado y de las ideas fundamentales de la
   civilización

1. ¿Cuál es el problema central de la época moderna, según Ortega y Gasset? ¿Dónde vemos las masas?
2. ¿Cómo define el autor al hombre excelente (la minoría)? ¿Y al hombre vulgar (la masa)? De qué clase social es el hombre-masa?
3. ¿Qué función tienen la masa y la minoría en la sociedad? ¿En qué consiste, específicamente, la «rebelión de las masas»? ¿Está Ud. de acuerdo? ¿Por qué?
4. ¿Qué contraste hay en la vida del hombre medio de hoy y el de épocas anteriores? ¿Puede Ud. dar algunos ejemplos? ¿Qué actitud tenemos hacia el pasado, según Ortega?
5. ¿Qué entiende el hombre vulgar de la civilización? ¿Qué opinión tiene de sí mismo y de sus ideas y preferencias?
6. ¿Por qué dice Ortega que el hombre-masa es como un niño mimado?
7. ¿Qué piensa Ortega del lector que no está de acuerdo con él? ¿Qué opina Ud. de Ortega? ¿Es un «*snob*» o elitista o es válido su argumento?

ASOCIACIONES

Un «voluntario» debe hacer el papel de un(a) psicólogo(a) que emplea la libre asociación. Llamará a varias personas de la clase para que digan la primera palabra que asocien con las cosas que están en la lista. Luego el(la) psicólogo(a) les preguntará «¿Por qué?» y la persona llamada debe explicar por qué asocia las dos cosas.

la música roc-an-rol	las elecciones presidenciales
el nivel *(level)* intelectual de la televisión	los libros de mayor venta *(bestsellers)*
la «comida rápida» *(McDonald's)*	los *bluejeans*
los juegos electrónicos	las flores de plástico

Si José Ortega y Gasset estuviera vivo, ¿cómo cree Ud. que reaccionaría ante esta lista? ¿Puede Ud. pensar en otras cosas de nuestra sociedad que irritarían a Ortega?

DISCUSIÓN O DEBATE

Muchos educadores creen que nuestras universidades están llenas de estudiantes no calificados a causa del mito nacional de que *todo el mundo* debe tener un título universitario. Arguyen que se han bajado los criterios de excelencia tradicionales para acomodar las habilidades mediocres de las masas. ¿Está Ud. de acuerdo? ¿Qué opina Ud. de:

las admisiones abiertas?

una vuelta al énfasis tradicional en la lectura, la escritura y las matemáticas?

las cuotas para estudiantes minoritarios?

los requisitos en general y, en particular, un curso de composición inglesa?

los números más bajos en años recientes en los exámenes de aptitud escolástica (SAT)?

la necesidad de una educación universitaria?

los exámenes de aptitud para los profesores?

Vocabulario auxiliar

las artes liberales
las asignaturas optativas *elective courses*
las ciencias *the sciences*
la competencia *competence (adj.* competente, incompetente)
el conocimiento amplio *broad knowledge*
conseguir un empleo *to get a job*
la discriminación

escoger *to choose (n.* la opción *choice)*
la especialización *major (v.* especializarse)
fracasar *to fail (n.* el fracaso)
la garantía *guarantee (v.* garantizar)
la ingeniería *engineering*
los negocios *business*
los requisitos *requirements*
tener éxito *to be successful*

MINIDEBATES

En una o dos frases, explique por qué Ud. está de acuerdo o no con las siguientes declaraciones:

1. Las masas no deben ser admitidas a los parques nacionales porque los destruyen.
2. El gobierno federal tiene la obligación de ofrecer ayuda económica al hombre medio para su educación, su salud y su trabajo.
3. Ortega tiene razón cuando no incluye a la mujer en su teoría.

MAFALDA

CUESTIONES ÉTICAS

Génesis

MARCO DENEVI*

Con la última guerra atómica, la humanidad y la civilización desaparecieron. Toda la tierra fue como un desierto
calcinado.° En cierta región de Oriente sobrevivió° un
niño, hijo del piloto de una nave espacial.° El niño se ali-
5 mentaba de° hierbas° y dormía en una caverna. Durante
mucho tiempo, aturdido° por el horror del desastre, sólo
sabía llorar y clamar° por su padre. Después sus recuerdos se oscurecieron, se disgregaron,° se volvieron arbitra-
rios y cambiantes como un sueño, su horror se transformó
10 en un vago miedo. A ratos recordaba la figura de su padre,
que le sonreía o lo amonestaba,° o ascendía a su nave
espacial, envuelta° en fuego y en ruido, y se perdía entre
las nubes. Entonces, loco de soledad, caía de rodillas° y le
rogaba° que volviese. Entretanto la tierra se cubrió nueva-
15 mente de vegetación; las plantas se cargaron de° flores;
los árboles, de frutos. El niño, convertido en un muchacho,
comenzó a explorar el país. Un día vio un ave.° Otro día
vio un lobo.° Otro día inesperadamente,° se halló frente a
una joven de su edad que, lo mismo que él, había sobrevi-
20 vido a los estragos° de la guerra atómica.
　—¿Cómo te llamas?—le preguntó.
　—Eva,—contestó la joven—. ¿Y tú?
　—Adán.

incinerado / *survived*	
nave . . . *spaceship*	
se . . . comía / *grass*	
stunned	
gritar	
se . . . se disolvieron	
scolded	
encircled	
knees	
imploraba	
se . . . tenían en abundancia	
pájaro	
wolf / *unexpectedly*	
ruina	

PREGUNTAS

1. En cierta región de Oriente, ¿quién sobrevivió a la destrucción del mundo? Con el tiempo, ¿qué pasó con los recuerdos de su vida anterior?
2. ¿Por qué pensaba en su padre? En la memoria del niño, ¿qué hacía su padre?
3. ¿Qué hizo el niño convertido en muchacho? ¿A quién conoció?
4. En la nueva civilización, ¿a quién podría representar el padre de los recuerdos de Adán?
5. ¿Cómo explica Ud. el título del cuento?

---

*Marco Denevi (n. 1922), novelista y cuentista argentino.

DISCUSIÓN

Con todas las dificultades que ofrecen la vida y la sociedad moderna, ¿debe uno ser optimista o pesimista con respecto al futuro?

5

ARTE Y
FANTASÍA

El arte:
¿espejo° de realidad
o de fantasía?

mirror

Se ha dicho que el arte refleja° la realidad, pero, ¿qué es la realidad? ¿Debe limitarse el artista a copiar servilmente el mundo exterior? ¿O hay otra realidad dentro del individuo que también necesita expresarse en la obra° de arte—los deseos, temores, sueños°—en fin, el mundo de la fantasía?

reflects

work
dreams

Lo fantástico siempre ha sido un elemento importante de la cultura humana, evidente en mitos, leyendas° y supersticiones. Estas fantasías colectivas representan el poder creativo de un pueblo y la necesidad de un escape del mundo ordinario. Las acciones de monstruos y héroes sirven de temas al pintor o poeta y le permiten una mayor libertad que la simple reproducción de una persona real o una escena histórica. Así que en muchos pueblos la primera manifestación literaria son los poemas épicos, buenos ejemplos de la mitología convertida en arte.

mitos . . . historias tradicionales

A veces un personaje° o incidente mitológico parece simbolizar alguna constante de la naturaleza humana y pasa de pueblo° en pueblo, de generación en generación por innumerables reinterpretaciones. Así que en el siglo XIX, el pintor español Francisco de Goya (1746–1828)

character

cultura

Francisco de Goya, Saturno devorando a su hijo. c. 1821. Pintura al fresco separado sobre lienzo, 4' 9½" × 2' 8⅛". Museo del Prado, Madrid.

Juan Gris, Violín y guitarra.

todavía halla inspiración en el antiguo mito griego sobre
Saturno, un dios que devoró a sus propios hijos con la
excepción de Zeus, quien fue escondido° por su madre. El   ocultado
25 mito representa aspectos universales del ser humano:
su violencia y el conflicto entre las generaciones, que per-
sisten a través de la historia.

 Pero el empleo° de la fantasía para escapar de las   uso
limitaciones de la realidad se ha manifestado más
30 dramáticamente en algunos movimientos artísticos del
siglo XX, que han transformado por completo el concepto
tradicional del arte como imitación del mundo exterior.
Uno de estos movimientos es «el cubismo», en el cual
se destacan° dos pintores españoles, Pablo Picasso   son notables
35 (1891–1973) y Juan Gris (1887–1927). En vez de copiar fiel-
mente° un objeto real, los cubistas lo usan como punto de   con exactitud
partida,° abstrayendo° algunos de sus aspectos y reorga-   *point of departure* /
nizándolos en una nueva estructura inventada por la   separando
imaginación del artista. Una de las técnicas° comunes es   mentalmente
40 «la simultaneidad», la presentación del objeto desde   *techniques*
diferentes puntos de vista° o ángulos al mismo tiempo—   *view*
de frente, de perfil,° por detrás, quieto,° en movimiento—   *profile* / inmóvil
para mostrar así una realidad más completa.
 En la pintura de Juan Gris, *Violín y guitarra*, varios
45 aspectos de estos instrumentos están presentados simultáneamente. El cuadro° nos desorienta al principio,   *picture*
pues estamos acostumbrados a la presentación artística
de objetos desde un solo punto de vista. Pero, según
los cubistas, esta estructura múltiple nos comunica la
50 experiencia psicológica de confrontar estos objetos en el
tiempo y el espacio, en contraste con la observación
siempre estática y artificial de una pintura tradicional.

Otro movimiento artístico de este siglo que nos ofrece
una nueva visión de la realidad es «el surrealismo» (o
55 «superrealismo»), que empezó como movimiento literario
en Francia, y luego extendió su influencia a las artes de
casi todos los países. Con el surrealismo, se han identifi-
cado otros dos pintores españoles, Joan Miró (n. 1893) y
Salvador Dalí (n. 1904). Este movimiento tiene como fin el
60 penetrar en la realidad de la subconsciencia para unirla°   combinarla
con la realidad externa y crear así una superrealidad.
Influidos por el pensamiento de Freud, los surrealistas
utilizan mucho el motivo° del sueño, pues es aquí donde la   motif
lógica y las convenciones sociales se suspenden, reve-
65 lando los instintos, deseos y fantasías interiores.

　　Otras características del arte surrealista incluyen: (1) la
animación o humanización del ambiente externo, (2) la
atribución de un aspecto amenazante° a un objeto ordina-   menacing
rio, (3) el uso de imágenes extrañas° y maravillosas,°   no usuales / de fantasía
70 (4) la insinuación de un estado de delirio o locura.°   condición de estar loco

　　En *La tierra arada*° de Joan Miró, vemos que el artista ha   *La . . . The Tilled Field*
creado una atmósfera de sueño con la fusión de objetos
reales e invenciones de su fantasía. La animación del
ambiente es evidente en el árbol con su ojo y oreja, y
75 el cacto con cabeza de perro.

Joan Miró, La tierra arada. 1923–24. Hecho al óleo sobre lienzo, 26"
× 36½". El Museo Solomon R. Guggenheim, Nueva York.

Los surrealistas practican «el automatismo», método inspirado en la libre asociación del psicoanálisis freudiano. Trabajan rápidamente y sin pensar, para liberar de la subsconsciencia imágenes espontáneas y asombro-

80 sas.° Creen que la invasión de lo maravilloso en la vida cotidiana° del hombre le hace ver una realidad que está debajo del aspecto superficial de las cosas.

startling
de todos los días

La cabeza de Mae West, usable como un apartamento surrealista de Salvador Dalí es un buen ejemplo del sen-
85 tido de humor un poco grotesco que demuestran con frecuencia los pintores surrealistas. La pintura se presta° a dos interpretaciones visuales: o es la cara de la famosa actriz y símbolo del sexo de los años 20, o es un apartamento con cuadros (los ojos), una chimenea° (la nariz), un
90 sofá (los labios) y cortinas (el pelo). Esta identificación

se . . . *lends itself*

fireplace

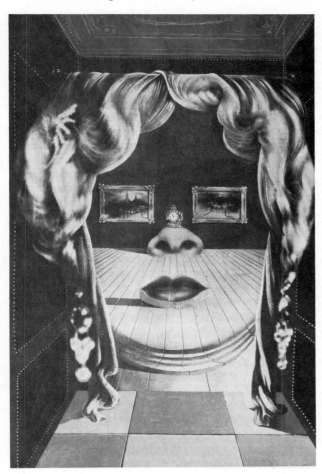

Salvador Dalí, *La cabeza de Mae West, usable como un apartamento surrealista. Hecho al óleo sobre lienzo. El Instituto de Arte de Chicago.*

entre objetos muy diferentes, tan común en sueños o
alucinaciones, nos asombra y nos hace pensar en la relación entre el sexo y el deseo de un hogar,° entre el amor   *home*
y la comodidad. El cuadro es un chiste, pero un chiste que
95 invita a pensar.

Salvador Dalí afirma que su método consiste en provocar en sí mismo un estado de delirio y paranoia para
liberar de la subsconsciencia imágenes extraordinarias sin
la intervención de los procesos racionales. ¡Cuánto nos
100 hemos apartado del realismo tradicional, pues la idea de
Dalí es que un hombre loco puede ver más aspectos de
la realidad que un hombre cuerdo!°   *sane*

Esta experimentación con los límites entre fantasía y
realidad no ha ocurrido solamente en la pintura, sino
105 en todas las bellas artes° del siglo XX: escultura,° música,   **bellas . . .** *fine arts /*
literatura; y, dentro de la literatura, en todos los géneros:°   *sculpture*
poesía, cuento, novela, ensayo. También como tendencia,   *genres, literary forms*
se ha manifestado en las artes comerciales de la
televisión, la publicidad y el cine. El famoso director
110 español, Luis Buñuel, es uno de varios directores de cine
que ha utilizado numerosas técnicas para combinar la
ilusión y la realidad en sus películas.

Así pues, el arte sigue reflejando lo real, pero la visión
del artista moderno va explorando más y más profunda-
115 mente el secreto de lo que es realmente la realidad.

EJERCICIO DE IDENTIFICACIÓN

1. _____ el arte realista o tradicional

2. _____ mitos y supersticiones

3. _____ la simultaneidad

4. _____ el automatismo

5. _____ la animación del ambiente

6. _____ la paranoia

a. técnica cubista de presentar objetos
   desde varios puntos de vista

b. estado de locura preferido por Dalí
   para la creación artística

c. atribución de cualidades humanas
   o animales al mundo de objetos o
   plantas

d. escapismo, símbolos universales y
   temas de arte

e. imitación exacta de la apariencia
   exterior de las cosas

f. método surrealista de crear imágenes
   espontáneamente

PREGUNTAS

1. ¿Por qué son populares los mitos, leyendas y supersticiones?
2. ¿Por qué inspiró a Goya el antiguo mito de Saturno?

3. ¿Quiénes son los cubistas españoles de más fama? ¿Cómo se diferencian sus pinturas del arte tradicional? ¿Por qué usan esta técnica nueva?
4. ¿Quiénes son los pintores españoles más identificados con el surrealismo? ¿Cuál es la superrealidad que tratan de mostrar?
5. ¿Qué motivo es muy común en las obras surrealistas? ¿Por qué? ¿Cuáles son algunas otras características de su arte?
6. ¿Puede Ud. dar algunos ejemplos de películas, programas de TV o anuncios comerciales que combinen la realidad y la fantasía?

DISCUSIÓN

Según la psicología moderna, los sueños expresan nuestros deseos reprimidos (*repressed*) o un mensaje importante que nos manda la subconsciencia. Algunas personas creen que los sueños a veces predicen el futuro. Para Ud., ¿qué representan los sueños?

ANÁLISIS DE CUADROS

1. Explique cómo los temas y técnicas de los siguientes cuadros se identifican con el cubismo o con el surrealismo.

Salvador Dalí, Construcción blanda con frijoles hervidos: Premonición de Guerra Civil. *1936. Hecho al óleo sobre lienzo, 39⅜″ × 39″. La colección de Louise y Walter Arenberg, El Museo de Arte de Filadelfia.*

Joan Miró, *Personajes, perro, sol. 1949.* Museo Bâle, Suiza.

Pablo Picasso, Mujer. Museo Picasso, Barcelona.

2. En este cuadro que presenta a un artista dormido, ¿qué interpretación vemos del proceso creativo? ¿Por qué cree Ud. que algunos críticos han llamado a Goya un «precursor del surrealismo»?

Francisco de Goya, El sueño de la razón produce monstruos, de Los Caprichos. 1796–1798. Aguafuerte, 8½" × 6". El Museo Metropolitano de Arte, Nueva York (regalo de M. Knoedler & Compañia, 1918). Por cortesía de la Sociedad Hispánica de América.

¿Cuál de los cuadros de este capítulo le ha gustado más? ¿Por qué?

La televisión:
La historia de un nuevo arte que nutre la fantasía, en seis capítulos*

ANYA HERRERA

I

¿Cuándo surgió?° . . .   apareció

En aquel país teníamos todo para ser felices: casas
acogedoras;° espaciosas escuelas donde estudiaban   atractivas y cómodas
nuestros hijos; cines que proyectaban filmes espectacu-
lares que excitaban nuestra imaginación; templos de
arquitectura majestuosa a los que asistían fieles° de dis-   creyentes
tintas religiones.

En aquella época no escaseaban° los comestibles.° El   eran insuficientes /
tráfico no era intenso. El aire no estaba contaminado.   cosas para comer
El pueblo simplemente vivía y sobrevivía° porque ése es el   survived
destino de la especie.°   species

Parecía que todo iba bien.

Pero algo faltaba° en nuestras vidas.   estaba ausente

---

*De *Cuadernos de comunicación,* una revista mexicana.

II

¿Qué era?

15 Era como una gran necesidad: la de comunicarnos los
unos con los otros. Y bien, ¿no existía la comunicación?
   Sí, la había.
   Unos hablaban con otros.
   Unos hablaban de otros.
20 Unos hablaban entre otros.
   Y todos hablaban, hablaban, hablaban.

   Pero, ¿se comunicaban?

   Por supuesto, teníamos publicaciones. Diarios,° revis-   Periódicos
tas, libros. Unos escribían y otros leían. La radio también
25 establecía lazos° de comunicación, pero las diferencias   links
de lenguaje nos separaban; además, no servía para
ver, sólo para escuchar.
   Necesitábamos encontrar algo que uniera el pensamiento y la visión de los habitantes del país.
30 Y aquello apareció. Un día el Inventor nos la presentó.
Se trataba de una pantalla° instalada en nuestros   screen
hogares.°   casas
   El televisor° había llegado a nuestra casa y se había   television set
convertido en parte de nuestra vida.

III

35 No era preciso° caminar mucho para obtener noticias de   necesario
lo que ocurría en el ancho° mundo: la TV nos trajo informa- vasto
ción de todos los confines de la tierra, y así supimos no
sólo lo necesario, sino también lo superfluo del Universo,
y ese conocimiento nutrió° nuestra fantasía de imágenes   nourished
40 imprescindibles° para nuestro ámbito° particular . . .   indispensables /
porque no sólo de pan vive el hombre.°   environment
                                                             no . . . "not by bread
                                                               alone doth man live"
                                                               (Bible)
   Así fuimos informados, sin salir de nuestras casas,
haciendo girar° el botón-selector de canales, de cues-   haciendo . . . turning
tiones que antes del advenimiento° de la TV nos llevaban   llegada
45 años averiguar.°   saber
   Canal 2—Dan muerte a Julio César en el Senado.
   Canal 4—Margarita de la Cueva desea encontrar a su
   hijo desaparecido° al salir de la escuela.   (who) disappeared
   Canal 8—Saturno tiene nueve satélites conocidos.
50 Titán, descubierto por Huyghens en 1655, es el más
   brillante y el telescopio nos muestra . . .
El aspecto positivo de esta técnica de información era
que nos podíamos nutrir de lo que necesitáramos de ella,
y con sólo dar vuelta° a otro botón nos desconectábamos   dar . . . turning
55 de lo que no deseábamos saber.

La influencia de la televisión.

IV

Y nuestros hijos recibieron también la influencia de la
TV, conformando en ellos una mentalidad distinta a la que
había predominado en nosotros los adultos, educados
por otros medios de comunicación menos complejos.°   complicados

60   Por lo pronto, un programa para niños, escrito y
producido por especialistas en Didáctica° y   Enseñanza
Comunicación, fue determinante° en la educación de   decisivo
nuestros preescolares.° Su gran virtud fue que se extendió   niños pequeños
a casi todas las clases que integraban nuestra sociedad.

65   La serie no *anuló*° los problemas de los tele-alumnos   eliminó
en desventaja económica,° pero éstos tuvieron el mismo   **en** . . . pobres
acceso que los preescolares de posición acomodada.°   **de** . . . ricos

Además, un factor que influía favorablemente en el
ánimo° de los tele-alumnos fue su carácter no punitivo.°   espíritu / disciplinario

70   Los niños aprendían con gusto° los temas que la serie   placer
les ofrecía. El televisor nunca se mostraba malhumorado°   *in a bad mood*
con ellos como el viejo maestro. Y así, «los niños pudieron
aprender tanto de la TV como de una lección directamente
explicada por el maestro». Información: política,

75 económica y científica. Diversión: espectáculos musi-
cales, tele-dramas, series policíacas,° ballet, ópera, etc.   detectivescas

V

Como la TV presentaba con bastante exactitud las
múltiples actividades humanas, las impugnaciones° apa-   objeciones
recieron pronto, y las impugnaciones crecieron poco a
80 poco, convirtiéndose luego en un ataque continuo. Entre
las acusaciones figuraban las siguientes: La TV
      enajenaba,°   alienaba
      automatizaba,
      manipulaba a los tele-espectadores.°   personas que miran la
                                                                  TV
85 Un célebre° comunicador la halló «principal transmi-   famoso
sora de sexismo, corrupción y racismo». Un sociólogo
la catalogó como introductora de una nueva cultura de
masas en la que se desarrollaban° los nuevos valores de   se . . . there were
la sociedad: developing
90   erotismo,
      admiración excesiva de los ídolos populares,
      violencia,
      sobrevalorización° del mito de la juventud, etc.   overestimation
Y por supuesto, la acusación más grave: el comercia-
95 lismo que distorsiona el sentido de realidad de las masas.

VI

La respuesta principal a estos ataques flotaba en el
aire: la TV no generaba° los males° que afectaban al país.   causaba / problemas
Se limitaba al papel° de expositora° objetiva y realista   role / comentadora
de la situación social. Las opiniones de los detractores, en
100 vez de orientar al televidente,° lo habían desviado° de la   television viewer /
importancia científica y tecnológica de la TV y de lo que   apartado
aportaba en beneficio de las actividades humanas.
Actualmente nos encontramos en el momento crítico de
preguntarnos: ¿Qué puede hacer la TV por nosotros?

PREGUNTAS

1. ¿Cómo era la vida de los habitantes de «aquel país» en «aquella época»?
2. ¿Qué medios de comunicación tenían? ¿Qué otra cosa necesitaban?
3. ¿Qué tipo de información nos trajo la TV? ¿Cuál era el aspecto positivo de esta técnica?
4. ¿Por qué es la TV un buen maestro para todos los niños?
5. ¿Cuáles son las acusaciones que se han hecho a la TV? ¿Puede Ud. pensar en algunas otras?
6. ¿Qué respuesta les da a las acusaciones la autora del artículo? ¿Qué le parece a Ud. esta respuesta?

¿ESTÁ UD. DE ACUERDO?

Lea Ud. las siguientes opiniones. Diga si está de acuerdo o no y luego explique por qué, usando ejemplos de programas actuales.

1. Los programas de la TV carecen de contenido intelectual; están concebidos para la mentalidad de un niño del quinto o sexto grado.
2. Es urgente censurar más los programas actuales de la TV para eliminar temas que ofenden a ciertos grupos.
3. Hay menos comunicación entre personas a causa de la TV.

COMPOSICIÓN

Escriba Ud. su reacción a la pregunta que se presenta al final del artículo: ¿Qué puede hacer la TV por nosotros?

FORMACIÓN DE ADJETIVOS

Algunos verbos de *-ar* se convierten en adjetivos si se les agrega la terminación *-ativo* / *-ativa* a la raíz.

  modelo: **Alguien que sabe crear es una persona** <u>creativa</u> .

1. Una persona a quien le gusta comunicarse con nosotros es una persona _____ .
2. Un programa que nos informa es un programa _____ .
3. Un escritor que imagina fácilmente es un escritor _____ .
4. Un programa que nos educa es un programa _____ .

ANTÓNIMOS

1. _____ necesario
2. _____ separar
3. _____ distorsionado
4. _____ desventaja
5. _____ virtud

a. beneficio
b. superfluo
c. defecto
d. unir
e. realista

MAFALDA

ARTE Y FANTASÍA

Don Quijote de la Mancha

Los tiempos: el siglo XVI; el sitio: la Mancha, una región pobre y de poco prestigio en el oeste de España. Un viejo hidalgo° de poco dinero pasa sus días y noches leyendo los populares «libros de caballerías».° Poco a poco su
5 imaginación se llena de los personajes típicos de estas novelas: valientes caballeros andantes,° bellas y refinadas damas,° horribles monstruos . . . Lee tanto el pobre señor que llega un día en que ya no puede separar la fantasía de la realidad. Se ha vuelto loco. Cree tener una
10 santa misión: hacerse caballero andante y así transformar el mundo, «deshaciendo fuerzas»° y «socorriendo° a los débiles y opresos».° Se inventa un nombre que le parece muy noble y elocuente: DON QUIJOTE. Le da un nuevo nombre a su caballo, ya viejo y decrépito: ROCINANTE. Fi-
15 nalmente, con el recuerdo° de una labradora° del pueblo de Toboso, crea la imagen de su amada—una dama pura y refinada—DULCINEA. Luego don Quijote convence a SANCHO PANZA, un campesino simple del pueblo, que debe servirle de escudero,° con la promesa de darle algún
20 día una isla° en recompensa. Así los dos, amo° y escudero, salen al mundo a buscar aventuras . . . y así nace la primera novela moderna, pues nos da una visión de una realidad compleja que cambia según el punto de vista del observador.

persona de sangre noble, o con pretensiones a la nobleza
libros . . . *novels of chivalry*
caballeros . . . *knights errant*
mujeres nobles

deshaciendo . . . corrigiendo injusticias / ayudando
oppressed

memory / mujer que hace trabajos físicos

squire
island / *master*

PREGUNTAS

1. ¿Quién era don Quijote? ¿Cómo se volvió loco? ¿Cuál era su misión?
2. ¿Cómo eran Dulcinea y Rocinante en realidad? ¿Cómo eran en la fantasía de don Quijote?
3. ¿Quién era Sancho Panza, y por qué servía de escudero a don Quijote?

Don Quijote de la Mancha

MIGUEL DE CERVANTES*

Nota del editor:

[En el siguiente episodio el caballero y su escudero
están en una venta° recuperándose de algunos golpes°   *inn / blows*
que habían recibido en su última «aventura». Es de noche,
y un arriero° que ocupa el mismo cuarto está esperando   *mule driver*
5 la llegada de Maritornes, una prostituta que trabaja como
sirvienta en la venta.]

Parte primera: Capítulo XVI

De lo que sucedió en la venta

El arriero se acostó a esperar a Maritornes. Ya estaba
acostado Sancho, y don Quijote, con dolor, tenía los ojos
abiertos como liebre.° Toda la venta estaba en silencio,   *rabbit*
10 y no había luz . . .

---

*Miguel de Cervantes (1547–1616). El escritor más importante del Siglo de
Oro *(Golden Age)* de la literatura española, Cervantes escribió numerosos
cuentos, dramas y novelas, pero su obra más famosa es *Don Quijote de
la Mancha,* que el autor publicó cuando ya era viejo. Su vida fue una cadena
de desilusiones y pobreza: perdió el uso de la mano cuando era soldado,
fue capturado por piratas y fue metido en prisión por no pagar sus deudas
(debts). Sin embargo, el *Quijote* refleja un irresistible sentido del humor
y una profunda compasión por la humanidad. Empezando como una sátira
de las extravagantes novelas de fantasía que estaban de moda, el *Quijote*
llegó a ser mucho más: un documento sociológico y un penetrante estudio
psicológico de dos tipos humanos de valor universal, que cambian a lo largo
de la novela y que se influyen mutuamente.

Esta maravillosa quietud, y los pensamientos que siempre nuestro caballero traía, le trajo a la imaginación una extraña locura;° y fue que él se imaginó haber llegado a un famoso castillo y que la hija del señor del cas-
15 tillo se había enamorado de él y prometido que aquella noche, engañando° a sus padres, vendría a dormir con él. Él comenzó a pensar en el peligroso trance° en que su honestidad se había de ver,° y se propuso en su corazón no cometer tal infidelidad con su señora, Dulcinea del
20 Toboso.

madness, delusion

deceiving
mala situación
se . . . *would find itself*

Llegó la hora de la venida de la asturiana;° en camisa y descalza,° entró en busca del arriero. Pero, apenas llegó a la puerta, cuando don Quijote la oyó, y sentándose en la cama, extendió los brazos para recibir a su hermosa
25 doncella.° La asturiana, que iba con las manos delante, buscando a su querido, topó con° los brazos de don Quijote, el cual la asió° fuertemente de una muñeca,° y la hizo sentarse sobre la cama. Le tocó luego la camisa, y aunque

mujer de Asturias; aquí
  se refiere a Maritornes
sin zapatos

virgen
topó . . . *bumped into*
tomó con la mano / *wrist*

era de harpillera,° a él le pareció ser un finísimo cendal.°

30 Traía en las muñecas unas cuentas de vidrio;° pero él
creyó ver preciosas perlas orientales. Y el aliento,° que
olía a ensalada fiambre,° a él le pareció un olor suave y
aromático; y finalmente él la pintó, en su imaginación,
como una princesa.

35 —Hermosa y alta señora; ha querido la fortuna ponerme
en este lecho,° donde estoy tan molido y quebrantado,°
que, aunque de mi voluntad° quisiera satisfacer a la
vuestra, fuera imposible.° Y además de esta imposibili-
dad hay otra mayor, que es la prometida fe que tengo a la
40 sin par° Dulcinea del Toboso, única señora de mis
pensamientos.

Maritornes, sin entender las razones que le decía, pro-
curaba,° sin hablar palabra, escaparse. El arriero estuvo
atentamente escuchando todo lo que don Quijote decía, y,
45 celoso,° se fue a la cama de don Quijote. Como vio que
la moza° forcejeaba° por escaparse y que don Quijote
trabajaba por tenerla, descargó tan terrible puñada° sobre
las estrechas quijadas° del enamorado caballero, que le
bañó toda la boca en sangre; y no contento con esto, se
50 le subió encima de las costillas,° y con los pies en trote, se
las paseó todas de cabo a cabo.°

La cama, que era de no firmes fundamentos, cayó en el
suelo, a cuyo gran ruido despertó el ventero.° Se levantó,
y, encendiendo un candil, se fue hacia donde había oído
55 la disputa. La moza, viendo que su amo venía, se refugió
en la cama de Sancho Panza, que aún dormía, y allí
se hizo un ovillo.° El ventero entró, diciendo:

—¿Dónde estás, puta?° Seguramente, tú eres la causa
de estas cosas.

60 En esto, despertó Sancho, y sintiendo aquel bulto° casi
encima de sí, pensó que tenía pesadilla,° y comenzó a
dar puñadas a una y otra parte,° y Maritornes, sintiendo
dolor, hizo lo mismo a Sancho; el cual, levantándose como
pudo, se abrazó con Maritornes, y comenzaron entre los
65 dos la más reñida y graciosa escaramuza° del mundo.

Viendo, pues, el arriero, a la luz del candil del ventero,
cómo andaba° su dama, dejando a don Quijote, corrió a
darle el socorro° necesario. Lo mismo hizo el ventero, pero
con intención diferente, porque fue a castigar° a la moza.
70 Y así daba golpes el arriero a Sancho, Sancho a la moza,
la moza a él, el ventero a la moza, y todos con prisa; y fue
lo bueno que se apagó° el candil, y como quedaron a
oscuras, se daban golpes tan sin compasión todos a
bulto,° que a dondequiera° que ponían la mano no deja-
75 ban cosa sana.°

burlap / gauze
cuentas . . . glass beads
breath
olía . . . smelled of
    stale salad

cama / tan . . . en tan
    malas condiciones
will
quisiera . . . me gustaría
    satisfacer vuestro
    deseo, pero es
    imposible
sin . . . peerless

trataba de

jealous
muchacha / luchaba
golpe de la mano cerrada
jaws

ribs
con . . . with his feet at a
    trot, traveled over don
    Quijote's ribs from
    one side to the other
innkeeper

se . . . she curled up into
    a little ball
palabra vulgar para
    prostituta
gran objeto
sueño desagradable
dar . . . punch here and
    there

reñida . . . vigorosa y
    cómica disputa

cómo . . . en qué si-
    tuación estaba
ayuda
punish

se . . . se extinguió

a . . . by guess / en
    todas partes
whole, not broken

EJERCICIO

Haga Ud. una recapitulación del episodio de la venta, terminando las siguientes frases.

1. En el silencio de la venta, don Quijote imaginó una extraña locura, en la cual _____ .
2. Maritornes entró por la noche en el cuarto de don Quijote porque _____ .
3. La prostituta sentada en su cama era, en realidad, _____ , pero a don Quijote le parecía _____ .
4. Don Quijote le explicó a Maritornes que era imposible amarla porque _____ .
5. El arriero dio un golpe tremendo a don Quijote porque _____ .
6. Cuando el ventero llegó con un candil, Maritornes se escondió en la cama de Sancho Panza, y él _____ .
7. Así empezó una lucha entre todos (excepto el ya inconsciente don Quijote); las cuatro personas que participaron eran _____ .

DISCUSIÓN

1. Mucho humor está basado en el contraste entre lo que espera una persona y lo que en realidad le pasa. El resultado es una gran sorpresa—a veces violenta—para la persona. ¿Qué esperaban los varios personajes en este episodio, y qué «sorpresas» recibieron? ¿Por qué cree Ud. que nos reímos de este tipo de humor?
2. Según su opinión, ¿por qué han tenido tanta popularidad las figuras de don Quijote y Sancho Panza? ¿Qué cualidades universales simbolizan?

REFRÁN

A mí me llaman «el loco»,
«el loco» de mi lugar,
mas todos comen trabajando
y ¡yo como sin trabajar!

Nota del editor:

[En el siguiente episodio don Quijote y Sancho van por el camino en busca de aventuras. De repente ven a un grupo de galeotes° que vienen atados° por una gran cadena° y acompañados de unos guardas. Estos prisioneros, 5 condenados por la ley, ahora van a «servir al rey» en las galeras.° Don Quijote decide investigar la situación.]

galley slaves / tied together
chain

galleys

Parte primera: Capítulo XXII

De la libertad que dio don Quijote a muchos desdichados° . . .

infortunados

Don Quijote vio que por el camino venían doce hombres a pie, atados por una gran cadena de hierro,° por los cuellos.° Venían con ellos hombres con escopetas° y espa- 10 das;° y Sancho Panza dijo:

iron
necks / guns
swords

—Ésta es cadena de galeotes, gente que por sus crímenes va condenada a servir al rey en las galeras, de por fuerza.°

de . . . *by force*

—En resolución—replicó don Quijote—esta gente va de 15 por fuerza, y no de su voluntad.°

free will

—Así es—dijo Sancho.

—Pues de esta manera—dijo su amo—aquí encaja° la ejecución de mi oficio: deshacer fuerzas° y socorrer° a los miserables.

es necesaria
deshacer . . . *corregir injusticias / ayudar*

20 Llegó, en esto, la cadena de los galeotes, y don Quijote, con muy corteses razones,° preguntó a los que iban en su guarda por qué llevaban a aquella gente de aquella manera.

palabras

Uno de los guardas respondió que eran galeotes, y que 25 no había más que decir.

—Con todo eso—replicó don Quijote—querría saber de cada uno en particular la causa de su desgracia. Se acercó a la cadena y al primero le preguntó por qué iba de tan mala guisa.° Él le respondió que por enamorado.° 30 —¿Por eso no más?—replicó don Quijote.

manera / por . . . because of being in love

—No son los amores como los que vuestra merced° piensa—dijo el galeote—; que los míos fueron que quise tanto a una canasta de colar° que la abracé° y me la llevé conmigo.

vuestra . . . *your grace;* forma original **de usted**
canasta . . . *large basket often used to pack food / I embraced*

35 Lo mismo preguntó don Quijote al segundo, el cual no respondió, mas respondió por él el primero, y dijo:

—Éste, señor, va por canario, digo por músico.

—Pues, ¿cómo?—repitió don Quijote—¿Por músicos van también a galeras?

40 —Sí, señor—respondió el galeote—; que no hay peor cosa que cantar en el ansia.°

dolor

—No lo entiendo—dijo don Quijote.

Mas uno de los guardas le dijo:

—Señor caballero, cantar en el ansia significa confesar
45 en el tormento. Le dieron tormento y confesó que era
ladrón° y le condenaron por seis años a galeras, y va
siempre triste porque los otros ladrones le tienen en poco,°
porque confesó y no tuvo ánimo° de decir nones.°

Y don Quijote, pasando al tercero, preguntó lo que a los
50 otros: el cual respondió:

—Yo voy por cinco años por no tener diez ducados.°
Dígolo porque si tuviera yo esos ducados hubiera untado
con ellos la péndola del escribano.° Pero Dios es grande:
paciencia, y basta.°

55 Pasó adelante don Quijote y preguntó a otro su crimen,
el cual respondió:

—Yo voy aquí porque me burlé° demasiado con dos
primas mías y con dos hermanas que no eran mías; finalmente, tanto me burlé con todas, que resultó de la burla
60 crecer la parentela tan intrincadamente, que no hay
diablo que la declare.°

Éste iba en ropa de estudiante, y era muy gran
hablador.

Tras todos éstos, venía un hombre diferentemente
65 atado,° porque traía una cadena por todo el cuerpo. Preguntó don Quijote por qué iba aquel hombre con tantas
cadenas. Respondióle el guarda porque tenía aquél solo
más crímenes que todos los otros juntos.

—Va por diez años, que es como muerte.

70 Dijo entonces el galeote—Señor caballero, si tiene algo
que darnos, dénoslo ya y vaya con Dios; que ya irrita
con tanto querer saber vidas de otras personas; y si la mía
quiere saber, sepa que soy Ginés de Pasamonte, cuya
vida está escrita por estas manos.

75 —Dice verdad—dijo el comisario—que él mismo ha
escrito su historia.

—Inteligente pareces—dijo don Quijote.

—Y desdichado°—respondió Ginés—porque siempre las
desdichas persiguen° al buen ingenio.°

80 —Persiguen a los bellacos°—dijo el comisario.

—Señor comisario—respondió Pasamonte—que se
vaya poco a poco;° no le dieron esa vara° para que maltra-
tase° a los pobres que aquí vamos . . .

Levantó la vara el comisario para dar golpes a Pasa-
85 monte, mas don Quijote se puso en medio, y le rogó° que
no le° maltratase, y volviéndose a todos los de la cadena,
dijo:

—Hermanos carísimos, he sacado en limpio° que,
aunque os han castigado° por vuestros crímenes, que vais
90 muy contra vuestra voluntad; y que podría ser que el

persona que roba
le . . . tienen mala opi-
nión de él
fuerza / no

monedas de oro

hubiera . . . los habría
usado como soborno,
bribe
es suficiente

me . . . *I fooled around*

crecer . . . *such an
intricate increase of
illegitimate children
that no devil can
figure it out*
tied up

infortunado
atormentan / talento
perversos

que . . . *take it easy /
club*
you should mistreat

imploró
se refiere a Pasamonte

he . . . he comprendido
punished

poco ánimo que aquél tuvo en el tormento, la falta de dineros de éste, y finalmente el torcido juicio del juez,° hubiese sido causa de vuestra perdición. Todo lo cual me está diciendo, persuadiendo y aun forzando, que muestre
95 con vosotros la promesa que hice de favorecer a los opresos. Quiero rogar a estos señores guardianes sean servidos de dejaros ir° en paz; que habrá otros que sirvan al rey; porque me parece muy cruel hacer esclavos a los que Dios y la naturaleza hizo libres.
100 —Donosa majadería°—respondió el comisario. —¡Cómo si tuviéramos autoridad para liberarlos, o él la tuviera para mandárnoslo! Váyase vuestra merced, señor, y no ande buscando tres pies al gato.°
—¡Vos sois el gato, el rato, y el bellaco!—respondió don
105 Quijote.
Y, diciendo y haciendo, atacó al comisario tan rápidamente que dio con él° en el suelo. Los otros guardas quedaron suspensos, pero, recuperándose, pusieron mano a sus espadas y atacaron a don Quijote, que con
110 mucha tranquilidad los esperaba. Sin duda, habría tenido grandes dificultades, si los galeotes, viendo la ocasión de obtener libertad, no la procuraran, procurando romper la cadena.° Los guardas, ya por acudir° a los galeotes, ya por atacar a don Quijote, no hicieron cosa de
115 provecho.°
En poco tiempo, no quedó guarda en todo el campo, porque se fueron huyendo° de las pedradas° que los galeotes les tiraban. Entristecióse mucho Sancho, porque pensó que los guardas que iban huyendo, habían de dar
120 noticia a la Santa Hermandad,° y así se lo dijo a su amo, y le rogó que de allí salieran.
—Bien está eso—dijo don Quijote—pero yo sé lo que ahora conviene.°
Y llamando a todos los galeotes, les dijo:—Uno de los
125 pecados° que más a Dios ofende es la ingratitud. Dígolo porque es mi voluntad, que, cargados de° esa cadena que quité de vuestros cuellos, luego os vais a la ciudad del Toboso, y allí os presentéis ante la señora Dulcinea y le contéis,° punto por punto, esta famosa aventura.
130 Respondió por todos Ginés de Pasamonte:
—Lo que vuestra merced nos manda, señor y libertador nuestro, es imposible porque no podemos ir juntos por los caminos, sino solos y divididos, y cada uno por su parte, para no ser encontrado por la Santa Hermandad.
135 —Pues, ¡voto a tal!°—dijo don Quijote, ya furioso—don hijo de la puta, don Ginesillo de Paropillo, o como os llaméis, que tenéis que ir vos solo, rabo entre piernas,° con toda la cadena a cuestas.°

torcido . . . twisted judgment of the judge

sean . . . tengan la bondad de liberaros

Donosa . . . A fine foolishness

no . . . don't go around looking for a three-legged cat, i.e., looking for trouble

dio . . . knocked him (the commissary) down

no . . . had not taken advantage of this opportunity by breaking the chain / chase
cosa . . . anything useful
fleeing / barrage of stones

Santa . . . policía rural

es necesario

transgresiones morales
cargados . . . carrying

present subjunctive of contar, you should tell

¡voto . . . confound it!

rabo . . . (like a dog) with his tail between his legs
a . . . on your shoulders

ARTE Y FANTASÍA

Pasamonte, comprendiendo que don Quijote no era muy
140 cuerdo, hizo del ojo° a los compañeros, y apartándose,
comenzaron a llover piedras.° Sancho se puso detrás de su
burro, y con él se defendió. No se pudo defender tan bien
don Quijote. Dieron con él en el suelo,° y fue sobre él el
estudiante y diole tres o cuatro golpes en las espaldas.
145 Quitáronle una chaqueta que traía sobre las armas. A
Sancho le quitaron el abrigo, y dejáronle en pelota,°
repartiendo entre sí los demás despojos° de la batalla, se
fueron cada uno por su parte, con más cuidado de escaparse de la Hermandad que de cargarse de la cadena e ir
150 a presentarse ante la señora Dulcinea del Toboso.
  Solos quedaron burro y Rocinante, Sancho y don Quijote; el burro, cabizbajo° y pensativo. Rocinante, tendido°
junto a su amo; Sancho en pelota y temeroso de la Santa
Hermandad; don Quijote, muy triste de verse tan maltra-
155 tado por los mismos a quien tanto bien había hecho.

hizo . . . *winked*

llover . . . *throw stones*

Dieron . . . *They knocked him down*

en . . . sin ropa
booty

con la cabeza hacia abajo / extendido sobre la tierra

OPCIONES MÚLTIPLES

1. El crimen del galeote «enamorado» era realmente (a) la violación de una mujer
   (b) el robo de una canasta (c) el abandono de su esposa
2. Llamaban «músico» al segundo prisionero porque (a) cantaba como un pájaro
   (b) los otros ladrones admiraban su talento especial (c) confesó su crimen
   después de la tortura
3. El tercer galeote necesitaba diez ducados para (a) usarlos como soborno
   (b) darlos a un amigo enfermo (c) darlos a la iglesia
4. El estudiante iba a galeras porque (a) asistía a clases sin pagar su educación
   (b) era un «don Juan» (c) leía libros prohibidos
5. Mientras don Quijote y los guardas luchaban, los galeotes obtuvieron su libertad
   (a) gritando en voz alta (b) rompiendo la cadena (c) tirando los zapatos a los
   guardas
6. Al final, todos los galeotes expresaron su opinión sobre don Quijote con
   (a) palabras de gratitud (b) regalos de ropa (c) pedradas

PREGUNTAS

1. ¿Qué son galeotes? ¿Por qué quería hablar con ellos don Quijote?
2. ¿En qué sentido era muy diferente Ginés de Pasamonte de los otros galeotes?
   ¿Cómo lo trataba el comisario? ¿Por qué?
3. En su discurso, ¿qué razones dio don Quijote para justificar la liberación de los
   prisioneros? ¿Cómo reaccionó el comisario?
4. Después de la liberación de los galeotes, ¿qué quería hacer Sancho? ¿Y don
   Quijote? ¿Qué diferencias entre los dos se muestran aquí?
5. ¿Por qué no aceptó Ginés de Pasamonte el plan de don Quijote?
6. ¿Por qué es irónico el final de esta aventura?

DISCUSIÓN

1. ¿Cuáles de los cinco galeotes se considerarían criminales en nuestra sociedad? ¿Cree Ud. que don Quijote estaba loco porque los defendió? Explique. ¿Qué piensa Ud. del sistema de castigo de aquellos tiempos?
2. ¿Cuál es el ideal de justicia en nuestro sistema? ¿Hay mucha diferencia entre este ideal y la realidad de los tribunales y las prisiones?
3. ¿Qué opina Ud. de lo siguiente?
   La persona considerada «loca» por una sociedad a veces es una persona desconforme, brillante o de ideas avanzadas para su tiempo.
   ¿Hay ejemplos de esto en la historia?

COMPOSICIÓN

Don Quijote en el mundo moderno.

El gitano: realidad y fantasía

Durante su larga historia los gitanos,° un grupo minoritario de idioma, tradiciones y costumbres particulares, han despertado el interés, la admiración y muchas veces el oprobio° de la gente de otras culturas. El nombre «gi-
5 tano», derivado de la palabra «egipcio»,° proviene de una de la multitud de teorías equivocadas sobre su origen. Según la opinión científica de hoy, que se basa en el análisis lingüístico y el estudio de grupos sanguíneos,° los gitanos se originaron en la India, de donde emigraron
10 en tiempos muy antiguos. Se calcula que hoy día hay unos cinco millones de ellos, distribuidos por todas partes del mundo, aunque su mayor concentración se encuentra en Europa.
   En la España de hoy quedan muy pocos gitanos itine-
15 rantes.° La mayoría vive en las afueras° de grandes pueblos y ciudades, generalmente en condiciones de pobreza. Muchos de los hombres han abandonado las ocupaciones tradicionales para trabajar en empleos asalariados.°

gypsies

hostilidad

Egyptian

grupos . . . *blood groups*

que siempre viajan / secciones exteriores

que pagan salario

Las viejas tradiciones se van perdiendo, y hay una cre-
20 ciente convivencia con los payos.°

    Pero en los tiempos del poeta español Federico García
Lorca (1898–1936) había muchos gitanos que todavía seguían con su antiguo modo nómada de vivir. En sus cara-
vanas viajaban de pueblo en pueblo, haciendo los
25 trabajos tradicionales. Las mujeres vendían flores, baila-
ban, tocaban música, pedían en la calle° o decían la
buenaventura.° Los hombres vendían, reparaban objetos
de metal o trabajaban como herreros° o artesanos del
cuero.° El hombre gitano estaba orgulloso de ser indepen-
30 diente en el trabajo, de no recibir órdenes de nadie. Su
cultura le exigía la virilidad y el honor.

    Al gitano lo que le importaba más era su «raza».° Todos
tenían (y todavía tienen) un nombre secreto que nunca
se les decía a los payos, el nombre de su *raza* o *linaje*, un
35 grupo familiar que incluía entre 150 y 200 miembros.
Obedecían a un código° especial que regía su conducta
con otros gitanos. Una ofensa contra un gitano era una
ofensa contra toda su raza, y tenía que ser arbitrada o
vengada° por la violencia. El poder de una raza consistía
40 en el número de «varas»° (hombres gitanos) con que podía
contar en momentos de necesidad.

    Por su raza, el código de honor y los muchos ritos° y
costumbres de su cultura, el gitano tenía un claro sentido
de identidad. Al mismo tiempo era libre e independiente;
45 no se preocupaba mucho por las leyes o costumbres de la
sociedad paya, contando con su astucia o el apoyo° de
su raza para evitar posibles conflictos.

personas que no son
 gitanas

begged
pedían . . . *told fortunes*
blacksmiths
leather

clan

code of laws

avenged

sticks, clubs

ceremonias

ayuda

Una familia gitana.

Tal es la visión, algo idealizada, del gitano que presenta Federico García Lorca en su libro de poemas *Ro-*
50 *mancero gitano.*° La vida gitana que él había visto en la
Andalucía° de su niñez representaba para él una libertad,
un orgullo y una riqueza cultural que no encontraba en
la vida urbana y burguesa° de los payos. Los siguientes
dos poemas son de ese libro. En el primero, «Romance
55 de la luna, luna», el poeta evoca el ambiente misterioso
de las leyendas y supersticiones gitanas. Vemos la figura
siniestra de la muerte, identificada con la luna. El poema
es una fantasía pues ocurre en la imaginación, en la
leyenda o en el sueño, pero muestra el color, la música y
60 la emoción que realmente caracterizan las tradiciones
gitanas. En el segundo, «Prendimiento° de Antoñito el
Camborio en el camino de Sevilla», Lorca parece presentir
los cambios y la decadencia cultural que amenazan° al
gitano. En la figura de Antoñito, un gitano «de claro
65 linaje» que se deja prender por la autoridad paya sin ofrecer resistencia alguna, se ve la muerte de una valiente
tradición.
　　En los dos poemas figura la naturaleza, no solamente
como escenario,° sino también como un ser animado
70 que participa en la acción. Esto ilustra, quizás, la creencia
de Lorca, quien veía al gitano todavía en contacto vivo y
orgánico con el mundo natural, a diferencia de los payos,
que se habían perdido en el cemento, el vidrio° y las
masas de la ciudad.

Romancero . . . *Gypsy
Ballad Book*
región al sur de España

de la clase media

Arresto

threaten

background

cristal

PREGUNTAS

1. ¿Dónde se originaron los gitanos?
2. En la España de hoy, ¿cómo viven los gitanos?
3. ¿Cómo era la vida de los gitanos españoles en los tiempos de Lorca?
4. ¿Qué trabajos hacían los hombres gitanos? ¿Las mujeres?
5. ¿Qué es la «raza» de un gitano? ¿Por qué le importa tanto?
6. ¿Cómo se llama el libro de poemas que Lorca escribió sobre los gitanos?
7. ¿Qué representaba para Lorca la vida gitana?
8. ¿Cómo figura la naturaleza en los dos poemas?

Romance
de la luna, luna

FEDERICO GARCÍA LORCA

La luna vino a la fragua°
con su polisón° de nardos.°
El niño la mira, mira.
El niño la está mirando.
5   En el aire conmovido°
mueve la luna sus brazos
y enseña, lúbrica° y pura,
sus senos° de duro estaño.°
—Huye,° luna, luna, luna.

forge
bustle / flores fragantes

emocionado

voluptuosa
breasts / tin
Run away

₁₀ Si vinieran los gitanos,
harían con tu corazón
collares° y anillos° blancos.   necklaces / rings
—Niño, déjame que baile.°   **déjame** . . . *let me dance*
Cuando vengan los gitanos
₁₅ te encontrarán sobre el yunque°   *anvil*
con los ojillos° cerrados.   ojos pequeños
—Huye, luna, luna, luna,
que ya siento° sus caballos.   oigo
—Niño, déjame; no pises
₂₀ mi blancor almidonado.°   **no** . . . *don't step on my*
                                                 starched whiteness

El jinete° se acercaba   hombre que va a caballo
tocando el tambor del llano.°   **tocando** . . . *playing*
Dentro de la fragua el niño   *the drum of the plain*
tiene los ojos cerrados.

₂₅ Por el olivar° venían,   *olive grove*
bronce y sueño, los gitanos.
Las cabezas levantadas
y los ojos entornados.°   medio cerrados

¡Cómo canta la zumaya,°   *owl*
₃₀ ay, cómo canta en el árbol!
Por el cielo va la luna
con un niño de la mano.°   **de** . . . *by the hand*

Dentro de la fragua lloran,
dando gritos, los gitanos.
₃₅ El aire la vela,° vela.   *watches over, as at a*
El aire la está velando.   *wake*

PREGUNTAS

1. Describa la imagen de la luna. ¿Cómo sabemos que el niño está fascinado con ella?
2. ¿Qué teme el niño que le pase a la luna, si llegan los gitanos?
3. ¿Cómo reacciona la luna ante el niño? ¿Cuál es la profecía de la luna?
4. Describa Ud. la imagen idealizada de los gitanos. Según su opinión, ¿por qué gritan al entrar en la fragua?
5. ¿Qué elementos de la naturaleza participan en la acción o reaccionan ante la muerte del niño?
6. ¿Qué técnicas del poema lo identifican con el arte surrealista?

DISCUSIÓN

1. Según su opinión, ¿por qué murió el niño? ¿Tiene Ud. una interpretación psicológica?

2. ¿Qué asociaciones entre la luna y la muerte existen en nuestras leyendas y supersticiones? ¿Cree Ud. que tienen una base en la realidad?
3. ¿Cree Ud. que nosotros tenemos un concepto diferente de la luna a causa del
   alunizaje de los astronautas norteamericanos en 1969? Explique.

Prendimiento de Antoñito el Camborio en el camino de Sevilla

FEDERICO GARCÍA LORCA

Antonio Torres Heredia,
hijo y nieto de Camborios,°   el nombre de una raza gitana
con una vara de mimbre°   **vara** . . . *wood stick*
va a Sevilla a ver los toros.°   *bullfights*
5 Moreno de verde luna°   **Moreno** . . . *Dark and olive-skinned*
anda despacio y garboso.°   con elegancia
Sus empavonados bucles°   **empavonados** . . . *shiny, blue-black curls*
le brillan entre los ojos.
A la mitad del camino
10 cortó limones redondos,°   *round*
y los fue tirando al agua
hasta que la puso de oro.
Y a la mitad del camino,
bajo las ramas de un olmo,°   *elm tree*

15 guardia civil caminera°
lo llevó codo con codo.°

guardia . . . grupo de la
policía nacional que
caminaba allí
codo . . . de los dos
lados

*

El día se va despacio,
la tarde colgada a un hombro,°
dando una larga torera°
20 sobre el mar y los arroyos.
Las aceitunas° aguardan
la noche de Capricornio,°
y una corta brisa, ecuestre,°
salta los montes de plomo.°
25 Antonio Torres Heredia,
hijo y nieto de Camborios,
viene sin vara de mimbre
entre los cinco tricornios.°

colgada . . . hanging on
its (the day's) shoulder
like a cape
a pass in bullfighting
olives

signo del Zodíaco que
indica el comienzo
del invierno
como un caballo
salta . . . leaps over the
leaden hills

policías (wearing three-
cornered hats)

Antonio, ¿quién eres tú?
30 Si te llamaras Camborio,
hubieras hecho una fuente
de sangre con cinco chorros.°
Ni tú eres hijo de nadie,
ni legítimo Camborio.
35 ¡Se acabaron los gitanos
que iban por el monte solos!
Están los viejos cuchillos°
tiritando° bajo el polvo.°

hubieras . . . you would
have made a fountain of
blood with five streams,
i.e., you would have
wounded all five
policemen

knives
agitándose / tierra

*

A las nueve de la noche
40 lo llevan al calabozo,°
mientras los guardias civiles
beben limonada todos.
Y a las nueve de la noche
le cierran el calabozo,
45 mientras el cielo reluce°
como la grupa° de un potro.°

prisión

brilla
rump / joven caballo

PREGUNTAS

1. ¿Quién es Antonio? ¿Adónde iba?
2. ¿Cuál parece ser el «crimen» por el cual lo arrestó la guardia civil?
3. ¿Qué contraste hay entre lo que pasa en la naturaleza y la condición de Antonio?
4. Según el poeta, ¿qué debió haber hecho Antonio? ¿Por qué?
5. ¿Por qué «Están los viejos cuchillos tiritando bajo el polvo»?
6. Al final, ¿dónde está Antonio? ¿Qué toman los guardias? ¿Por qué parece esto como otro insulto más al gitano?

ARTE Y FANTASÍA

1. ¿Qué otros grupos hay que tienen costumbres y tradiciones que parecen estar al punto de desaparecer?
2. Según su opinión, ¿es posible llevar una vida libre e independiente en el mundo de hoy?

El disco

JORGE LUIS BORGES*

*Jorge Luis Borges (n. 1899), escritor argentino de amplísima cultura que muestra sus temas—generalmente filosóficos—en intrincados cuentos, ensayos y poesías de gran originalidad. En la visión de Borges, lo histórico y lo fantástico coexisten en una misma realidad, mientras que los actos y las identidades de las personas se repiten continuamente con pequeñas variaciones. En «El disco», el autor argentino nos transporta al cerebro de un hombre primitivo y supersticioso que vivía en los comienzos de la Edad Media (alrededor del siglo IX o X) en un lugar que recién empezaba a llamarse Inglaterra. El cuento describe un incidente mágico y extraño. ¿Qué pasa realmente? No se sabe, pues, como ocurre en muchas de las narraciones de Borges, el cuento se presta a múltiples interpretaciones.

Soy leñador.° El nombre no importa. La choza° en que
nací y en la que pronto habré de morir queda al borde del
bosque. El bosque dicen que se alarga° hasta el mar
que rodea toda la tierra y por el que andan casas de ma-
5   dera° iguales a la mía. No sé; nunca lo he visto. Tampoco
he visto el otro lado del bosque. Mi hermano mayor,
cuando éramos chicos, me hizo jurar° que entre los dos
talaríamos° todo el bosque hasta que no quedara un solo
árbol. Mi hermano ha muerto y ahora es otra cosa la
10 que busco y seguiré buscando. Hacia el poniente° corre un
riacho° en el que sé pescar con la mano. En el bosque
hay lobos,° pero los lobos no me arredran° y mi hacha°
nunca me fue infiel. No he llevado la cuenta° de mis años.
Sé que son muchos. Mis ojos ya no ven. En la aldea,° a
15 la que ya no voy porque me perdería, tengo fama° de
avaro° pero ¿qué puede haber juntado° un leñador del
bosque?
      Cierro la puerta de mi casa con una piedra para que la
nieve no entre. Una tarde oí pasos° trabajosos° y luego
20 un golpe.° Abrí y entró un desconocido.° Era un hombre
alto y viejo, envuelto en una manta raída.° Le cruzaba
la cara una cicatriz.° Los años parecían haberle dado más
autoridad que flaqueza, pero noté que le costaba andar

woodcutter / casa rústica	
extiende	
wood	
prometer solemnemente	
cortaríamos	
oeste	
río pequeño	
wolves / dan miedo / *axe*	
No . . . *I haven't kept track*	
pueblo pequeño	
reputación	
miser / acumulado	
footsteps / laboriosos	
knock / *stranger*	
manta . . . *threadbare blanket*	
scar	

sin el apoyo° del bastón.° Cambiamos unas palabras que
25 no recuerdo. Al fin dijo:

    —No tengo hogar° y duermo donde puedo. He recorrido°
toda Sajonia.°

    Esas palabras convenían° a su vejez. Mi padre siempre
hablaba de Sajonia; ahora la gente dice Inglaterra.

30   Yo tenía pan y pescado.° No hablamos durante la comida. Empezó a llover. Con unos cueros° le armé una
yacija° en el suelo de tierra, donde murió mi hermano. Al
llegar la noche dormimos.

    Clareaba° el día cuando salimos de la casa. La lluvia
35 había cesado° y la tierra estaba cubierta de nieve nueva.
Se le cayó el bastón y me ordenó que lo levantara.°

    —¿Por qué he de° obedecerte?—le dije.

    —Porque soy un rey—contestó.

    Lo creí loco. Recogí el bastón y se lo di.

40   Habló con una voz distinta.

    —Soy rey de los Secgens. Muchas veces los llevé a la
victoria en la dura° batalla, pero en la hora del destino
perdí mi reino.° Mi nombre es Isern y soy de la estirpe° de
Odín.

45   —Yo no venero° a Odín—le contesté—. Yo venero a
Cristo.

    Como si no me oyera° continuó:

    —Ando por los caminos del destierro° pero aún soy el
rey porque tengo el disco.° ¿Quieres verlo?

50   Abrió la palma de la mano que era huesuda.° No había
nada en la mano. Estaba vacía.° Fue sólo entonces que
advertí° que siempre la había tenido cerrada.

    Dijo, mirándome con fijeza:°

    —Puedes tocarlo.

55   Ya con algún recelo° puse la punta° de los dedos sobre
la palma. Sentí una cosa fría y vi un brillo.° La mano
se cerró bruscamente. No dije nada. El otro continuó con
paciencia como si hablara con un niño:

    —Es el disco de Odín. Tiene un solo lado.° En la tierra
60 no hay otra cosa que tenga un solo lado. Mientras esté en
mi mano seré el rey.

    —¿Es de oro?°—le dije.

    —No sé. Es el disco de Odín y tiene un solo lado.

    Entonces yo sentí la codicia° de poseer el disco. Si fuera
65 mío, lo podría vender por una barra de oro y sería un rey.

    Le dije al vagabundo que aún odio:

    —En la choza tengo escondido un cofre° de monedas.°
Son de oro y brillan como el hacha. Si me das el disco
de Odín, yo te doy el cofre.

70   Dijo tercamente:

    —No quiero.

    —Entonces—dije—puedes proseguir° tu camino.

	auxilio / *walking stick*
	casa / viajado por
	Saxony
	eran apropiadas
	fish
	pieles de animales
	lugar para dormir
	Daba luz
	terminado
	que . . . *that I should pick it up*
	he . . . debo
	difícil
	kingdom / familia
	adoro
	Como . . . *As if he hadn't heard me*
	exilio
	disk
	muy flaca
	empty
	noté
	persistencia
	desconfianza / *tip*
	shine
	solo . . . *single side*
	gold
	greedy desire
	trunk / *coins*
	continuar

Me dio la espalda.° Un hachazo° en la nuca° bastó y
sobró para que vacilara y cayera, pero al caer° abrió la
75 mano y en el aire vi el brillo. Marqué bien el lugar con el
hacha y arrastré° el muerto hasta el arroyo° que estaba
muy crecido.° Ahí lo tiré.

　　Al volver a mi casa busqué el disco. No lo encontré.
Hace años que sigo buscando.

*Me . . . He turned his
back on me. / golpe con
el hacha / back of the
neck
al . . . as he was falling
llevé / río
deep*

OPCIONES MÚLTIPLES

1. El leñador que narra el cuento vive en una choza que está al borde de un (a) mar
   (b) bosque (c) río
2. Juzgando por el ambiente descrito por el leñador, el cuento tiene lugar en (a) el
   comienzo de la Edad Media (b) el siglo XIX (c) nuestros tiempos
3. El hermano del leñador había tenido como el gran propósito de su vida (a) matar
   un lobo (b) ver un barco (c) talar el bosque
4. En la aldea el leñador tiene fama de (a) mentiroso (b) violento (c) avaro
5. El desconocido había viajado por toda (a) Inglaterra (b) España (c) Francia
6. El leñador le dio al desconocido (a) un bastón (b) leña del bosque (c) cama y
   comida

PREGUNTAS

1. ¿Cree Ud. que el leñador era un hombre culto o no? ¿Por qué?
2. ¿Qué tipo de vida llevaba?
3. ¿Quién era el desconocido? ¿Por qué cree Ud. que el leñador lo obedeció?
4. ¿Qué importancia tenía el disco de Odín para el desconocido? ¿Qué
   característica extraña tenía el disco?
5. ¿Qué le ofreció el leñador al desconocido a cambio del disco? ¿Cree Ud. que esa
   promesa era una mentira o no? ¿Por qué?
6. Según su opinión, ¿cuál es el motivo del asesinato que ocurre al final?

DISCUSIÓN

1. Para Ud., ¿qué representa el disco de Odín? ¿Existe realmente o es una cosa
   imaginada o simbólica? ¿Por qué cree Ud. que el leñador no lo encontró después
   de su crimen y sigue buscándolo?
2. ¿Puede Ud. pensar en algunas cosas en la historia humana que, como el disco,
   tienen una existencia dudosa y por las cuales la gente mata o muere?

COMPOSICIÓN

Describa Ud. algún objeto (o sitio o persona) que parece tener características
«mágicas» o misteriosas.

ARTE Y FANTASÍA

Casa tomada

JULIO CORTÁZAR*

Nos gustaba la casa porque aparte° de espaciosa y · además
antigua guardaba los recuerdos° de nuestros bisabuelos,° · memories / great-grandparents
el abuelo paterno, nuestros padres y toda la infancia.
Nos habituamos Irene y yo a persistir° solos en ella, lo · continuar
5 que era una locura pues en esa casa podían vivir ocho
personas sin estorbarse.° Hacíamos la limpieza° por · getting in each other's way / housecleaning
la mañana, levantándonos a las siete, y a eso de las once
yo le dejaba a Irene las últimas habitaciones por repasar° · terminar
y me iba a la cocina. Almorzábamos a mediodía, siempre
10 puntuales; ya no quedaba nada por hacer fuera de unos
pocos platos sucios. Nos resultaba grato° almorzar pen- · agradable
sando en la casa profunda y silenciosa. A veces llegamos
a creer que era ella° la que no nos dejó casarnos.° Irene · it, i.e., the house / no . . . prevented us from getting married
rechazó dos pretendientes° sin mayor motivo, a mí se me · suitors
15 murió María Esther antes que llegáramos a comprometer- · to become engaged /
nos.° Entramos en los cuarenta años° con la inexpresada · los . . . la edad de 40 años
idea de que el nuestro, simple y silencioso matrimonio
de hermanos, era necesaria clausura° de la genealogía · conclusión
asentada por los bisabuelos en nuestra casa.
20 Irene era una chica nacida para no molestar° a nadie. · causar problemas
Aparte de su actividad matinal° se pasaba el resto del día · de la mañana
tejiendo° en el sofá de su dormitorio. No sé por qué tejía · knitting
tanto. Tejía cosas siempre necesarias, tricotas° para · jerseys
el invierno, medias° para mí, mañanitas° y chalecos° para · socks / chaqueta para la cama / vests
25 ella. Los sábados iba yo al centro a comprarle lana.° Yo · wool
aprovechaba° esas salidas para dar una vuelta por las li- · utilizaba
brerías y preguntar vanamente si había novedades° en · libros nuevos
literatura francesa. Desde 1939 no llegaba nada valioso° a · de importancia
la Argentina.

---

*Julio Cortázar (n. 1914), cuentista y novelista argentino de fama interna-
cional. Sus cuentos, escritos en un estilo natural, crean un mundo de
misterio y fantasía al mismo tiempo que profundizan en los problemas
psicológicos del individuo moderno en busca de su identidad. El cuento
«Casa tomada» aparece aquí en forma abreviada.

³⁰ Pero es de la casa que me interesa hablar, de la casa y
de Irene, porque yo no tengo importancia. Me pregunto
qué hubiera hecho Irene sin el tejido. No necesitábamos
ganarnos la vida, todos los meses llegaba la plata° de los   dinero
campos° y el dinero aumentaba. Pero a Irene solamente   (rented) estates
³⁵ la entretenía el tejido, mostraba una destreza° maravi-   habilidad
llosa y a mí se me iban las horas viéndole las manos. Era
hermoso.

Cómo no acordarme° de la distribución de la casa. El   Cómo . . . Por supuesto
comedor, una sala con gobelinos,° la biblioteca y tres   me acuerdo
⁴⁰ dormitorios grandes quedaban en la parte más retirada.°   French tapestries
Solamente un pasillo° con su maciza° puerta de roble°   lejos de la calle
aislaba esa parte del ala delantera° donde había un baño,   hall / sólida / oak
la cocina, nuestros dormitorios y el living central, al cual   ala . . . front wing
comunicaban los dormitorios y el pasillo. Irene y yo
⁴⁵ vivíamos siempre en esta parte de la casa, casi nunca
íbamos más allá de la puerta de roble, salvo° para hacer   excepto
la limpieza.

Lo recordaré siempre con claridad porque fue simple y
sin circunstancias inútiles.° Irene estaba tejiendo en   innecesarias
⁵⁰ su dormitorio, eran las ocho de la noche y de repente se
me ocurrió poner al fuego la pavita del mate.° Fui por   la . . . the pot of mate tea
el pasillo hasta enfrentar la entornada° puerta de roble, y   medio cerrada
daba la vuelta al codo° que llevaba a la cocina cuando   pasillo
escuché algo en el comedor o la biblioteca. El sonido
⁵⁵ venía impreciso y sordo,° como un volcarse° de silla sobre   muffled / knocking down

la alfombra o un ahogado susurro° de conversación. Me	un . . . *a choked whisper*
tiré contra la puerta antes de que fuera demasiado tarde,	
la cerré de golpe apoyando el cuerpo, felizmente la llave°	*key*
estaba puesta de nuestro lado y además corrí° el gran	*moví*
60 cerrojo° para más seguridad.	*bolt*
Fui a la cocina, calenté° la pavita, y cuando estuve de	*I heated*
vuelta con la bandeja° del mate le dije a Irene:	*tray*
—Tuve que cerrar la puerta del pasillo. Han tomado la	
parte del fondo.°	del . . . *in the back*
65 Dejó caer el tejido y me miró con sus graves ojos	
cansados.	
—¿Estás seguro?	
Asentí.°	Dije que sí.
—Entonces—dijo recogiendo las agujas°—tendremos	*knitting needles*
70 que vivir en este lado.	
Los primeros días nos pareció penoso° porque ambos°	muy difícil /
habíamos dejado en la parte tomada muchas cosas que	nosotros dos
queríamos. Mis libros de literatura francesa, por ejemplo,	
estaban todos en la biblioteca. Irene extrañaba° unas	*missed*
75 carpetas,° un par de pantuflas° que tanto la abrigaba° en	*folders / slippers /*
invierno. Con frecuencia (pero esto solamente sucedió	protegía
los primeros días) cerrábamos algún cajón° de las	*drawer*
cómodas° y nos mirábamos con tristeza.	*bureaus*
—No está aquí.	
80 Y era una cosa más de todo lo que habíamos perdido al	
otro lado de la casa.	
Pero también tuvimos ventajas.° La limpieza se simpli-	beneficios
ficó tanto que aun levantándose tardísimo, a las nueve	
y media por ejemplo, no daban las once y ya estábamos	
85 de brazos cruzados.°	de . . . *with folded arms,*
	i.e., all finished
Irene estaba contenta porque le quedaba más tiempo	

para tejer. Yo andaba un poco perdido a causa de los
libros, pero por no afligir° a mi hermana me puse a revisar
la colección de estampillas° de papá, y eso me sirvió

90 para matar el tiempo. Nos divertíamos mucho, cada uno
en sus cosas, casi siempre reunidos en el dormitorio
de Irene que era más cómodo. Estábamos bien, y poco a
poco empezábamos a no pensar. Se puede vivir sin
pensar.

95 (Cuando Irene soñaba en alta voz° yo me desvelaba° en
seguida. Nunca pude habituarme a esa voz de estatua o
papagayo,° voz que viene de los sueños y no de la garganta.° Aparte de eso todo estaba callado° en la casa. De
día eran los rumores° domésticos. En la cocina y el baño,

100 que quedaban tocando la parte tomada, nos poníamos a
hablar en voz más alta o Irene cantaba canciones de
cuna.° Muy pocas veces permitíamos allí el silencio, pero
cuando tornábamos° a los dormitorios y al living, entonces
la casa se ponía callada. Yo creo que era por eso que de

105 noche, cuando Irene empezaba a soñar en voz alta, me
desvelaba en seguida.)

Es casi repetir lo mismo salvo las consecuencias. De
noche siento sed, y antes de acostarnos le dije a Irene que
iba hasta la cocina a servirme un vaso de agua. Desde

110 la puerta del dormitorio (ella tejía) oí ruido° en la cocina;
tal vez en la cocina o tal vez en el baño. A Irene le llamó la
atención mi brusca manera de detenerme,° y vino a mi
lado sin decir palabra. Nos quedamos escuchando los
ruidos, notando claramente que eran de este lado de

115 la puerta de roble, en la cocina y el baño, o en el pasillo
mismo, casi al lado nuestro.

No nos miramos siquiera. Apreté° el brazo de Irene y la
hice correr conmigo hasta la puerta cancel,° sin volvernos
hacia atrás.° Los ruidos se oían más fuerte pero siempre

120 sordos, a espaldas nuestras. Cerré de un golpe la cancel y
nos quedamos en el zaguán.° Ahora no se oía nada.

—Han tomado esta parte—dijo Irene.

—¿Tuviste tiempo de traer alguna cosa?—le pregunté
inútilmente.

125 —No, nada.

Estábamos con lo puesto.° Me acordé de los quince mil
pesos° en el armario de mi dormitorio. Ya era tarde ahora.

Como me quedaba el reloj pulsera,° vi que eran las once
de la noche. Rodeé° con mi brazo la cintura° de Irene (yo
130 creo que ella estaba llorando) y salimos así a la calle.
Antes de alejarnos° tuve lástima, cerré bien la puerta de
entrada y tiré la llave a la alcantarilla.° No fuese que°
a algún pobre diablo se le ocurriera robar y se metiera° en
la casa, a esa hora y con la casa tomada.

causar pena
stamps

soñaba . . . talked in her
  sleep / me . . . tenía
  insomnio
parrot
throat / silencioso
sonidos

canciones . . . lullabies
volvíamos

noise

pausing

I squeezed
puerta . . . storm door
sin . . . without looking
  back
vestíbulo

lo . . . what we had on
dólares
reloj . . . wristwatch
I encircled / waist

salir
sewer / Let it not be that
se . . . entrara

la alfombra o un ahogado susurro° de conversación. Me
tiré contra la puerta antes de que fuera demasiado tarde,
la cerré de golpe apoyando el cuerpo, felizmente la llave°
estaba puesta de nuestro lado y además corrí° el gran
60 cerrojo° para más seguridad.

    Fui a la cocina, calenté° la pavita, y cuando estuve de
vuelta con la bandeja° del mate le dije a Irene:

    —Tuve que cerrar la puerta del pasillo. Han tomado la
parte del fondo.°

65 Dejó caer el tejido y me miró con sus graves ojos
cansados.

    —¿Estás seguro?

    Asentí.°

    —Entonces—dijo recogiendo las agujas°—tendremos
70 que vivir en este lado.

    Los primeros días nos pareció penoso° porque ambos°
habíamos dejado en la parte tomada muchas cosas que
queríamos. Mis libros de literatura francesa, por ejemplo,
estaban todos en la biblioteca. Irene extrañaba° unas
75 carpetas,° un par de pantuflas° que tanto la abrigaba° en
invierno. Con frecuencia (pero esto solamente sucedió
los primeros días) cerrábamos algún cajón° de las
cómodas° y nos mirábamos con tristeza.

    —No está aquí.

80 Y era una cosa más de todo lo que habíamos perdido al
otro lado de la casa.

    Pero también tuvimos ventajas.° La limpieza se simpli-
ficó tanto que aun levantándose tardísimo, a las nueve
y media por ejemplo, no daban las once y ya estábamos
85 de brazos cruzados.°

    Irene estaba contenta porque le quedaba más tiempo

un . . . *a choked whisper*

key
moví
bolt
I heated
tray

del . . . *in the back*

Dije que sí.
knitting needles

muy difícil /
  nosotros dos

missed
folders / slippers /
  protegía
drawer
bureaus

beneficios

de . . . *with folded arms,*
  i.e., all finished

para tejer. Yo andaba un poco perdido a causa de los
libros, pero por no afligir° a mi hermana me puse a revisar
la colección de estampillas° de papá, y eso me sirvió
90 para matar el tiempo. Nos divertíamos mucho, cada uno
en sus cosas, casi siempre reunidos en el dormitorio
de Irene que era más cómodo. Estábamos bien, y poco a
poco empezábamos a no pensar. Se puede vivir sin
pensar.

95   (Cuando Irene soñaba en alta voz° yo me desvelaba° en
seguida. Nunca pude habituarme a esa voz de estatua o
papagayo,° voz que viene de los sueños y no de la garganta.° Aparte de eso todo estaba callado° en la casa. De
día eran los rumores° domésticos. En la cocina y el baño,
100 que quedaban tocando la parte tomada, nos poníamos a
hablar en voz más alta o Irene cantaba canciones de
cuna.° Muy pocas veces permitíamos allí el silencio, pero
cuando tornábamos° a los dormitorios y al living, entonces
la casa se ponía callada. Yo creo que era por eso que de
105 noche, cuando Irene empezaba a soñar en voz alta, me
desvelaba en seguida.)
        Es casi repetir lo mismo salvo las consecuencias. De
noche siento sed, y antes de acostarnos le dije a Irene que
iba hasta la cocina a servirme un vaso de agua. Desde
110 la puerta del dormitorio (ella tejía) oí ruido° en la cocina;
tal vez en la cocina o tal vez en el baño. A Irene le llamó la
atención mi brusca manera de detenerme,° y vino a mi
lado sin decir palabra. Nos quedamos escuchando los
ruidos, notando claramente que eran de este lado de
115 la puerta de roble, en la cocina y el baño, o en el pasillo
mismo, casi al lado nuestro.
        No nos miramos siquiera. Apreté° el brazo de Irene y la
hice correr conmigo hasta la puerta cancel,° sin volvernos
hacia atrás.° Los ruidos se oían más fuerte pero siempre
120 sordos, a espaldas nuestras. Cerré de un golpe la cancel y
nos quedamos en el zaguán.° Ahora no se oía nada.
        —Han tomado esta parte—dijo Irene.
        —¿Tuviste tiempo de traer alguna cosa?—le pregunté
inútilmente.
125   —No, nada.
        Estábamos con lo puesto.° Me acordé de los quince mil
pesos° en el armario de mi dormitorio. Ya era tarde ahora.
        Como me quedaba el reloj pulsera,° vi que eran las once
de la noche. Rodeé° con mi brazo la cintura° de Irene (yo
130 creo que ella estaba llorando) y salimos así a la calle.
Antes de alejarnos° tuve lástima, cerré bien la puerta de
entrada y tiré la llave a la alcantarilla.° No fuese que°
a algún pobre diablo se le ocurriera robar y se metiera° en
la casa, a esa hora y con la casa tomada.

causar pena
stamps

soñaba . . . *talked in her
  sleep* / **me** . . . tenía
  insomnio
parrot
throat / silencioso
sonidos

canciones . . . *lullabies*
volvíamos

noise

pausing

I squeezed
puerta . . . *storm door*
sin . . . *without looking
  back*
vestíbulo

lo . . . *what we had on*
dólares
reloj . . . *wristwatch*
I encircled / *waist*

salir
sewer / *Let it not be that*
se . . . entrara

VERDAD (+) O MENTIRA (0)

1. _____ Para ganarse la vida Irene tejía chalecos, y su hermano traducía libros de francés.
2. _____ El narrador y su hermana tenían muchos amigos y llevaban una vida social muy activa.
3. _____ Los hermanos vivían casi siempre en la parte delantera de la casa que consistía en un baño, una cocina, dos dormitorios, un living y un pasillo.
4. _____ Al oír sonidos en la parte retirada de la casa, el narrador entró de inmediato allí para investigar la situación.
5. _____ Irene y su hermano estaban tristes porque perdieron muchas cosas en la parte «tomada», pero estaban contentos de no tener que limpiar tanto.
6. _____ A veces por la noche Irene se desvelaba porque su hermano soñaba en alta voz.

PREGUNTAS

1. ¿Por qué les gustaba la casa al narrador y a su hermana?
2. ¿Cuántos años, más o menos, tenían los dos hermanos? ¿Por qué no se habían casado?
3. ¿Cómo pasaban el tiempo Irene y su hermano? ¿Qué piensa Ud. de su modo de vivir?
4. ¿Por qué el narrador cerró con llave la puerta que daba a la parte retirada de la casa? ¿Qué le parece a Ud. la reacción de los dos hermanos ante su nueva situación?
5. ¿Por qué empezó el narrador a revisar la colección de estampillas de su papá? Según su opinión, ¿qué quiere decir el comentario: «Estábamos bien, y poco a poco empezábamos a no pensar. Se puede vivir sin pensar»?
6. ¿Dónde no permitían el silencio los dos hermanos? ¿Cómo explica Ud. esto?
7. ¿Qué pasa al final del cuento? ¿Por qué cree Ud. que Irene está llorando?

DISCUSIÓN O COMPOSICIÓN

¿Qué pasa realmente en el cuento? ¿Qué o quiénes «toman» la casa y por qué? De las siguientes interpretaciones, escoja Ud. la que le guste más y explique por qué. O, si prefiere, invente una nueva interpretación.

1. *Interpretación psicológica:* Irene y su hermano son dos neuróticos que tienen miedo de la vida real y quieren permanecer en la infancia (simbolizada por la casa). Empiezan a sufrir alucinaciones y finalmente se vuelven locos.
2. *Interpretación política:* Irene y su hermano representan la clase media de Buenos

Aires de los años 40 (la única fecha mencionada es 1939), quienes por su cobardía y pasividad permiten a otro grupo, los peronistas (o fascistas), que poco a poco tomen control del país (simbolizado por la casa).

3. *Interpretación sobrenatural:* Irene y su hermano viven en una casa habitada por los invisibles fantasmas de sus antepasados, a quienes no les gusta la vida frívola y perezosa que llevan sus descendientes. Por eso, los fantasmas gradualmente toman la casa y echan afuera a los hermanos.

Apocalipsis*

MARCO DENEVI†

La extinción de la raza de los hombres se sitúa aproximadamente a fines del siglo XXXII. La cosa ocurrió así: las máquinas habían alcanzado° tal perfección que los hombres ya no necesitaban comer, ni dormir, ni hablar, ni
5 leer, ni escribir, ni pensar, ni hacer nada. Les bastaba° apretar° un botón y las máquinas lo hacían todo por ellos. Gradualmente fueron desapareciendo las mesas, las sillas, las rosas, los discos con las nueve sinfonías de Beethoven, las tiendas de antigüedades, los vinos de Bur-
10 deos,° las golondrinas,° los tapices flamencos,° todo Verdi, el ajedrez,° los telescopios, las catedrales góticas, los estadios de fútbol, la Piedad de Miguel Ángel, los mapas, las ruinas del Foro Trajano,° los automóviles, el arroz,° las sequoias gigantes, el Partenón. Sólo había máquinas.
15 Después los hombres empezaron a notar que ellos mismos iban desapareciendo paulatinamente° y que en cambio las máquinas se multiplicaban. Bastó poco tiempo para que el número de los hombres quedase reducido a la mitad y el de las máquinas se duplicase.° Las máquinas
20 terminaron por ocupar todos los sitios disponibles.° No se podía dar un paso ni hacer un ademán° sin tropezarse con° una de ellas. Finalmente los hombres fueron eliminados. Como el último se olvidó de desconectar las máquinas, desde entonces seguimos° funcionando.

llegado a

Les . . . Era suficiente
push

*Bordeaux / swallows / ***tapices** . . . *Flemish tapestries*
chess
Foro . . . *Trajan's Forum in Rome / rice*

gradualmente

se . . . se multiplicase por dos
utilizables
movimiento pequeño
tropezarse . . . encontrar

continuamos

---

*El último libro del Nuevo Testamento. Muchas veces se usa el término para significar una revelación o «advertencia» (*warning*).
†Marco Denevi (*n.* 1922), novelista y cuentista argentino.

PREGUNTAS

1. ¿Por qué se extinguió la raza humana en el siglo XXXII?
2. ¿Qué objetos desaparecieron gradualmente antes que los hombres? ¿Por qué?
3. Al final, ¿qué descubrimos de la identidad del «autor» del cuento?
4. ¿Qué peligro se muestra aquí con respecto al poder creativo del hombre?

¿Qué es la vida? Un frenesí.
¿Qué es la vida? Una ilusión,
una sombra, una ficción,
y el mayor bien es pequeño;
que toda la vida es sueño,
y los sueños, sueños son.

de *La vida es sueño*
drama del siglo XVII de Pedro Calderón de la Barca

6

LOS HISPANOS EN LOS ESTADOS UNIDOS

Vocabulario preliminar

Estudie el vocabulario antes de empezar este capítulo sobre los hispanos en los Estados Unidos. Luego, utilice Ud. este vocabulario como medio de consulta durante su estudio del capítulo.

1. **anglo (el)** el norteamericano blanco
2. **boricua (el, la)** el (la) puertorriqueño(a); nombre asociado con la tradición india de Puerto Rico
3. **chicano(a) (el, la)** el (la) méxicoamericano(a); o el (la) méxicoamericano(a) que afirma una determinada conciencia política y cultural
4. **cubano(a) exiliado(a) (el, la)** el (la) cubano(a) que salió de Cuba por razones políticas; el (la) refugiado(a)
5. **desarrollar(se)** *to develop* **desarrollo (el)** *the development;* Se han desarrollado programas de educación bilingüe en años recientes.
6. **EE.UU.** forma abreviada de Estados Unidos
7. **éxito (el)** *success* **tener éxito** Algunos inmigrantes han tenido éxito económico en los EE.UU.
8. **fracasar** *to fail* **fracaso (el)** *the failure;* El inmigrante fracasó en su trabajo porque no sabía hablar inglés.
9. **herencia (la)** los valores culturales, tradiciones e historia de una nación o grupo de personas
10. **patria (la)** tierra o lugar donde uno ha nacido
11. **orgullo (el)** *pride*
12. **vergüenza (la)** *shame* **sentir vergüenza;** El niño sintió vergüenza al no entender la pregunta de la maestra.

Los chicanos:
La tradición méxico-americana

Pregunte Ud. al norteamericano medio,° «¿Cómo em-   *average*
pezó su nación?», y probablemente contestará, «Pues,
Colón descubrió América en 1492. Luego, vinieron los *Pil-*
grims a Plymouth Rock. Y Jamestown, también—el primer
5   pueblo° de este país—fue fundado en 1607, ¿verdad? Sí   *town*
. . . todo empezó más o menos durante ese período».
Se sorprendería al saber que San Agustín, en la Florida,
fue fundado cuarenta y dos años antes que Jamestown, y
que mucho del oeste de esta nación fue explorado y po-
10   blado° siglos antes de la presencia anglosajona. ¿Explo-   *colonizado*
rado y poblado por quién? Por los antepasados° de algu-   *ancestors*
nos de los 8.7 millones* de méxico-americanos que viven
hoy día en todos los EE.UU.
En los cinco estados del suroeste (Arizona, California,
15   Colorado, Nuevo México y Tejas), los méxico-americanos
componen el 19 por ciento de la población. Aunque recibe
poca atención en los libros de historia, la tradición
hispánica del suroeste data° de hace más de tres siglos.   *dates*
Esta larga herencia cultural dentro de los EE.UU. es una
20   característica especial de los méxico-americanos, en
contraste con los puertorriqueños y cubanos, quienes no
inmigraron a esta nación en grandes números hasta el
siglo XX. Sin embargo, después de tantos años aquí,
la mayoría° de los méxico-americanos se encuentran en   *más del 50 por ciento*
25   una casta muy baja. Por ejemplo, el número promedio° de   *average*
años de educación para el anglo de más de 25 años de
edad es de 12.5; para el negro, 12; y para el méxico-
americano, 8.9. Por cada dólar que gana la familia no
hispana, sólo gana 77 centavos la familia méxico-ameri-
30   cana.** Existen, claro, las excepciones: muchos han lle-

---

*Según estadísticas del *U.S. Bureau of the Census*, marzo de 1980. Algunos
creen que este número realmente llega a 18 millones, debido a los muchos
méxico-americanos en centros urbanos o lugares rurales que son difíciles de
localizar.
**Las estadísticas de este párrafo son del *U.S. Bureau of the Census, Statisti-*
cal Abstract of the United States: 1981 y *Persons of Spanish Origin in the*
United States: March 1980 (Advance Report), 1979.

gado a ser abogados, dueños° de negocio, políticos,   *owners*
etc. Pero, en general, las estadísticas son alarmantes.
Repasemos la historia para entender mejor la evolución
de estas condiciones.

El territorio mexicano

35   Hasta 1845 el suroeste fue territorio mexicano. En esta
región se preservaban la cultura, lengua y religión de los
españoles. En 1845 EE.UU. «anexó» a Tejas, y un año
más tarde se declaró en guerra contra México, por una
disputa de fronteras. En parte, estas acciones reflejan la
40 filosofía del «Destino Manifiesto»,* prevaleciente en
aquella época. Con la victoria militar de los EE.UU. en
1848, México tuvo que ceder° el territorio que ahora forma   *dar*
Utah, Nevada, California, Arizona, Colorado y Nuevo
México. EE.UU. garantizó a los 75.000° habitantes mexica-   *75,000*
45 nos todos los derechos° como ciudadanos° norteamerica-   *rights / citizens*

*La Misión de la Concepción de los franciscanos en San Antonio, Tejas,
un ejemplo de la influencia española en la arquitectura de los EE.UU.*

---

*«Destino Manifiesto», creencia de que era la clara voluntad de Dios que
EE.UU. extendiera su sistema democrático a todo el territorio entre los dos
océanos.

nos, incluso la preservación de sus tierras, pero después, los miles de anglos que invadieron la región no respetaron estas garantías. Les quitaron a muchos mexicanos sus propiedades, y los trataron como a pueblo conquistado.

50 Desde el principio los anglos demonstraron una convicción de superioridad racial. En las populares novelas «western», los anglosajones «fuertes, inteligentes y honestos» siempre triunfaban sobre los mexicanos «sucios, torpes° y mentirosos».°   rudos / que no dicen la verdad

La frontera

55 Además de esta discriminación racial—que todavía persiste—un factor geográfico, particular al méxico-americano, ha facilitado su explotación. La proximidad de la frontera mexicana proporciona° una fuente° ilimitada   ofrece / *source* de trabajadores pobres de México. Para prevenir huelgas°   *strikes*
60 de los méxico-americanos en los EE.UU., un patrón° tiene   *agricultural or industrial boss* el recurso fácil de mandar enganchistas° «al otro lado»   *contractors* para emplear a nacionales, los cuales están dispuestos a trabajar por cualquier pago. Así el patrón evita° la necesi-   *avoids* dad de subir los sueldos,° y muchos de los nuevos inmi-   salarios
65 grantes se quedan, aumentando° aún más el número   *increasing* de trabajadores pobres. Así que en tiempos de gran nece- sidad de mano de obra,° como durante las dos guerras   **mano . . .** *labor* mundiales, permitieron entrar a gran número de mexica- nos. Por otra parte, durante la Gran Crisis° de 1929, el   **Gran . . .** *Depression*
70 gobierno de los EE.UU. «repatrió»° a miles de mexicanos a   *repatriated* México, algunos de ellos ciudadanos norteamericanos cuyas familias llevaban siglos de vivir en este país.

La proximidad de la frontera crea una situación espe- cial en las ciudades fronterizas° de California, Arizona,   *border*
75 Nuevo México y Tejas. Debido al gran número de mexica- nos que llegan diariamente° a estos lugares, ha existido   todos los días durante años una interdependencia económica y cultural entre los pueblos situados a los dos lados de la frontera. Al mismo tiempo entran fácilmente contrabandistas
80 de drogas y miles de inmigrantes sin documentación. En tiempos recientes la crisis económica de México ha cau- sado una verdadera inundación° de estos indocumenta-   *flood* dos, la gran mayoría de los cuales trabajan por sueldos mínimos en los estados fronterizos. Esta situación volátil
85 está creando hoy día mucha fricción entre los ciudadanos y los gobiernos° de México y los EE.UU. A pesar de las   *governments* propuestas° ofrecidas por ambos gobiernos, es dificilísimo   *proposals* encontrar una solución que no explote° a los obreros   *exploit* mexicanos y que al mismo tiempo satisfaga° los intereses   *satisfies*
90 económicos de las compañías norteamericanas sin enfa- dar a los trabajadores norteamericanos.

Dos mexicanas cruzan la frontera del Río Grande entre Juárez, México, y El Paso, Tejas.

Aunque muchos reconocen los problemas de los méxico-americanos, pocos se dan cuenta de su gran contribución al desarrollo del oeste. Llegando como braceros° o «moja-
95 dos»,° los mexicanos ayudaron a construir ferrocarriles, a trabajar las minas y a recoger° las frutas y legumbres para esta nación. Vinieron huyendo° de la pobreza y la inestabilidad de su país, y encontraron a veces más po-breza y hostilidad.

day laborers hired legally for temporary contracts
"wetbacks" who entered illegally by swimming across the Río Grande
pick
fleeing

Los obreros migratorios

100 Aunque durante cien años los méxico-americanos han protestado con manifestaciones y huelgas, fue sólo con los esfuerzos° de César Chávez en los años 60 y 70 que la atención nacional reparó en su problema. El éxito de las huelgas de los obreros migratorios° contra los grandes
105 cosecheros de uva y lechuga° y los boicoteos° nacionales de estos productos probaron a los méxico-americanos que podían unirse como grupo y mejorar su *status.* Los triunfos de Chávez y la Unión de Campesinos° son nume-rosos: una ley° en California, por ejemplo, que requiere
110 el voto de los trabajadores en su representación sindical° y un sueldo promedio hoy de casi $5 por hora, con muchos beneficios extras, en comparación con el salario de $1.40 por hora en 1965.* Sin embargo, en los años 80 la Unión de Campesinos se está enfrentando con nuevos proble-
115 mas. Ya no controla la mayoría de los contratos de uva, debido a un contra-ataque de los cosecheros de creciente fuerza y sofisticación. Además, hay disputas y defec-ciones entre los mismos líderes de la Unión. A pesar de estos problemas, la Unión de Campesinos es uno de
120 los movimientos laborales más extraordinarios de la his-toria de los EE.UU.

efforts

obreros . . . migrant workers
cosecheros . . . grape and lettuce growers / boycotts
Unión . . . United Farm Workers' Union
law
union

Los centros urbanos

Mientras que la imagen más común del méxico-americano es la del obrero migratorio, el 79 por ciento vive en centros urbanos, con casi un millón concentrados en
125 Los Ángeles y otros miles en ciudades grandes como Chicago y Detroit. Tanto en las ciudades como en otros lugares, se desarrolló en los años 60 un nuevo orgullo en La Raza° que sigue manifestándose hoy. Ahora muchos jóvenes se declaran chicanos y afirman la belleza de
130 su modo de hablar, el Pocho, como también la importancia de su herencia india. Mantienen que su verdadera patria

race; in this context "our people"

---

*Según el artículo "César Chávez—11 Years Later" del *Boston Globe,* el 30 de diciembre de 1981.

es Aztlán, el suroeste de los EE.UU. que, según se dice, era el territorio original de los antepasados de los aztecas.

Los líderes del movimiento chicano hoy día están con-
135 centrando sus esfuerzos en la política, con el fin de mejorar sus circunstancias por medio de cambios políticos
internos. Se están conduciendo campañas para matricular
a los votantes° y para reorganizar los distritos políticos
en bloques de votantes que apoyen° a los candidatos
140 chicanos. Tanto en los centros urbanos como en las áreas
rurales se intenta lograr° mayor representación y control
político chicano. Además, hay un énfasis continuo en el
entrenamiento,° a nivel° universitario y en las comunidades, de líderes para que participen en los negocios, la
145 educación y la vida pública. El florecimiento de programas de estudios chicanos, las exhibiciones de arte chicano en varios museos y la elección de algunos
gobernadores y representantes prueban que éste, el segundo grupo minoritario más grande del país, va ha-
150 ciendo notables progresos.

campañas . . . *voter registration drives will support*

achieve

training / level

OPCIONES MÚLTIPLES

1. El primer pueblo fundado en lo que hoy es los EE.UU. fue (*a*) Plymouth Rock (*b*) San Agustín (*c*) Jamestown
2. El suroeste pasó de ser territorio mexicano a formar parte de los EE.UU. porque (*a*) México anexó a Tejas en 1845 (*b*) los mexicanos del suroeste creían en el «Destino Manifiesto» (*c*) EE.UU. le declaró la guerra a México y triunfó
3. Durante tiempos de poco empleo en los EE.UU., el gobierno (*a*) ha mandado enganchistas a México (*b*) ha organizado huelgas entre los obreros migratorios (*c*) ha repatriado a muchos méxico-americanos
4. Bajo César Chávez, los obreros migratorios (*a*) vieron que podían trabajar juntos para hacer cambios (*b*) protestaron acerca de su situación por primera vez (*c*) organizaron un boicoteo de uvas, que se limitó al suroeste
5. En realidad, el 79 por ciento de los méxico-americanos vive en (*a*) el campo (*b*) las cuidades (*c*) Los Ángeles

PREGUNTAS

1. ¿Qué característica especial tienen los méxico-americanos, en contraste con otros grupos hispanoparlantes de los EE.UU.? ¿Qué incidentes históricos explican esto?
2. ¿Cómo es su situación con respecto al trabajo y a la educación?
3. ¿Qué les pasó a los mexicanos del suroeste cuando llegaron los anglos? ¿Qué actitud tenían los anglos hacia los mexicanos?

4. ¿Qué situaciones especiales ha creado la proximidad de la frontera mexicana?
5. ¿Cómo han contribuido a nuestra nación los braceros y «mojados» mexicanos?
6. ¿Qué éxitos y problemas han tenido los obreros migratorios en las dos últimas décadas?
7. Describa Ud. las creencias y actividades del movimiento chicano en los centros urbanos.

DISCUSIÓN

Según su opinión, ¿quién tiene la culpa del problema de los trabajadores indocumentados en los EE.UU.? ¿Son los trabajadores mismos, los patrones que los contratan, o los gobiernos de México y los EE.UU.?

CHISTE

Una tarde muy calurosa, un mexicano que llevaba sólo unos días en los EE.UU. decidió comprarse un refresco. Se acercó a una máquina que tenía toda clase de bebidas, metió 25 centavos y esperó.

Como el precio del refresco era 35 centavos, la máquina respondió iluminando un letrero en donde se leía «*DIME*».

El mexicano miró por todos lados y luego, en voz muy baja, dijo a la máquina:

—Dame una Coke.

GRAFFITI DEL BARRIO

«C/S» . . . «Rifa» . . . «PV» . . . «13» . . . símbolos secretos que comunican la experiencia del barrio chicano. Los *graffiti* forman un idioma especial entre los jóvenes y expresan una identidad aparte, libre de las convenciones de los adultos y de los anglos.

Tu abuela en tennis shoes	*a swift comeback, the ultimate putdown in one-upmanship*
Menudo pa los crudos	"Tripe for the drunks"; comida que se toma como remedio para la cruda (*hangover*)
El Nufo	apodo (*nickname*) masculino
✝	una señal que indica que uno es miembro del «*gang*»
Rose Hill	barrio chicano de Los Ángeles
13	la letra número trece del alfabeto: **m**; significa la marihuana
C/S—CON SAFOS	"*the same to you*": la palabra final de una disputa
Rifa	"*the best*"; viene después del nombre de una persona o de su barrio
PV—POR VIDA	expresión de amor «eterno»

Ya no más No More

JOSÉ L. VARELA-IBARRA*

(para los Rodríguez)

ya no más lechuga°
ya no más la uva°
y la mentira

ya no más la policía
5 ya no más el sol
chingao° del explotador°

ya no más tacos de hambre
sopas de llanto°
ya no más sí señor, yes sir
10 ya no más prisión

ya no más cosechas ajenas°
pidiendo re-volución
ya no más esclavitud°
ya no más
15 ya no más

lettuce
grape

en este contexto puede
  significar *cheating,*
  deceitful / exploiter
  (el anglo)
tears

cosechas . . . other
  people's crops

slavery

*José L. Varela-Ibarra, poeta chicano contemporáneo.

PREGUNTAS

1. En su descripción de la vida del obrero migratorio, ¿qué cosas no quiere más el poeta?
2. ¿Le parece a Ud. que la palabra «esclavitud» sintetiza bien la vida del obrero? Explique.
3. Si Ud. viviera en circunstancias opresivas, ¿cómo protestaría? ¿Lucharía de manera violenta? ¿Participaría en manifestaciones públicas? ¿Escribiría cartas a sus representantes políticos? Explíquese.

NOMBRES GEOGRÁFICOS

Hay unos dos mil pueblos y ciudades (y también muchos ríos, montañas, etc.) en los EE.UU. que tienen nombres españoles. ¿Puede Ud. explicar el significado de los siguientes nombres geográficos?

Buena Vista (Illinois)	*Perdido (Alabama)*
Agua Caliente (Arizona)	*Bonita (Kansas)*
Mesa Verde (Colorado)	*Alma (New York)*
Punta Gorda (Florida)	*Amarillo (Texas)*

Otros sitios con nombres españoles: San Francisco, Los Ángeles, Las Vegas, Nevada, Santa Fe, Colorado, Toledo, Arizona, San Antonio, El Paso.

EXPRESIONES DEL BARRIO CHICANO

¿Puede Ud. entender estas frases de conversación?

—¿**Quiúbole, carnal?** Oye, ¿por fin conseguiste **jale?**
—No, hombre. El **gabacho** me dijo que no había.
—Bueno, entonces **por ay te wacho.**

¿Quiúbole? ¡Hola! ¿Qué tal?	**gabacho** anglo
carnal *soul brother*	**por ay te wacho** hasta luego;
jale trabajo	«por ahí te veo»

Muerte fría

FRANCISCO JIMÉNEZ*

Terminando de cenar, el hombre ligeramente encorvado,° dirigió su mirada hacia sus dos hijitos que comían con hambre al otro lado de la mesa. Se fijó en° el reloj que marcaba las siete y súbitamente° se puso de pie
5 diciéndole cariñosamente a su mujer:

—Ándale, viejita.° Deja el quehacer° a los muchachos; que ellos recojan° la mesa luego que acaben de comer. Tenemos que irnos. Ya sabes que no me gusta llegar tarde al trabajo.

10 —Ya voy—contestó con pena su mujer—no más° quiero dejar todo preparado por si acaso° el Trampita° despierta durante la noche.

El Trampita tenía seis meses. Su nombre de bautismo era Juan pero sus padres pobres le llamaron Trampita
15 porque lo vestían de ropita° vieja que conseguían en el basurero° público de la ciudad.

Ya lista para salir, la mujer se dirigió al hijo mayor y le dijo con voz firme:

—Roberto, no descuides° a Panchito y al niño. Si llora el
20 Trampita, dale la botella de leche. ¿Me entiendes?

ligeramente . . . *slightly stooped*
Se . . . *Miró rápidamente*

Ándale . . . *Come on, dear / cleaning up clear*

no . . . *solamente*
por . . . *in case / little Tramp, nickname for the baby*

clothing
dump

neglect

*Francisco Jiménez (n. 1943), escritor chicano de familia de obreros migratorios.

—Sí, mamá—contestó Roberto tímidamente.

Panchito, con un taco en la mano, preguntó:

—¿Me traes manzanas de la fábrica de conservas,° mamá?

25 —Sí, hijo; sí . . . pero tienes que portarte bien° porque si no, me despiden° del trabajo y no podré traer más.

La señora acostó al niño en un colchón ancho° que estaba en el suelo.° Allí dormía junta toda la familia. Ello servía de calefacción° durante el invierno, cuando el aire 30 helado° penetraba por la carpa.°

El hombre volvió a insistir fastidiosamente:

—Ándale mujer que se está haciendo tarde.

—Vámonos pues—contestó ella.

Los dos salieron, dejando a los niños solos. Después de 35 lavar los platos, Roberto y Panchito se sentaron a la orilla° del colchón. Pasaron un rato contando cuentos hasta que los rindió° el sueño. Sólo el aire helado del invierno perturbaba su sueño, haciéndolos temblar de frío.

fábrica . . . *canning factory*

portarte . . . ser bueno / *fire*

colchón . . . *wide mattress* / *ground warmth* / *icy* / *tent*

edge

overcame

Al amanecer,° los padres regresaron del trabajo y en-
40 contraron a Roberto y a Panchito durmiendo. Estaban
acurrucados° y tapados° hasta la cabeza con unas garras°
que servían de cobija.°
    —¿Y el Trampita? ¿Dónde está?—gritó la madre, ate-
rrorizada al darse cuenta de que el Trampita no estaba
45 allí. Roberto despertó aturdido y asustado° por los gritos.
    —No sé, mamá—dijo Roberto, tartamudeando° y tem-
blando del frío.
    El padre se fijó en una abertura° al pie de la carpa y sin
decir palabra salió corriendo. A los pocos minutos re-
50 gresó, cabizbajo,° con el Trampita en los brazos, tratando
de ocultar sus lágrimas que caían como lluvia sobre el
cuerpecito° pálido y tieso° del niño.

dawn

huddled together / cubiertos / *rags* blanket

aturdido . . . con gran miedo *stuttering*

opening

con la cabeza para abajo

cuerpo pequeño / *stiff*

PREGUNTAS

1. ¿Por qué tenía prisa el padre del Trampita?
2. ¿Por qué los padres llamaban «Trampita» a su bebé?
3. ¿Dónde trabajaban los padres? ¿Por qué tenían que portarse bien los niños mien- tras trabajaban sus padres?
4. ¿Dónde dormía la familia? ¿Qué más sabemos de las condiciones en que vivían?
5. ¿Qué encontraron los padres cuando regresaron del trabajo?

DISCUSIÓN

¿Por qué es trágico este cuento?

COMPOSICIÓN

Adopte Ud. la identidad de un(a) chicano(a) que trata de explicar su visión de los EE.UU.: sus sentimientos positivos y negativos y sus esperanzas.

"Let's vamoose, hombre!"

Si Ud. leyera una novela en inglés sobre la vida del rancho en el oeste, posiblemente encontraría un pasaje como el siguiente:

> . . . Jim was proud of his *hacienda*. He wandered out past the
> *patio* to take a look at the new *palomino* and *pinto*, grazing
> 5   next to the old *burro* in the *corral*. "Yes, they're a real
> *bonanza*," he thought to himself. For a moment he envisioned
> the upcoming *rodeo*, with all the excitement of *bronco*-busting.
> But his mind soon turned to a more urgent matter—that *adobe*
> wall needed repairing, near the *arroyo*. He knew he had
> 10   work to do before his *siesta* . . .

Lo que sorprende de este pasaje es que todas las palabras en bastardilla (*italics*) se han tomado directamente del español, sin cambio alguno. Estas palabras, y muchas otras, deben su presencia en inglés a los españoles y mexicanos del oeste de hace varios siglos.

15   El «*cowboy*» norteamericano, en particular, debe mucho de su vocabulario y conocimiento de la cría de ganado y ovejas (*cattle and sheep raising*) a los mexicanos. Puesto que el «*cowboy*» no tenía palabras para muchas de las cosas nuevas que aprendía, imitaba las palabras de los vaqueros mexicanos. En muchos casos cambió la pronunciación y la ortografía. *Lariat*, por ejemplo, viene de
20   «la reata»; *lasso*, de «lazo»; *chaps*, de «chaparejos»; y *stampede*, de «estampida». Aun la palabra «vaquero» (*cowboy*) aparece en inglés como *buckaroo*.

A veces la musicalidad o el humor implícito en las palabras españolas atrajo al «*cowboy*». *Calaboose*, de «calabozo» (*prison*), y *hoosegow*, de «juzgado» (*juzgar, to judge*), eran más pintorescas que *jail*. También, *cockroach*, de «cucaracha»,
25   *savvy*, de «sabe»; *vamoose* y *mosey along*, ambos términos modificaciones de «vamos».

En cuestiones de dinero, se ve una vez más la influencia española. Orgullosos de su descubrimiento de las Américas, los españoles crearon una moneda en el siglo XVIII, con las Columnas de Hércules (*the symbolic Straits of Gibraltar*),
30   envueltas por banderas que tenían las palabras «PLUS ULTRA» (*more beyond*).

Así los españoles proclamaron que un nuevo mundo español existía «Plus Ultra», y la columna a la izquierda se convirtió en el símbolo ($) del dólar y del peso que se usa hoy en los EE.UU., México y otros países latinoamericanos.

Se usaban las antiguas monedas españolas en los EE.UU., donde las dividieron 35 en partes pequeñas, lo cual dio origen a las expresiones en inglés de «*two bits*» (25 centavos), «*four bits*» (50 centavos), «*six bits*» (75 centavos).

Así que la próxima vez que Ud. piense en $, o diga *patio,* ¡recuerde a los españoles y a los mexicanos!

Los puertorriqueños:
brincando el charco°

brincando . . . *jumping
the puddle*

¿Quiénes son los puertorriqueños? Los vemos por todas
partes en las ciudades industriales del este y del medio
oeste de los EE.UU.: de lavaplatos° en los restaurantes, de
trabajadores en las fábricas° y, si saben inglés y tienen
5　preparación especial, de enfermeros bilingües en los
hospitales. Desde que empezó la gran emigración de
Puerto Rico durante la Segunda Guerra Mundial, más de
dos millones de puertorriqueños han venido al norte en
busca de una vida mejor, pero la mayoría de ellos, junto
10　con muchos mexicanos, han permanecido fuera del «cri-
sol° de América». En cambio, forman una sociedad marginal en la base° de la escala° educacional y económica.
　Los puertorriqueños comparten° con los cubanos y mexicanos una larga tradición hispánica, empezando con el
15　descubrimiento de la isla por Colón, en 1493. Pero desde
la guerra de 1898 entre los EE.UU. y España, ha sido un
territorio norteamericano. Al principio, el gobierno° de los
EE.UU. trató de quitar a la isla su cultura hispánica,
imponiendo el inglés como idioma oficial y nombrando°
20　gobernadores norteamericanos. En 1917 los puertorriqueños recibieron la ciudadanía° norteamericana. Quizás
como resultado de los gritos por el nacionalismo durante
los años 30 y 40, el Congreso de los EE.UU. aprobó° la
elección del gobernador por voto popular, y en 1952 el
25　*status* de la isla cambió de territorio a Estado Libre Asociado.° Así puede desarrollar su propio idioma y cultura, y
administrar sus asuntos° domésticos. Pero el nombre
«Estado Libre Asociado» da lugar a mucha controversia,
puesto que Puerto Rico no es estado, ni es libre: su política
30　exterior,° su sistema de correos° y de aduana° y su mo-
neda° son oficialmente norteamericanos.
　La asociación de Puerto Rico con los EE.UU. trae consigo
ventajas° y desventajas. Los puertorriqueños se benefician de programas de educación y salud° pública que
35　están entre los mejores de la América Latina, sin necesi-

personas que lavan los
　platos
factories

melting pot
bottom / scale
tienen en común

government

appointing

citizenship

autorizó

Estado . . . *Common-
　wealth*
affairs

política . . . *foreign
　policy / postal
　service / customs
　bureau*
dinero
puntos positivos
health

La playa de Luquillo, un ejemplo de la belleza del paisaje puertorriqueño.

dad de pagar impuestos° federales. Además los negocios norteamericanos son una fuente° importante de dinero para la isla, aunque hay que añadir que las compañías americanas sacan provecho° de la situación también,

dinero pagado al
  gobierno
source

sacan . . . *profit*

40 debido a la mano de obra° barata y al hecho de que, en muchísimos casos, no pagan impuestos al gobierno puertorriqueño. Otra ventaja es que, a diferencia de los cubanos y mexicanos, los puertorriqueños pueden entrar y salir de los EE.UU. sin visas especiales. No ob-

mano . . . *labor*

45 stante, aunque son ciudadanos de los EE.UU. y como tales° se ven obligados a servir en el ejército° norteameri- cano, no pueden votar en las elecciones federales, ni tienen voto sus representantes en Washington. Por todas estas razones, hay un debate continuo entre los puertorri-

como . . . *as such* /
fuerzas armadas

50 queños sobre el *status* de su país, dividiendo la isla en tres grupos: los estadistas,° los que favorecen el *status quo* y los independentistas. Por muchos años los defensores del *status quo* ganaron la mayoría en las elecciones, pero en tiempos recientes los estadistas han subido al poder

los que quieren que
  Puerto Rico se convierta
  en un estado de los
  EE.UU.

55 en el gobierno en varias ocasiones. Según algunos ob- servadores, estos cambios no reflejan tanto el deseo de la gente de alterar su *status* político como el de recobrarse° de la grave crisis económica que ha sufrido Puerto Rico durante las dos últimas décadas. Por estos mismos años,

recover

60 han regresado a la isla más puertorriqueños de los que han salido, lo cual hace aún más serio el problema del desempleo.°

Aunque hay diferencias de opinión sobre su condición política, todos los puertorriqueños comparten un resen-

falta de trabajo

65 timiento por el trato° que reciben sus compatriotas en los EE.UU. ¿Por qué vienen los puertorriqueños al conti- nente?° Porque la isla es uno de los lugares más superpo- blados° del mundo, y porque no hay trabajo allí. Los puertorriqueños que inmigran en mayores números a

treatment

mainland
overpopulated

70 Nueva York, Filadelfia, Chicago, etc., han sido durante varias décadas los jíbaros° pobres sin educación ni en- trenamiento° especializado. A diferencia de los cubanos, que no pueden volver a su patria,° muchos de estos puer- torriqueños pobres llegan con la idea de regresar a su isla

campesinos
  puertorriqueños
training
país de origen

75 en cuanto ganen un poco de dinero. Pero una vez en los EE.UU., algunos se ven atrapados° en un círculo vicioso de pobreza—trabajos serviles—falta de educación—pobreza. Y para sus hijos no existe el recuerdo de la isla. Su reali- dad es el *ghetto*.

trapped

80 Sin embargo, el patrón° tradicional de inmigración empezó a cambiar a fines de los años 70. Ahora, en la década del 80, la clase profesional—abogados, médicos, profesores, hombres de negocio, científicos, etc.—es la

pattern

que se está trasplantando a los EE.UU., aunque siguen en-
85 trando los jíbaros. El énfasis en la educación en Puerto
Rico ha producido un grupo numeroso de personas instrui-
das que no encuentran empleo en la isla, pero que se
establecen con bastante éxito aquí, debido al número creciente de instituciones que en este país necesitan urgente-
90 mente gente entrenada que hable inglés y español.

A pesar de los avances económicos y educativos en
años recientes, el cuadro total de los inmigrantes puertorriqueños es triste. Como muchos de ellos representan la
mezcla° de dos o tres de los grupos—indios, españoles   combinación
95 y negros—que históricamente han formado su cultura,
son discriminados aquí por su color y, en muchos casos,
por su falta de inglés. El ingreso anual promedio° de   **ingreso . . .** *average*
la familia puertorriqueña es unos cinco mil dólares menos   *yearly income*
que el de la familia méxico-americana y casi diez mil
100 menos que el del promedio nacional por familia. En Nueva
York, donde hay más puertorriqueños que en San Juan,°   la capital de Puerto Rico
un porcentaje° impresionante recibe asistencia pública.   *percentage*
Aunque más y más jóvenes están completando su educa-
ción, el 62 por ciento de los puertorriqueños de más de
105 25 años de edad no se han graduado de la escuela secundaria.* El efecto psicológico de estas condiciones es
trágico: un nivel asombroso° de suicidas y de adictos a las   **nivel . . .** *alarming rate*
drogas.

No es sorprendente, pues, que la comunidad puertorri-
110 queña haya tratado de efectuar cambios, creando organi-
zaciones, como el *National Puerto Rican Coalition,* y
programas educativos que tienen el fin de mejorar los
ghettos y producir líderes. Muchos grupos dan énfasis al
orgullo que sienten de su herencia de tres culturas: la
115 taína (india), la africana y la española. Esta conciencia se
ha manifestado en el florecimiento actual de las artes
boricuas, sobre todo en el teatro, la música y la poesía.
Por detrás de estos movimientos se revela una esperanza,
la esperanza de que los puertorriqueños, después de
120 brincar el charco entre San Juan y Nueva York, encuentren
un camino que los lleve a mejores oportunidades.

---

*Las estadísticas de este párrafo son del *U.S. Bureau of the Census, Statisti-
cal Abstract of the United States: 1981* y *Persons of Spanish Origin in the
United States: March 1980 (Advance Report).*

VERDAD (+) O MENTIRA (0)

1. _____ La gran inmigración de los puertorriqueños a las ciudades industriales norteamericanas empezó hace un siglo.
2. _____ España perdió la posesión de Puerto Rico en la guerra de 1898 con los EE.UU.
3. _____ Hoy día, la gran mayoría de los puertorriqueños están de acuerdo sobre el *status* político de su isla.
4. _____ Muchos puertorriqueños vienen a los EE.UU. con la intención de volver a Puerto Rico algún día.
5. _____ Dos grupos principales, los negros y los españoles, formaron la cultura puertorriqueña.

PREGUNTAS

1. ¿Qué hizo EE.UU. al principio de su gobierno en Puerto Rico? ¿Qué acciones indicaron, después, una actitud más liberal?
2. Describa Ud. los beneficios que recibe Puerto Rico bajo el *status* de Estado Libre Asociado. ¿Cuáles son las restricciones? ¿Qué opina Ud. de esta situación?
3. En años recientes, ¿qué cambios políticos y económicos ha sufrido Puerto Rico?
4. ¿Qué clase de puertorriqueños inmigran a los EE.UU., y por qué vienen? ¿Qué problemas y éxitos han tenido aquí? ¿Por qué son discriminados?
5. ¿Cómo se está manifestando hoy día un espíritu de cambio y orgullo en la comunidad puertorriqueña?

EXPRESIONES DEL BARRIO PUERTORRIQUEÑO

¿Puede Ud. entender estas frases de conversación?

—Oye, mi **pana.** ¿Quieres ir al juego de baloncesto?
—No sé, porque no tengo **chavos.**
—No te preocupes. Yo te lo pago.
—¡**Chévere,** porque el juego va a **estar por la maceta!**

pana	amigo	**chévere**	magnífico, estupendo
chavos	dinero	**estar por la maceta**	ser fabuloso

Pasaje de ida y vuelta°

Pasaje . . . The Round
Trip

JACOBO MORALES*

Ésta es la historia, señores,
de un jíbaro borincano°
que se fue pa' los *niuyores*°
con líos de sinsabores°
5   y una cajita° en la mano.

jíbaro . . . campesino
  puertorriqueño
pa' . . . a Nueva York
líos . . . *bundles of*
  problems
little box

Acá dejaba a Mercedes,
a Confesor, a Dolores;°
y a sus queridos hermanos.
Eran ocho: flacos, «jinchos», barrigones.°

Mercedes . . . nombres
  de mujeres

flacos . . . *thin, pale,*
  stomachs swelled
  by malnutrition

10 Fue en nave° de dos motores
que alzó su vuelo° Ramón.
¡Y que verse en un avión,
más alto que un guaraguao!°
Él, que nunca había trepao°
15 más allá del tamarindo.°

avión
alzó . . . *took flight*

pájaro que vuela muy
  alto
(**trepado**) *climbed*
árbol frutal bastante bajo

El cielo le pareció lindo
y trató de ver a Dios,
pero un ruido de motor
lo sacó de sus ensueños°
20 y abajo en la tierra vio
algo como un cementerio: Nueva York.

daydreams

Un mal entendido° hubo
porque nadie lo esperó.°
De momento se sintió
25 como un becerro perdío.°
—¡Ay Dios mío!, ¿y ahora qué me hago yo?—
dijo Ramón.

mal . . .
  misunderstanding
was waiting for

becerro perdío (perdido)
  lost calf

Se acercó a un guardia pecoso°
al que preguntó asustao:°
30 —¿Usted ha visto a Sinforoso?
Es uno que es primo mío,
es bajito y «percudío»,°
medio «enjiyío»° y calmoso.

freckled
(**asustado**) con miedo

dark-skinned
medio . . . *half-stooped*

---

*Jacobo Morales, actor puertorriqueño contemporáneo que se interesa en las
artes.

El guardia le contestó: —*What do you say?*
35 Ramón se sentó en la caja
y dijo pa' sus adentros:°
«Esto no es ningún mamey».°

Pero al° mes ya decía *okey*.

El resto es historia vieja:
40 El trabajo, un reloj, horas extra,
el *subway*,
«*No portoricans*», «*No dogs*»,
y en un cuarto dormir seis.
Y un pensamiento a las siete,
45 y un pensamiento a las diez:
«Volver a la tierra amada;
hacer «chavos»° y volver.
¿Cuándo? Mañana . . . Mañana».

Mientras tanto los inviernos,
50 los muchachos en la calle,
la droga, la marihuana.

pa' . . . a sí mismo
ningún . . . cosa fácil

después del

dinero

«Volver . . . mañana;
los nenes° hablan inglés,
a la doña° le da asma,
55 hay que «trabajar corrido»°
y todita la semana;
pero volver . . .
pa'° nacer otra vez en la tierra,

pa' nacer otra vez en la calma,
60 pa' sembrar° de flores la *yarda*,
digo, el batey;° ay virgen. Volver . . .
pa' respirar madrugada,°
pa' tomarme mi café
antes de ordeñar° la vaca».

65 Fue en siete cuarentisiete°
que alzó su vuelo Ramón.
A su lao° su mujer, sus hijos,
y en el resto del avión:
mulatos, soldados,
70 tomateros,° «tecatos»,°
un abogado, un doctor,
y quién sabe en qué lugar
también se encontraba Dios.

De pronto, el pelo se le erizó;°
75 —Nos han secuestrao°—gritó,
—aquello no es Puerto Rico,
no se ve más que concreto,
ni siquiera un arbolito.

Llegó.

80 A un guardia le preguntó:
—*Where I am?* Digo, ¿dónde estoy yo?
—En San Juan—le contestó.
—Gracias.
—*Okey.*
85 Y en un taxi se montó.°

El resto es historia vieja:
El trabajo, un reloj, horas extra,
humo,° fábricas,° chimeneas,
extranjeros° y camas,
90 niños en las calles,
desahucios° y marihuana.

«Y pensar que ya es mañana
y yo no quepo° en el hoy.
¿En dónde están mis caminos?
95 ¿Hacia adónde voy»?

niños
la esposa
sin períodos de descanso

(para)

to plant
Puerto Rican word for
  yard
dawn

to milk

siete . . . 747, tipo de
  avión

(**lado**)

tomato pickers / adictos
  a las drogas

stood on end
(**secuestrado**) *hijacked*

se . . . entró

smoke / *factories*
foreigners

evictions

fit

PREGUNTAS

1. ¿Quién se fue para Nueva York? ¿Qué le pareció el vuelo en avión?
2. ¿Cuál fue su primera impresión de Nueva York? ¿Cómo se sintió Ramón en el aeropuerto? ¿Por qué?
3. Describa Ud. la «historia vieja» del puertorriqueño y su familia en Nueva York.
4. En sus sueños de volver a Puerto Rico, ¿qué esperaba encontrar?
5. Al regresar a Puerto Rico, ¿qué cambios ve Ramón en la isla? ¿Cómo se siente el jíbaro al final del poema? ¿Por qué?

DISCUSIÓN

¿Por qué es irónico este poema?

CHISTE

S–o–c–k–s

Una señora puertorriqueña, recién llegada a Nueva York, quería comprar unos calcetines para sus hijos. Hablaba muy poco inglés, y no sabía la palabra para «calcetines». Entró en una tienda grande, y trató de explicar a la dependienta lo que quería, pero la dependienta no entendió. Por fin, la dependienta decidió llevar a la señora a los varios mostradores, esperando encontrar directamente el artículo deseado.

—*Is it this?*—preguntó la dependienta.

—No, no es eso—respondió la señora.

—*This?*

—No, tampoco es eso.

—*How about this?*

—No, eso no es.

Por fin llegaron al mostrador de los calcetines y la señora exclamó felizmente:

—¡Eso sí que es!

—*Well,*—dijo la dependienta, un poco perpleja,—*if you can spell it, why can't you say it?*

Vocabulario preliminar para Garabatos

Hay unas diferencias básicas entre el español que hablan algunos puertorriqueños y el español que Ud. ha estudiado hasta ahora. En general hablan más rápidamente, porque eliminan ciertos sonidos y, a veces, sílabas enteras. De la misma manera que decimos en inglés, «*Wadja say?*» para «*What did you say?*», algunos puertorriqueños dicen «pa» en vez de «para». Vamos a examinar ciertas de estas diferencias.

1. **s** al final de una sílaba = **h**

   ejemplos: **piensas** = piensah   **quieres** = quiereh

   ¿Cómo son las siguientes palabras?

   (a) **ereh** = _____   *(c)* **iráh** = _____
   (b) **esoh** = _____   *(d)* **tuboh** = _____

   (*Otros ejemplos:* caeh, Dioh, loh, eh, mihmo, tieneh, máh)

2. **r** al final de una sílaba = **l**

   ejemplos: **seguir** = seguil   **embargo** = embalgo

   (a) **levantalte** = _____   *(c)* **cael** = _____
   (b) **muelto** = _____   *(d)* **pintal** = _____

   (*Otros ejemplos:* calgo, quedal, velgüenza, fijalse, sucedel)

Garabatos°

Scribbles, Scrawls

PEDRO JUAN SOTO*

1

El reloj marcaba las siete y él despertó por un instante.
Ni su mujer estaba en la cama, ni sus hijos en el
camastro.° Sepultó° la cabeza bajo la almohada° para
ensordecer° el escándalo que venía desde la cocina. No
volvió a abrir los ojos hasta las diez, obligado ahora
por las sacudidas° de Graciela.

Aclaró la vista estregando° los ojos chicos y removiendo
las lagañas,° sólo para distinguir el cuerpo ancho° de su
mujer plantado frente a la cama, en aquella actitud desa-
fiante.° Oyó la voz estentórea° de ella, que parecía brotar°
directamente del ombligo.°

—¡Qué! ¿Tú piensah seguil echao° toa° tu vida? Parece
que la mala barriga° te ha dao° a ti. Sin embalgo, yo
calgo° el muchacho.

---

*Pedro Juan Soto (*n.* 1928), cuentista, novelista y dramaturgo puertorriqueño,
quizás más conocido por su libro de cuentos, *Spiks,* que trata el tema del
inmigrante puertorriqueño en Nueva York.

15 Todavía él no la miraba a la cara. Fijaba la vista en el
vientre° hinchado,° en la pelota de carne que crecía diariamente y que amenazaba° romper el cinturón° de la
bata.°

   —¡Acaba de levantalte, condenao!° ¿O quiereh que te
20 eche agua?

   Él vociferó° a las piernas abiertas y a los brazos en
jarra,° al vientre amenazante, al rostro° enojado:

   —¡Me levanto cuando me salga di° adentro y no cuando
uhté° mande! ¡Adiós! ¿Qué se cree uhté?

25   Retornó la cabeza a las sábanas,° oliendo las manchas
de brillantina° en la almohada y el sudor pasmado° de
la colcha.°

   A ella le dominó la masa inerte del hombre: la amenaza
latente en los brazos quietos, la semejanza° del cuerpo
30 al de un lagartijo° enorme.

   Ahogó° los reproches en un morder de labios° y caminó
de nuevo hacia la cocina, dejando atrás la habitación
donde chisporroteaba,° sobre el ropero,° la vela° ofrecida
a San Lázaro. Dejando atrás la palma bendita° del último
35 Domingo de Ramos° y las estampas° religiosas que colga-
ban° de la pared.

   Era un sótano° donde vivían. Pero aunque lo sostuviera
la miseria, era un techo° sobre sus cabezas. Aunque
sobre ese techo patearan° y barrieran° otros inquilinos,°
40 aunque por las rendijas° lloviera basura, ella agradecía a
sus santos° tener donde vivir. Pero Rosendo seguía sin
empleo. Ni los santos lograban° emplearlo. Siempre en las
nubes, atento más a su propio desvarío° que a su familia.

   Sintió que iba a llorar. Ahora lloraba con tanta facili-
45 dad. Pensando: *Dios Santo si yo no hago más que parir°* y
*parir como una perra y este hombre no se preocupa por
buscar trabajo porque prefiere que el gobierno nos man-
tenga por correo° mientras él se la pasa por ahí° mirando a
los cuatro vientos como Juan Bobo° y diciendo que quiere
50 ser pintor.*

   Detuvo el llanto° apretando° los dientes, cerrando la
salida de las quejas° que pugnaban° por hacerse grito. De-
volviendo llanto y quejas al pozo° de los nervios, donde
aguardarían° a que la histeria les abriera cauce° y les
55 transformara en insulto para el marido, o nalgada° para
los hijos, o plegaria° para la Virgen del Socorro.°

   Se sentó a la mesa, viendo a sus hijos correr por la
cocina. Pensando en el árbol de Navidad° que no tendrían
y los juguetes que mañana habrían de envidiarle a los
60 demás niños.° *Porque esta noche es Nochebuena°* y
mañana es Navidad.

	abdomen / swollen
	threatened / belt
	bathrobe
	Acaba . . . *Get up once and for all, you bum!*
	gritó
	en . . . akimbo / cara
	(de)
	(usted)
	sheets
	oliendo . . . *smelling hair oil stains* / **sudor . . .** *stale sweat*
	bedspread
	similarity
	lizard
	She stifled / **morder . . .** *biting of the lips*
	flickered / wardrobe / candela
	blessed
	Domingo . . . *Palm Sunday* / prints
	were hanging
	basement
	roof
	stamped / swept / habitantes
	cracks
	figuras religiosas
	podían
	ilusión absurda
	give birth
	mail (se refiere al cheque de *welfare*) / **se . . .** *meanders about*
	Idiota
	crying / gritting
	complaints / were struggling
	well
	esperarían / channel
	spanking
	prayer / Aid
	Christmas
	juguetes . . . *other children's toys which tomorrow they would envy* / *Christmas Eve*

—¡Ahora yo te dihparo° y tú te caeh muelto!   *shoot*
Los niños jugaban bajo la mesa.
—Neneh,° no hagan tanto ruido, bendito . . .   *Niños*
65 —¡Yo soy Chen Otry!°—dijo el mayor.   *Gene Autry*
—¡Y yo Palón Casidi!°   *Hopalong Cassidy*
—Neneh, que tengo dolol° de cabeza, por Dioh . . .   **(dolor)**
—¡Tú no ereh Palón na!° ¡Tú ereh el pillo° y yo te mato.   **(nada)** / *bad guy*
—¡No! ¡Maaamiii!
70 Graciela torció° el cuerpo y metió° la cabeza bajo la   *twisted* / *stuck*
mesa para verlos forcejear.°   *fighting*
—¡Muchachos, salgan de ahí! ¡Maldita° sea mi vida!   *Damned*
¡ROSENDO ACABA DE LEVANTALTE!
Los chiquillos corrían nuevamente por la habitación;
75 gritando y riendo uno, llorando otro.
—¡ROSENDO!

2

Rosendo bebía el café sin hacer caso de° los insultos de   **hacer . . .**
la mujer.   *paying attention to*
—¿Qué piensah hacer hoy, buhcal° trabajo o seguil por   **(buscar)**
80 ahí, de bodega° en bodega y de bar en bar, dibujando°   *taverna* / *drawing*
a to° esoh vagoh?°   **(todos)** / *loafers*
Él bebía el café del desayuno, mordiéndose los labios
distraídamente,° fumando entre sorbo° y sorbo su último   *absent-mindedly* / *sip*
cigarrillo. Ella daba vueltas alrededor de la mesa,
85 pasándose la mano por encima del vientre para detener
los movimientos del feto.°   *bebé*
—Seguramente iráh a la teltulia° de loh caricortaoh° a   *get-together* / **(caricorta-**
jugar alguna peseta prehtá,° creyéndote que el maná° va a   **dos)** *scarfaces*
cael del cielo hoy.   **(prestada)** *borrowed* /
90 —Déjame quieto,° mujer . . .   *manna*
—Sí, siempre eh lo mihmo: déjame quieto! Mañana eh   *en paz*
Crihmah° y esoh muchachoh se van a quedal sin jugueteh.   *Christmas*
—El día de Reyeh* en enero . . .
—A Niu Yol° no vienen loh Reyeh. ¡A Niu Yol viene Santa   *New York*
95 Cloh!°   *Claus*
—Bueno, cuando venga el que sea, ya veremoh.
—¡Ave María Purísima, qué padre, Dioh mío! ¡No te
preocupan na° máh que tuh garabatoh! ¡El altihta!° ¡Un   **(nada)** / **(artista)**
hombre viejo como tú!
100 Se levantó de la mesa y fue al dormitorio, hastiado° de   *cansado*
oír a la mujer. Miró por la única ventana. Toda la nieve
caída tres días antes estaba sucia. Los automóviles

---

*El día de Reyes—el 6 de enero, el día que llegan los Reyes Magos (*Wise
Men*). En la cultura hispana, el 25 de diciembre es un día religioso; en
general no se intercambian regalos hasta el 6 de enero.

habían aplastado° y ennegrecido° la del asfalto. La de las
aceras° había sido hollada° y orinada° por hombres y
105 perros. Los días eran más fríos ahora porque la nieve estaba allí, hostilmente presente, envilecida,° acomodada°
en la miseria. Desprovista° de toda la inocencia que trajo
el primer día.
    Era una calle lóbrega,° bajo un aire pesado,° en un día
110 grandiosamente opaco.
    Rosendo se acercó al ropero para sacar de una gaveta°
un envoltorio° de papeles. Sentándose en el alféizar,°
comenzó a examinarlos. Allí estaban todas las bolsas° de
papel que él había recogido para romperlas y dibujar.
115 Dibujaba de noche, mientras la mujer y los hijos dormían.
Dibujaba de memoria los rostros borrachos,° los rostros
angustiados de la gente de Harlem: todo lo visto y compar-
tido° en sus andanzas del día.
    Graciela decía que él estaba en la segunda infancia. Si
120 él se ausentaba de la mujer quejumbrosa° y de los niños
llorosos, explorando en la Babia° imprecisa de sus trazos°
a lápiz, la mujer rezongaba° y se mofaba.°
    Mañana era Navidad y ella se preocupaba porque los
niños no tendrían juguetes. No sabía que esta tarde él
125 cobraría° diez dólares por un rótulo° hecho ayer para
el bar de la esquina. Él guardaba° esa sorpresa para Graciela. Como también guardaba la sorpresa del regalo
de ella.
    Para Graciela él pintaría un cuadro.° Un cuadro que
130 resumiría aquel vivir juntos, en medio de carencias°
y frustraciones. Un cuadro con un parecido° melancólico a
aquellas fotografías tomadas en las fiestas patronales
de Bayamón.° Las fotografías del tiempo del noviazgo,°
que formaban parte del álbum de recuerdos de la familia.
135 En ellas, ambos aparecían recostados° contra un taburete°
alto, en cuyo frente se leía «Nuestro Amor» o «Siempre
Juntos». Detrás estaba el telón° con las palmeras° y el mar
y una luna de papel dorado.°
    A Graciela le agradaría,° seguramente, saber que en la
140 memoria de él no había muerto nada. Quizás después
no se mofaría más de sus esfuerzos.
    Por falta de materiales, tendría que hacerlo en una
pared y con carbón.° Pero sería suyo, de sus manos, hecho
para ella.

3

145 A la caldera° del edificio iba a parar° toda la madera
vieja e inservible que el superintendente traía de todos los
pisos. De allí sacó Rosendo el carbón que necesitaba.
Luego anduvo por el sótano buscando una pared. En

Glosses:
- flattened / blackened
- sidewalks / trampled / urinated on
- degraded / settled
- Devoid
- triste, obscura / heavy
- drawer
- bundle / window sill
- bags
- drunken
- shared
- complaining
- daydream / sketches
- grumbled / sneered
- would collect / sign
- was saving
- picture
- needs
- resemblance
- una ciudad en Puerto Rico / engagement
- leaning / stool
- backdrop / árboles de palma
- golden
- pondría contenta
- charcoal
- boiler / iba . . . ended up

el dormitorio no podía ser. Graciela no permitiría que él
150 descolgara° sus estampas y sus ramos. | take down

La cocina estaba demasiado resquebrada° y | cracked
mugrienta.° | sucia

Escogió el cuarto de baño por fuerza. Era lo único que
quedaba.
155 —Si necesitan ir al cuarto de baño —dijo a su mujer—,
aguántesen° o usen la ehcupidera.° Tengo que arreglar | hold it / chamberpot
unoh tuboh.

Cerró la puerta y limpió la pared de clavos° y | nails
telarañas.° Bosquejó° su idea: un hombre a caballo, des- | spiderwebs / He sketched
160 nudo° y musculoso, que se inclinaba para abrazar a | sin ropa
una mujer desnuda también, envuelta° en una melena° | enveloped / locks of hair
negra que servía de origen a la noche.

Meticulosamente, pacientemente, retocó° repetidas | he retouched
veces los rasgos° que no le satisfacían. Al cabo de unas | features
165 horas, decidió salir a la calle a cobrar sus diez dólares, a
comprar un árbol de Navidad y juguetes para sus hijos. De

paso, traería tizas° de colores del «candy store». Este   *pieces of chalk*
cuadro tendría mar y palmeras y luna. Y colores, muchos
colores. Mañana era Navidad.

170   Graciela iba y venía por el sótano, corrigiendo a los
hijos, guardando ropa lavada, atendiendo a las hornillas°   *stove burners*
encendidas.
   Él vistió su abrigo remendado.°   *reparado*
   —Voy a buhcal un árbol pa° loh muchachoh. Don Pedro   *(para)*
175 me debe dieh pesoh.
   Ella le sonrió, dando gracias a los santos por el milagro
de los diez dólares.

4

   Regresó de noche al sótano, oloroso a° whisky y a cer-   **oloroso . . .** *smelling of*
veza. Los niños se habían dormido ya. Acomodó° el árbol   *Puso*
180 en un rincón° de la cocina y rodeó° el tronco con juguetes.   *corner / he surrounded*
   Comió el arroz con frituras,° sin tener hambre, pen-   *fritters*
diente° más de lo que haría luego. De rato en rato, miraba   *expectant*
a Graciela, buscando en los labios de ella la sonrisa
que no llegaba.
185   Retiró la taza quebrada° que contuvo el café, puso las   *rota*
tizas sobre la mesa, y buscó en los bolsillos el cigarrillo
que no tenía.
   —Esoh muñecoh° loh borré.°   *figuras / I wiped out*
   Él olvidó el cigarrillo.
190   —¿Ahora te dio por° pintal suciedadeh?   **te . . .** *you've taken to*
   Él dejó caer la sonrisa en el abismo de su realidad.
   —Ya ni velgüenza tieneh . . .
   Su sangre se hizo agua fría.
   —. . . obligando a tus hijoh a fijalse en porqueríah,° en   *filthy trash*
195 indecenciah . . . Loh borré y si acabó° y no quiero que   **si (se) . . .** *that's the end*
vuelva° sucedel.   *of it*
                                         (vuelva a)
   Quiso abofetearla° pero los deseos se le paralizaron en   *to slap her*
algún punto del organismo, sin llegar a los brazos, sin
hacerse furia descontrolada en los puños.°   *fists*
200   Al incorporarse° de la silla, sintió que todo él se va-   *levantarse*
ciaba° por los pies. Todo él había sido estrujado por un   *was emptying out*
trapo de piso° y las manos de ella le habían exprimido°   **estrujado . . .** *wrung out*
fuera del mundo.   *by a floor rag / squeezed*
   Fue al cuarto de baño. No quedaba nada suyo. Sólo los
205 clavos, torcidos° y mohosos,° devueltos a su lugar. Sólo las   *twisted / rusty*
arañas vueltas a hilar.°   **arañas . . .** *spiders,*
   Aquella pared no era más que la lápida° ancha y clara   *spinning (their webs)*
de sus sueños.   *once again*
                                         gravestone

VERDAD (+) O MENTIRA (0)

1. _____ Rosendo se levantó a las siete para ayudar a Graciela en la cocina y jugar con sus hijos.
2. _____ Rosendo y Graciela se mantenían principalmente del dinero que el gobierno les mandaba por correo.
3. _____ Graciela estaba embarazada (*pregnant*) y muy preocupada porque su esposo ni siquiera buscaba trabajo.
4. _____ Según Graciela, Rosendo debía pensar más en su familia y menos en la idea ridícula de ser pintor.
5. _____ Rosendo dibujaba escenas de los parques que visitaba durante el día.
6. _____ Rosendo no pensaba celebrar las Navidades puesto que no tenía bastante dinero para comprar un arbolito o juguetes.

PREGUNTAS

1. Describa Ud. el ambiente en que vivían Rosendo y su familia (el apartamento, el tiempo, etc.).
2. ¿Por qué era mañana un día especial? ¿De qué se preocupaba Graciela?
3. ¿Por qué cree Ud. que Graciela lloraba tan fácilmente?
4. ¿Cómo pasaba sus días y noches Rosendo? ¿Qué opinaba su mujer de esto? ¿Está Ud. de acuerdo con ella?
5. ¿Qué sorpresas guardaba Rosendo para Graciela?
6. ¿Cómo era el cuadro que pintó Rosendo en el cuarto de baño? En la mente de él, ¿qué simbolizaba el cuadro?
7. ¿Cómo esperaba Rosendo que reaccionara su esposa ante su regalo? En realidad, ¿cuál fue la reacción de ella?
8. ¿Cómo se sintió Rosendo al final del cuento? ¿Cómo se sintió Ud.?

DISCUSIÓN

1. ¿Qué le pasó al amor entre Rosendo y Graciela después de pasar varios años en Nueva York? ¿Con quién simpatiza Ud. más? ¿Por qué?
2. ¿Cree Ud. que el fracaso de su vida matrimonial fue culpa de ellos o de su ambiente? Explique.

COMPOSICIÓN

¿Cómo demuestra *Garabatos* los problemas de los puertorriqueños en Nueva York?

Los cubanoamericanos:
en la «Pequeña Habana»

Colegio de Belén . . . Restaurante Camagüey . . . Asociación de Pescadores° Libres . . . pero, ¿dónde estamos? ¿Es posible que ésta sea una ciudad de los Estados Unidos? No debemos sorprendernos que este país de inmigrantes haya recibido un grupo más, pero la sección cubana de Miami («*Little Havana*») ha crecido tan rápidamente y con una prosperidad tan obvia que no deja de asombrar° a cualquiera. A partir del año 1959, vinieron gran número de cubanos, situándose no sólo en Miami, sino en todos los EE.UU. Hoy en día, con el nacimiento de una nueva generación, la población cubana de este país ha llegado a más de 900.000.° En general, los primeros refugiados, que llegaron en su mayoría en los años 60, se incorporaron fácilmente a la clase media norteamericana y siguen gozando° de un éxito extraordinario hoy día.

Fishermen

no . . . *does not fail to surprise*

900,000

enjoying

Una calle de «Little Havana» en Miami.

¿Por qué vinieron estos cubanos? ¿Cómo lograron° tanto   *did they accomplish*
en tan pocos años? Para contestar estas preguntas, vamos
a repasar las razones históricas que han causado el
«fenómeno cubano».

20   Cuba fue descubierta por Colón en 1492. La población
indígena° desapareció pronto por el trabajo rudo° en   *de indios nativos / difícil*
las minas y el maltrato° de los colonizadores. Así que,   *mistreatment*
después, cuando empezaron las plantaciones de azúcar,°   *sugar*
los españoles trajeron un gran número de negros para
25   trabajar en los campos. Por eso, en contraste con los
mexicanos, cuya cultura se caracteriza por la
combinación de lo español y lo indio, la cultura cubana
muchas veces refleja la mezcla° del elemento español   *combinación*
con el africano, especialmente en la literatura y la
30   música.

La intervención norteamericana

Cuba no se liberó definitivamente de España hasta
1898, después de la intervención norteamericana en la
guerra de independencia cubana. Usando como pretexto
la explosión de uno de sus barcos, el *Maine*, en el puerto
35   de la Habana, EE.UU. le declaró la guerra a España y
la venció° fácilmente. Así Cuba—junto con Puerto Rico y   *defeated*
las Filipinas—pasó a ser una posesión norteamericana.

EE.UU. retiró su ejército° en 1902, pero obligó a los cuba-   *fuerzas armadas*
nos a aceptar la Enmienda° Platt que autorizaba su inter-   *Amendment*
40   vención en los asuntos° internos de la nueva república.   *affairs*
Aunque durante la ocupación de los EE.UU. Cuba recibió
beneficios técnicos y educativos, las compañías norteamericanas se apropiaron de la mayor parte de la industria del azúcar, y los gobiernos° cubanos se veían muy   *governments*
45   limitados por la continua intervención. Sin embargo,
después se revocó la Enmienda Platt, y Cuba disfrutaba°   *enjoyed*
de un régimen bastante democrático, cuando en 1952
Fulgencio Batista derribó° el gobierno constitucional y   *hizo caer*
estableció una dictadura° militar, provocando así un   *dictatorship*
50   levantamiento° que terminó finalmente en 1959 con el   *uprising*
triunfo de Fidel Castro.

La Cuba de Fidel

Al principio muchos creían que Fidel iba a restablecer
la constitución e instalar un gobierno democrático, pero
muy pronto Castro buscó el apoyo° de la Unión Soviética y   *support*
55   otras naciones comunistas que actualmente ayudan a
Cuba técnica y económicamente. Así se creó° el primer   **se . . .** se estableció
país comunista de Hispanoamérica. Por una parte, el
analfabetismo° ha sido eliminado en gran parte en Cuba,   *illiteracy*
y muchos hijos de campesinos son hoy técnicos y funcio-

60 narios° del gobierno. Por otra parte, hay escasez° de co-
mestibles° y medicinas, y no existe la libertad de expresión ni de prensa.°

oficiales / shortage
comida
press

La primera ola° de refugiados

wave

Así que por razones políticas y económicas, miles y
miles de cubanos han abandonado la isla. La primera
65 gran ola de refugiados llegó a los EE.UU. hace casi veinte
años, algunos de ellos escapándose en pequeños barcos o
balsas° y muchos otros en vuelos° organizados por el
gobierno norteamericano. La actitud de los norteamericanos en general fue acogedora° por tratarse de un grupo
70 de refugiados del comunismo. A diferencia de los mexicanos, puertorriqueños y varios otros inmigrantes, muchos
de estos cubanos ya sabían inglés y tenían una profesión.* Y eran predominantemente blancos, lo cual es
desgraciadamente una ventaja° en nuestra sociedad. Al
75 principio la mayoría de los refugiados pensaban que
su exilio iba a durar poco, pero después del desastre de la
Bahía de Cochinos,† su esperanza de liberar a Cuba
disminuyó.° Ahora la mayor parte de ellos aceptan que
están aquí para siempre.

rafts / viajes en avión

de mucha hospitalidad

factor favorable

se redujo

Su éxito económico

80 El éxito económico de los cubanos es más visible en
Miami, donde componen el 50 por ciento de la población.
En menos de dos décadas Miami se ha transformado de
una meca turística norteamericana en un centro mercantil
y financiero internacional—la «capital» de la América
85 Latina, según el chiste corriente. A esta ciudad ya de un
innegable sabor° latino acuden° miles de latinoamericanos adinerados° con millones de dólares para invertir° en
bancos, terrenos,° condominios, coches y otras mer-
cancías. Si en Miami la conversación no es siempre en
90 español, la vida de la ciudad sí lo es. Hay periódicos,
ballet, hospitales, escuelas, compañías de seguros,° bar-
beros y arquitectos cubanos. Se dice que allí se puede ir
del nacimiento a la muerte completamente en español.

flavor / flock
con mucho dinero / to invest
land

insurance

---

* Aproximadamente el 30 por ciento había terminado la secundaria, y el
12.5 por ciento había asistido cuatro años o más a la universidad, según
Arnulfo D. Trejo, en el *Wilson Library Bulletin*, marzo de 1972.
† En 1961 un grupo de cubanos exiliados, apoyados por la *Central Intelli-
gence Agency* de los EE.UU., invadió la Bahía de Cochinos en la costa sur
de Cuba. El plan—según los invasores—fracasó porque. EE.UU. no los
protegió con la aviación y con el poderío naval que se les había
prometido.

Sin embargo, esta misma «cubanización» de la ciudad
95   ha provocado resentimientos por parte de algunos anglos
que ven la presencia cubana en sus antiguos barrios°   secciones de una ciudad
casi como una ocupación extranjera.° Con todo, estas in-   foreign
quietudes no se expresaron abiertamente hasta la inunda-
ción tremenda en 1980 de un grupo nuevo de cubanos, los
100 «Marielitos». Su llegada descoloró por algún tiempo el
cuadro básicamente positivo de los cubanos en los EE.UU.

La segunda gran ola de cubanos: los «Marielitos»

Entre abril y septiembre de 1980 salieron en barco del
puerto cubano Mariel 125.000 refugiados, entre ellos gente
de clase humilde y algunos criminales profesionales. No
105 se ha precisado definitivamente el motivo por el que
Fidel Castro les permitió salir, pero el hecho es que al
llegar a Miami, atascaron° los servicios sociales, ago-   they clogged
tando° los fondos y llenando las escuelas y calles.   exhausting

Un grupo de «Marielitos» al llegar a la Florida.

Los primeros conflictos ocurrieron dentro de la
110 comunidad cubana misma. Aunque por todas partes de
los EE.UU. los cubanoamericanos contribuyeron millones
de dólares e hicieron grandes esfuerzos por asimilar a
los nuevos inmigrantes, muchos de los exiliados de la primera gran ola de hace veinte años encontraron que algu-
115 nos de los «Marielitos» no parecían compartir los valores
tradicionales cubanos, como el respeto hacia los padres y
la ambición por superarse.° No obstante, afirmaban que   *to get ahead*
la gran mayoría de los «Marielitos» eran gente buena
y decente y atribuían las diferencias culturales al sistema
120 comunista de Cuba en el que no se ofrecen incentivos
personales.
　　Lo que realmente rompió la aparente armonía étnica de
Miami fue el contragolpe° anglo a los «Marielitos» (entre   *backlash*
los cuales había mucha gente de color), y los motines°   *riots*
125 violentos de los negros norteamericanos. En una elección
especial en que por vez primera se revelaron
públicamente los sentimientos anticubanos, los resi-
dentes del Condado° Dade (Miami) pusieron fin al   *County*
bilingüismo oficial dentro de los servicios gubernamen-
130 tales del condado. En cuanto a los motines, algunos
observadores mantenían que los negros por fin expresaron las frustraciones acumuladas durante veinte años
de constantes comparaciones negativas con el triunfo
económico cubano.
135 　　Pero el ambiente° en Miami no es del todo conflictivo   *atmósfera*
hoy día. La mayor parte de los «Marielitos» ya llevan una
vida normal, y algunos demuestran el espíritu empresa-
rial° que generalmente ha caracterizado a los cubanos.   *entrepreneurial*
Aun con los problemas de años recientes, se puede decir
140 que entre todos los inmigrantes a nuestro país, los cubanos son los que han subido más rápidamente.* Hay esperanzas, sobre todo entre la comunidad cubana, de que
este éxito siga favoreciendo a todos los cubanoamericanos, especialmente a los nuevos.

OPCIONES MÚLTIPLES

1. Frecuentemente la literatura y la música de Cuba reflejan la mezcla de elementos (*a*) indios y españoles (*b*) españoles y africanos (*c*) indios, españoles y
africanos

---

* Durante años el salario anual y el nivel de educación de los cubanos han
sido casi tan altos como los del anglo, según estadísticas del *U.S. Bureau
of the Census, Persons of Spanish Origin: 1980* (and previous years).

2. ¿Cómo pasó Cuba de ser un territorio de España a ser una posesión norteamericana? (a) Los cubanos votaron por entrar en los EE.UU. (b) España vendió a Cuba por 30 millones de dólares (c) EE.UU. intervino en la guerra entre Cuba y España
3. ¿Qué acción de Batista en 1952 provocó un levantamiento? (a) Suspendió la constitución y se hizo dictador (b) Revocó la Enmienda Platt (c) Se apropió de la industria del azúcar
4. ¿Qué hizo Fidel Castro, después de vencer a Batista en 1959? (a) Prohibió totalmente la salida de la isla a los cubanos desconformes (b) Estableció un gobierno democrático (c) Empezó el primer gobierno comunista de Hispanoamérica

PREGUNTAS

1. ¿Por qué llaman a Miami «*Little Havana*»?
2. ¿Qué ventajas y desventajas tenía para Cuba la ocupación norteamericana?
3. ¿Cómo y por qué vino el primer grupo de cubanos a los EE.UU.?
4. ¿Qué factores ayudaron a estos cubanos especialmente?
5. Describa Ud. el impacto económico y cultural de los cubanos en Miami.
6. ¿Quiénes son los «Marielitos»? ¿Cómo fueron recibidos por sus compatriotas ya establecidos en los EE.UU.? ¿Qué otras reacciones provocó su presencia?
7. Con excepción de estos problemas recientes, ¿cómo se comparan los cubanos con otros grupos que han inmigrado a los EE.UU.?

EXPRESIONES DEL BARRIO CUBANO

¿Puede Ud. entender estas frases de conversación?

—¿Qué pasa, **chico**? ¿Cómo andas?
—Aquí, la situación **está de bala**. Hace un mes que no encuentro una buena **pega**. Ya no tengo ni pa' la **chaúcha**.

chico	amigo (*buddy, friend*)	**pega**	trabajo
está de bala	está muy mala	**chaúcha**	comida

Los amigos en Miami

ELADIO SECADES*

Ahora resulta que medio° Miami es nuestro. Por lo
menos, nos lo figuramos° así. Hay legiones infinitas de
cubanos en Miami. Se repite con asombro° que en las
calles de Miami sólo se oye hablar español. En realidad,
5   el éxodo ha sido tremendo. Pero no se olvide que los
norteamericanos van por las aceras,° callados° y con prisa
. . . Nosotros, inevitablemente, vamos hablando. Por lo
mismo que repudiamos la gravedad excesiva, la etiqueta
y el silencio absoluto, no escondemos° los sentimientos.
10   Dejamos que salgan. Y formando bulla° además. Hablamos con efusión. Y llevamos el compás° con las manos.
     Para las cubanas que vemos por Flagler,° los escapa-
rates° de las tiendas no son simple motivo de contempla-
ción. Aunque no vayan a comprar algo, todo lo curiosean.
15   Todo lo juzgan. Y todo lo glosan.° «Aquel modelito de
algodón.° Tan triste y tan soso.° El de encajes° de al lado,
está monísimo.° Lástima de ese lazo tan cursi° . . .» Los
cubanos hacemos un alto° ante el escaparate de modas
masculinas. Y si nos parece alto el costo del traje que nos
20   gusta, dejamos constancia° pública del abuso. «Esto
marcha sin remedio a la inflación». Y hasta parece que
increpamos al maniquí,° como si tuviera la culpa.
     Hay el matrimonio° cubano que el domingo decide ir al
restaurante. Con toda la prole° y entusiasmo de pic-nic
25   bajo techo.° Los niños llaman al dependiente al mismo
tiempo. A la impaciencia sigue sin remedio un coro de
silbidos.° Para que traigan por lo menos la cesta° del pan.
Que es muy nuestro eso de haber acabado° con el pan y
la mantequilla antes de que traigan la sopa. La mamá
30   dice que parecen guajiros.° Y jura° que no los volverá a sacar. El papá cree el instante indicado para ejercer su
autoridad. «Está bueno ya».° Pero completa el alboroto°
leyendo el menú en voz alta.

	half
	nos . . . nos parece
	sorpresa
	sidewalks / silenciosos
	hide
	ruido
	ritmo
	una calle de Miami
	display windows
	comentan
	modelito . . . *little cotton outfit* / insípido / *lace*
	very cute / **lazo** . . . *cheap-looking bow*
	hacemos . . . *we stop* evidencia
	increpamos . . . *we scold the mannequin*
	married couple
	niños
	bajo . . . *indoors*
	whistles / *basket*
	Que es . . . Es muy típico de nosotros terminar
	campesinos cubanos / proclama
	«**Está** . . . *That's enough now.* / confusión

---

*Eladio Secades, escritor cubano famoso por sus estampas humorísticas
sobre tipos y costumbres. Ahora reside en los EE.UU.

No habrá seguramente en la historia de todos los exilios
35 del mundo algo tan entrañable,° humano y simpático   *heartwarming*
como la visita a Miami del cubano que ha encontrado su
segundo hogar° en otras latitudes. Es posible que al entrar   *casa*
al hotel envolvamos al gerente en un abrazo largo, cálido,
muy apretado.° Es López, el profesor de matemáticas   **envolvamos . . .** *we*
de las muchachitas. La cara de la telefonista nos parece   *envelop the manager in*
40 familiar. La señora que maneja el ascensor. Otoñal,°   *a long, warm, tight*
uniformada, tiesa,° nos dice que si somos cubanos, ten-   *embrace*
dremos que conocerla. Es la viuda° de un gerente de   *Middle-aged*
                                                                         formal
«El Encanto».° La abrazamos también. ¡Qué sonrisa más   *widow*
triste, más bella la de ella! . . . Todavía antes de que   *nombre de una tienda*
45 las maletas° lleguen a la habitación del hotel de la Playa,   *grande de la Habana*
nos dan noticias de Dominguito. ¡Notario de nuestras   *suitcases*
escrituras° y compañero de nuestro club! Ya ha aprendido
a hacer ensaladas. Iremos a la cocina a saludarlo.   **Notario . . .** *our notary*
                                                                         public
50 Cada exiliado sabe lo que dejó atrás. Y el dolor que le
costó dejarlo. Más en broma que en serio, este relato
es una pintura de lo que el cubano decente, culto° o in-   *educado*
culto, pobre, de la clase media o rico, soporta, sufre y
supera,° lo que somos capaces de ser y de hacer.   *overcomes*

PREGUNTAS

1. Según el autor, ¿por qué se notan más los cubanos de Miami que los norteamericanos?
2. ¿Qué hacen las cubanas y los cubanos al mirar los escaparates de la calle Flagler?
3. Describa Ud. a la familia cubana que va al restaurante.
4. ¿Qué le pasa al cubano de otra parte del país, al entrar en un hotel de Miami?
5. Según el autor, ¿qué demuestra este relato de una visita a Miami?
6. ¿Qué partes de esta selección son cómicas? ¿Cuáles le parecen tristes? ¿Por qué?

DISCUSIÓN O COMPOSICIÓN

¿Cómo describiría Ud. a los norteamericanos que viajan por Europa? ¿Qué hacen al caminar por las calles, al comer en los restaurantes o al encontrarse con otros norteamericanos?

CHISTE

¿Dónde estoy?

Un hombre de negocios venezolano cenaba en un restaurante cubano en la «Pequeña Habana» de Miami. Su camarero era un chino, recién llegado de Shanghai, que hablaba bastante bien el español y que estaba obviamente orgulloso de su progreso en dominar la lengua.

El venezolano se quedó muy impresionado y decidió mencionarlo al dueño del restaurante.

—Ese joven chino habla un español maravilloso, ¿verdad?

—Es cierto—respondió el dueño—Pero no se lo diga a él. Cree que está aprendiendo inglés.

El errante° insatisfecho

wanderer

IVÁN PORTELA*

He gozado° intensamente ¿qué más puedo pedir?   enjoyed
He sufrido intensamente ¿qué más puedo pedir?
He aprendido a leer la mirada del hombre
                    ¿qué más puedo pedir?
5 He descansado mi cara en otra mano,
me han acariciado° con vehemencia   caressed
                    ¿qué más puedo pedir?
En las noches paseo sin temores,
sin carnets° en la bolsa . . . y sin dinero   documentos de
                                                      identificación
10   ¿qué más puedo pedir?
cartas de amigos llueven,
ratos° de buena dicha° donde el agua es el diálogo, momentos / fortuna
día a día me bañan
                    ¿qué más puedo pedir?
15 He visto a Dios de cerca y le he sentido
                    ¿qué más puedo pedir?
millares° de luces y de sombras,°   miles / shadows
todo lo que un hombre debe conocer
ha preñado° mi espíritu   llenado
20   ¿qué más puedo pedir?
¿Quieren saberlo?
                    Quiero una caña brava°   caña . . . planta alta
                    de cualquier campo° nuestro,   de bambú
                    quiero un puñado tibio°   field
25   de la tierra cubana,   puñado . . . warm
                    una palma,   handful
                    un tabaco° sencillo.   cigar
                    ¡Quiero cualquier cosa!
                    una concha arrancada° de la costa, yanked
30   una hoja de níspero y guanábana,° níspero . . . frutas
                    una yagruma°   tropicales
                    y el beso indispensable de mi madre. árbol de algunas
                                                         regiones de Cuba

---

*Iván Portela, poeta cubano contemporáneo y profesor de literatura y
filosofía en la Ciudad de México, donde reside ahora.

1. En una o dos frases, ¿qué puede Ud. decir de la vida y las experiencias del poeta?
2. ¿Pero por qué es incompleta su vida ahora? ¿Qué es lo que quiere?
3. En general, ¿por qué es la nostalgia por la patria un tema más intenso entre los cubanos que entre los méxico-americanos?
4. ¿Siente Ud. nostalgia por su pueblo natal (*hometown*)? ¿Por su niñez? ¿Qué cosas echa Ud. de menos (*do you miss*)?

introducción a la
Educación Bilingüe

El problema de la educación afecta a los chicanos y puertorriqueños de los EE.UU., y a muchos otros que hablan en casa una lengua que no sea el inglés.* Durante años un gran número de niños de estos grupos ha fracasado en el sistema monolingüe predominante. Una cantidad desproporcionada no termina la escuela secundaria, y muy pocos
5   van a la universidad. A pesar de los avances de la educación bilingüe durante las dos últimas décadas, millones de niños minoritarios no se benefician de estos programas por falta de fondos gubernamentales y de maestros especializados.

Además, el tema de la educación de los grupos minoritarios da lugar a mucha controversia. Una decisión particularmente polémica salió de la Corte Suprema en 1982. La
10 Corte estableció que los estados no pueden negarles una educación gratis a los niños de los trabajadores indocumentados en los EE.UU. La idea de gastar sus impuestos en los hijos de gente que está en este país ilegalmente enoja a muchas personas. Arguyen que por falta de fondos ni siquiera cumplimos con nuestra obligación primaria de educar a nuestros propios hijos. Sin embargo, otros sostienen que es injusto hacer que estos niños
15 sufran las consecuencias de la conducta de sus padres. Señalan que, para la sociedad, el costo de mantener a los individuos-víctimas que produce la falta de educación supera el de educarlos. El autor del artículo comenta a continuación sobre los daños psicológicos que experimentan los estudiantes que se desorientan en la escuela o que la abandonan.

---

*En general, la educación no ha sido un problema grave para los niños cubanos; en Miami se establecieron programas bilingües casi desde el comienzo de su llegada.

¿Por qué surge el programa bilingüe?

P. JOSÉ I. SOMOZA*

Las escuelas en que sólo se habla inglés están planea-
das en función de los niños americanos de clase media,
y los niños de otras lenguas y culturas tienen que conformarse a la marcha° de la escuela sin que nadie se de-
tenga° a pensar en el precio que se les hace pagar. En los
niños que empiezan en la Pre-escuela o el Kindergarten,
el proceso es más fácil, porque a esta edad los niños están
abiertos a todo conocimiento y rápidamente captan° la
lengua del ambiente° en que los ponen. Durante los primeros días, sin embargo, la falta de comunicación los
aterroriza. Los traumas y frustraciones de esta primera
etapa,° en muchas ocasiones, los marca para toda la vida.
    Otro aspecto es la actitud de algunos maestros. Si para
ellos lo importante es que el niño latino tome la ruta
trazada° para los americanos para que no se perturbe la
marcha normal de la clase, el único problema es la incor-
poración del niño al grupo, su americanización. Una de
las primeras medidas° a tomar es prohibir al niño hablar
en español. De esta forma comienza a subvalorar,° primero su lengua nativa, después su raza° y origen, por
último su propia familia. Siente vergüenza de hablar español y trata de ocultar su propia identidad. Si los padres
aman su propia cultura, sin complejos de inferioridad,
será menos destructiva para el niño la hipervaloración° de
la lengua escolar. Con los padres acomplejados que
quieren que el niño aprenda sólo el inglés, los hijos
acentúan su desprecio por lo propio° y ven como único
valor ser americanos.

operación normal
sin . . . *without anybody's stopping*

grasp, pick up
environment

stage

planeada

measures
undervalue
race

overvaluation

desprecio . . . *contempt
for their own culture*

---

*Del artículo «Historia del programa bilingüe en Washington» en *Introduc-
ción a la educación bilingüe* escrito por P. José I. Somoza, director del
programa bilingüe de las Escuelas Públicas de Washington, D.C.

Una clase bilingüe en una escuela de Nueva York.

Niños que llegan para los grados intermedios

En los niños que llegan con más edad el problema se
30 agudiza.° Estos niños generalmente ya habían adquirido
ciertos conocimientos y tenían la agradable experiencia
de llevar a casa sus trabajos para mostrar a los padres el
progreso que iban logrando.° En la nueva escuela americana ellos no entienden nada y pueden hacer muy poco.
35 Lo que habían aprendido antes ahora no les sirve, piensan ellos. Empiezan a desilusionarse, a sentirse frustra-
dos. Comienzan a crear, como defensa natural, el hábito
de no escuchar. Así, un niño normal, quizá brillante,
se convierte en una persona ausente de lo que hace.
40 Otro aspecto es el crecimiento intelectual de los estudiantes latinos. Al cabo° de los meses, nuestro niño se va
familiarizando con el inglés y más o menos puede entender y hacerse comprender.° Claro que mientras aprendió
el idioma no asimiló la parte académica que la profesora
45 explicó a toda la clase.

En el mejor de los casos nuestro niño asistió a la escuela
en su país y sus conocimientos corresponden a la edad
escolar que tiene. Sin embargo, al perder varios meses de

se . . . *becomes more acute*

iban . . . *they were accomplishing*

Al . . . *Después*

understood

asimilación, lleva consigo al próximo grado una laguna°   *gap*
50 que dificultará la comprensión de las nuevas materias°   *subjects*
por falta de base. Entonces, puede ser juzgado° como lento   considerado,
y, en algunos casos, como retrasado° mental. Sin poder   pronunciado
entender las causas de su situación, el niño sólo sabe que   retardado
es grande, es fuerte, habla inglés . . . pero no entiende
55 nada. Se cree falto° de inteligencia, piensa que los estu-   insuficiente
dios no están hechos para él, y tan pronto como pueda,
abandona la escuela.

    En el peor de los casos, nuestro niño que llega de su
país con ocho o nueve años no ha tenido la oportunidad de
60 asistir antes a la escuela. Por su edad, es puesto en tercer
o cuarto grado, sin reparar° que este niño no conoce una   notar
letra ni siquiera sabe contar. Será fácil comprender que
sin atención individual jamás aprenderá a leer ni a reali-
zar° la más simple operación matemática. Así llegará   *accomplish*
65 al término de la enseñanza elemental sin saber nada de
nada. Por supuesto, este niño hablará inglés, pero se
sentirá desgraciado, convencido de que su inteligencia es
prácticamente nula,° sin confianza en sí mismo, lleno de   inexistente
temores, de complejos, y abandonará la escuela en la
70 primera oportunidad que se presente. Su falta de seguridad le impedirá emprender° una labor creadora° y el   comenzar / original
sentimiento de inutilidad° puede llevarlo a buscar un es-   *uselessness*
cape de su triste realidad. En algunos de los que han
sufrido este proceso se palpa° agresividad y resentimiento   **se . . .** se siente
75 contra todos y contra todo.

    Cuando a un niño se le deja ver que su lengua, su cul-
tura, su origen, su raza aquí no son bien aceptados, comienza a pensar que lo ideal es ser americano de la clase
dominante. Motivado así y con el ambiente predominante-
80 mente de tipo americano, no es difícil que llegue a dominar el inglés y a olvidar el español. Va pensando que
es americano, pero la realidad se encargará de° demos-   **se . . .** *will see to it*
trarle lo contrario. Aunque hable inglés sin acento y
aunque sea ésta su única lengua, no será recibido en la
85 comunidad americana como uno de ellos. El color de
su pelo y de su piel,° la forma de sus ojos y de su cara, o tal   *skin*
vez el apellido,° le hacen, aunque no lo quiera, seguir   *surname*
perteneciendo° a su propia raza, a la raza que nadie le ha   *belonging*
enseñado a valorar. En una palabra: ni es latino, ni es
90 americano.

    Una persona que no se acepta a sí misma, que no se
ama, es incapaz° de aceptar y amar a los demás. Si hay   sin la capacidad
algo imperdonable en un sistema educativo es el no
preparar a cada uno para ser lo que es, y serlo con amor y
95 orgullo.

VERDAD (+) O MENTIRA (0)

1. _____ El proceso de adaptación en las escuelas es más difícil para el niño latino del Kindergarten que para el niño mayor.
2. _____ Los estudiantes mayores que llegan a los EE.UU. generalmente han tenido experiencias negativas en las escuelas de su país.
3. _____ Algunos niños de inteligencia normal son juzgados como retardados mentales.
4. _____ Muchos estudiantes que abandonan la escuela se sienten incapaces de hacer trabajos creativos.

PREGUNTAS

1. ¿Qué le puede pasar al niño latino durante sus primeros días en el Kindergarten?
2. ¿Qué consecuencias hay si el maestro quiere «americanizar» al niño pequeño? ¿Cómo influyen los padres en este proceso?
3. ¿Por qué se sienten desilusionados los niños de más edad cuando por primera vez llegan a las escuelas americanas? ¿Qué contraste hay con sus experiencias anteriores?
4. Aun cuando el estudiante mayor aprende inglés, ¿qué laguna existe al pasar al próximo grado? ¿Por qué abandona la escuela este niño?
5. ¿Qué le ocurre al niño mayor que no ha asistido antes a la escuela? ¿Qué sentimientos tiene él?
6. ¿Cuál es el ideal de algunos niños latinos? ¿Por qué se convierten en personas sin identidad?
7. ¿Está Ud. de acuerdo con lo que dice el autor en el último párrafo del artículo? Explique.

DISCUSIÓN

1. Algunos dicen que la mejor manera de adaptarse a un país nuevo es la asimilación total. Según ellos, el éxito de esta nación de inmigrantes se debe precisamente al sistema educativo que obliga a los recién llegados a entrar en un ambiente exclusivamente inglés, desde el primer momento. Así, los puertorriqueños y méxico-americanos tienen que pasar por el mismo proceso, y no deben recibir tratamiento especial. ¿Está Ud. de acuerdo con estos argumentos?
2. ¿Qué opina Ud. de la decisión de la Corte Suprema que se describe en la introducción al artículo?

Los niños aprenden lo que viven

(anónimo)

Si un niño vive criticado
    aprende a condenar
Si un niño vive con hostilidad
    aprende a pelear
Si un niño vive avergonzado
    aprende a sentirse culpable
Si un niño vive con tolerancia
    aprende a ser tolerante
Si un niño vive con estímulo
    aprende a confiar
Si un niño vive apreciado
    aprende a apreciar
Si un niño vive con equidad
    aprende a ser justo
Si un niño vive con seguridad
    aprende a tener fe
Si un niño vive con aprobación
    aprende a quererse
Si un niño vive con aceptación y amistad
    aprende a hallar amor en el mundo

VOCABULARIO

A FEW ITEMS THAT WILL HELP YOU USE THIS VOCABULARY:

1. Words beginning with **ch, ll,** and **ñ** are found under separate headings, following the letters **c, l,** and **n** respectively. Similarly, words containing **ch, ll,** and **ñ** are placed alphabetically after words containing **c, l,** and **n** respectively. For example, **achacar** comes after **acostumbrar, allá** after **almacén,** and **año** after **anual.**
2. If a verb has a stem (radical) change (such as **dormir—duerme, durmió**), this change is indicated in parentheses next to the infinitive: (**ue, u**).
3. Idioms are generally listed under the more important or unusual word. **De regreso,** for example, is under **regreso.** In doubtful cases we have cross-referenced the expression.

The following types of words have been omitted: (1) cognates we judge to be easily recognizable, including regular verbs that with removal of the infinitive or conjugated ending very closely approximate English verbs in form and meaning (such as **abandonar, ofender, decidir**), and most words ending in **–ario** (*–ary*), **–ivo** (*–ive*), **–ico** (*–ic*), **–ancia** (*–ance*), **–encia** (*–ence*), **–ente** (*–ent*), **–ción** (*–tion*), **–izar** (*–ize*); (2) low-frequency words that are explained in the marginal notes; (3) verb forms other than the infinitive (except for irregular past participles and a few uncommon present participles and preterite forms); (4) articles and personal, demonstrative, and possessive adjectives and pronouns (except in cases of special use or meaning); (5) adverbs that end in **–mente** when the corresponding adjective appears; (6) most ordinal and cardinal numbers; (7) common diminutives (**–ito, –ita**) and superlatives (**–ísimo, –ísima**). When we have not been certain that a word would be easily understood, we have included it. Finally, we have only given meanings that correspond to the text use.

ABBREVIATIONS

adj.	adjective	*inf.*	infinitive	*p.p.*	past participle
adv.	adverb	*lit.*	literature	*pres. p.*	present participle
colloq.	colloquial	*m.*	masculine (noun)	*prep.*	preposition
dial.	dialect	*Mex.*	Mexico	*pret.*	preterite
dim.	diminutive	*n.*	noun	*pron.*	pronoun
f.	feminine (noun)	*pl.*	plural		

A

a at; by; to; on; for; in; from; of; into

abajo down; below, underneath; **hacia —** downwards; **¡Abajo . . .!** Down with. . .!

abandono *m.* abandonment

abdicar to abdicate

abierto, –a *p.p.* of **abrir** & *adj.* open; frank; opened

abismo *m.* abyss; trough (of a wave)

abnegado, –a self-sacrificing

abnormalidad *f.* abnormality

abogado, –a *m.* & *f.* lawyer

abortar to abort

aborto *m.* abortion

abrasar to burn

abrazar(se) to embrace; to cling to

abreviado, –a abbreviated

abrigo *m.* coat

abrir to open

absoluto, –a absolute; **en —** at all

absorpción *f.* absorption

abstraer to abstract

abuelo, –a *m.* & *f.* grandfather; grandmother; **—s** grandparents

abundar to abound

aburrido, –a bored; boring

aburrir to bore; **—se** to be or become bored

abusar (de) to take advantage of; to misuse; to abuse

abuso *m.* abuse; misuse

acá here

acabar to finish, end; **— de +** *inf.* to have just. . .

acaso perhaps

acceso *m.* access

acelerar to accelerate

acento *m.* accent

acentuar to emphasize, accentuate

aceptación *f.* acceptance

aceptar to accept

acerca: — de about, with regard to

acercar(se) (a) to draw close; to approach; to come (go) up to

ácido, –a acid; sour

aclarar to clarify

acogedor, –a friendly: hospitable; cozy

acomodado, –a well-off

acomodar to accommodate; to arrange

acompañar to accompany

acomplejado, –a with complexes

aconsejar to advise

acordarse (ue) (de) to remember

acortar to shorten

acostar (ue) to put to bed; **—se** to go to bed; to lie down

acostumbrar(se) to be accustomed; to get used to

actitud *f.* attitude

actividad *f.* activity

actriz (*pl.* **actrices**) *f.* actress

actual present, present-day

actualidad *f.* present time

actuar to act

acudir to come (to aid); to go (in response to a call)

acuerdo *m.* agreement; **estar de —** to be in agreement; **de — con** in accordance with

acumular to accumulate

acusar to accuse; to prosecute

Adán Adam

adaptabilidad *f.* adaptability

adecuado, –a adequate

adelantar(se) to get ahead; to move toward

adelante ahead; **más —** later on

ademán *m.* gesture

además moreover, besides; **— de** besides, in addition to

adepto, –a *m.* & *f.* follower

adicto *m.* & *adj.* addict; addicted

adinerado, –a wealthy

adiós *m.* goodbye, farewell

adivinar to guess

adjetivo *m.* adjective

administrar to administer

admirador, –a admiring

adobe *m.* dried brick

adorar to worship

adormecer to lull to sleep

adornar to decorate; to adorn

adorno *m.* decoration

adquirir to acquire

aduana *f.* customs (border inspection)

advenimiento *m.* coming

advertir (ie, i) to warn; to notice

aeropuerto *m.* airport

afectar to affect, have an effect on

afecto *m.* affection

afición *f.* hobby; fondness

afirmar to assert, affirm

afortunado, –a fortunate

afuera outside

afueras *f. pl.* suburbs; outskirts

agarrar to grab

agencia *f.* agency

agobiante oppressive; heavy

agonía *f.* agony

agonizante *m.* & *f.* dying person

agradable pleasant

agradar to please

agradecer to thank for; to be grateful for

agravarse to get worse

agregar to add

agresividad *f.* aggressiveness

agresor, –a *m.* & *f.* aggressor, assailant

agua *f.* water

aguacate *m.* avocado

aguacero *m.* rainstorm

aguafuerte *m.* etching

aguantar to put up with, endure

aguardar to await; to wait

aguja *f.* needle; knitting needle

ahí there

ahitar to satiate (satisfy, fill)

ahora now, at present; **— bien** now then

aire *m.* air

airecillo *m.* little breeze

aislar to isolate; to separate

ajustar to adjust

al: — + *inf.* upon, on

alargarse to extend

alarmante alarming

albergar to shelter, lodge

alboroto *m.* uproar

alcantarilla *f.* sewer; gutter

alcanzar to attain, reach

alcoba *f.* bedroom

aldea *f.* village

alegar to allege; to argue

alegrar to gladden, please; **—se** to be glad, rejoice

alegre happy

alegría *f.* joy, gaiety, merriment

alejarse (de) to go away from, leave; to go far away

alemán, alemana m. & f. & adj. German
Alemania Germany
alérgico, –a allergic
aletargado, –a drowsy, lethargic
alfombra f. rug
algo pron. & adv. something; somewhat
algodón m. cotton
alguien someone, somebody
algún, alguno, –a some; any; **— s** some; various
aliado, –a m. & f. ally
alianza f. alliance
aliento m. breath
alimentación f. nourishment
alimentar to feed, nourish
alimento m. food, nourishment
aliviar to relieve, alleviate
alma f. soul; person
almacén m. storehouse; department store, store
almeja f. clam
almohada f. pillow
alquilar to rent
alquiler m. rent
alrededor (de) around
alrededores m. pl. surroundings
alto, –a tall; high; noble; **a —as horas** in the late hours
aludir to allude
alumbrar to light, give light
alumno, –a m. & f. student
alzar to raise; **—se** to get up
allá there; (applied to time) far-off times, in times of old; **más — de** beyond
allí there, in that place
amado, –a m. & f. & adj. loved one; beloved
amanecer m. dawn
amante m. & f. lover
amar to love
amargo, –a bitter
amarillo, –a yellow
ambicioso, –a ambitious
ambiente m. environment; atmosphere
ámbito m. area
ambos, –as both
amenaza f. threat
amenazante threatening
amenazar to threaten, endanger
amigo, –a m. & f. friend
aminoración f. lessening

amnistía f. amnesty
amo, –a m. & f. master; mistress
amontonadero m. accumulation
amor m. love; **—es** love affairs
amoroso, –a loving, amorous
ampare: Que Dios los — a los dos May God protect them both
ampliación f. enlargement; amplification
amplio, –a broad, extensive
amplitud f. breadth, extent
analfabeto, –a illiterate
análisis m. analysis
anarquista m. & f. anarchist
ancianidad f. old age
anciano, –a m. & f. & adj. old person; old
ancho, –a wide, broad
Andalucía Andalusia (province in southern Spain)
andaluz, –a (m. pl. **andaluces**) m. & f. & adj. Andalusian
andante: caballero — knight-errant
andanzas f. pl. wanderings
andar to walk; to go about; **andando los tiempos** with the passage of time; **¡Anda!** Go ahead!; **¿Cómo andas?** How are you? How are things going?
anduve pret. of **andar** I walked
anexar to annex, attach
anglo m. & adj. white American
anglosajón, anglosajona m. & f. & adj. Anglo-Saxon
ángulo m. angle
angustia f. anguish
angustiado, –a anguished; anxious
angustioso, –a anguishing, full of anguish
anhelar to desire anxiously, long or yearn for
anhelo m. longing, yearning
animado, –a animated
ánimo m. courage; energy
animoso, –a spirited
anónimo, –a anonymous
ansia f. anguish; yearning
ansiedad f. anxiety, uneasiness
ante before; in the presence of; **— todo** above all
antepasado m. ancestor
anterior previous; earlier

antes (de) before
anticastrista m. & f. person against Fidel Castro
anticipación: con — in advance
anticipar to anticipate; to advance
anticonceptivo m. contraceptive
antiguo, –a ancient, old; of long standing
antisísmico, –a earthquake-proof
antónimo m. antonym, opposite word
anunciar to announce
anuncio m. advertisement
añadir to add
año m. year
apagar to put out; to turn off (the light); **—se** to die out; to go out
aparato m. apparatus; pomp
aparecer to appear
apariencia f. appearance
apartar(se) to separate; to remove; to move away
aparte apart, aside; **— de** besides
apasionado, –a passionate
apatía f. apathy
apelar to appeal
apellido m. surname
apenas scarcely; hardly
aplicar to apply; to lay on
Apocalipsis Apocalypse
apodado, –a nicknamed
aportar to bring
apoyo m. support
apreciar to appreciate
aprender to learn
aprisionar to imprison
aprobación f. approval; approbation
aprobar (ue) to approve; to pass
apropiado, –a appropriate; correct
apropiarse to take possession; to confiscate
aprovechar(se) (de) to take advantage of
aproximadamente approximately
aproximarse to approach, move near
apto, –a apt, fit
apuración f. anguish
apurado, –a in a hurry

apuro *m.* need; difficulty
aquel, aquella that; **aquél,** *etc.* that one; **aquello** that (thing)
aquí here
árbol *m.* tree
arcaico, –a archaic
archivo *m.* archives
ardiente ardent; passionate
arena *f.* sand
árido, –a arid, dry; barren
arma *f.* armor; weapon
armado, –a armed
armadura *f.* armor
armar to put together
armario *m.* cabinet, closet
armonía *f.* harmony
arrastrar to drag along
arrebato *f.* range; rapture; fit
arredrar to frighten, scare
arreglar to fix
arrepentirse (ie, i) to repent, be sorry
arriba up, above; high
arriero *m.* mule driver
arrimado, –a pressed close to
arroyo *m.* small stream, arroyo
arroz *m.* rice
arruinar to ruin; to destroy
artesano, –a *m. & f.* artisan, craftsperson
artículo *m.* article
asalariado, –a salaried
asamblea *f.* assembly, group
ascender (ie) to ascend, climb; to promote
ascensor *m.* elevator
asegurar to assure
asentado, –a fixed; well-established
asesinar to murder, assassinate
asesinato *m.* murder
asesino, –a *m. & f.* murderer, assassin
asfalto *m.* asphalt
así thus; like that; in this way; so; **— que** and so
asiento *m.* seat
asignar to assign
asilo *m.* asylum
asimilación *f.* assimilation
asimilar(se) to assimilate
asimismo likewise, also
asir to seize, grasp
asistencia *f.* aid, assistance; **— pública** welfare
asistir (a) to attend (school)
asociar to associate
asomar to begin to appear or

show; **—se** to look out (window)
asombrar to startle, astonish
asombro *m.* astonishment, amazement
asombroso, –a startling, astonishing
aspecto *m.* aspect; look, appearance
astro *m.* star
astucia *f.* cunning, slyness
asturiano, –a *m. & f.* Asturian (person from Asturias, Spain)
asumir to assume
asunto *m.* topic; business matter; affair
asustador, –a frightening
asustar to frighten, scare; **—se** to become frightened
atacar to attack
atado, –a tied together
atañer to concern
ataque *m.* attack; **contra —** counterattack
atarantado, –a restless
atardecer *m.* late afternoon
atender (ie) to take care of; to attend, pay attention
atenerse (a) to abide by
atentar (contra) to endanger; to commit an outrage against
atento, –a attentive
aterrorizar to frighten, terrify
atmósfera *f.* atmosphere
atónito, –a astonished, amazed
atormentar to worry; to torment
atrajo *pret.* of **atraer** attracted
atrapar to trap
atrás back; behind
atreverse to dare
atribuir to attribute
atrocidad *f.* atrocity
atrofiar(se) to atrophy
aturdido, –a stunned, bewildered
aula *f.* classroom
aumentar to increase
aumento *m.* increase
aun even; **aún** still, yet
aunque although
ausencia *f.* absence
ausentarse (de) to leave; to absent oneself
ausente absent; *m. & f.* absent person
auténtico, –a authentic
autoafirmación *f.* self-affirmation
autoafirmarse to affirm oneself

autobús *m.* bus
autodestrucción *f.* self-destruction
automóvil *m.* car, automobile
automovilístico, –a pertaining to automobiles
autonomía *f.* self-government; autonomy
autónomo, –a autonomous
autor, –a *m. & f.* author
autoridad *f.* authority
autoritario, –a authoritarian
autorizar to authorize
auxiliado, –a helped, aided
auxiliar auxiliary, helping
auxilio *m.* aid, help
avaluar to appraise
avance *m.* advance
avanzar to advance, move forward
avaro, –a *m. & f. & adj.* stingy, miserly; miser
ave *f.* bird; **¡Ave María!** (from Latin for *Hail Mary*) Good heavens!
avecinarse to approach, to be coming
aventura *f.* adventure; affair
aventurar(se) to venture
avergonzarse (üe) to be ashamed
averiguar to find out; to investigate
aviación *f.* air force; aviation
avión *m.* airplane
avizorar to spy
ayuda *f.* help, aid
ayudante *m.* assistant
ayudar to help, aid
azúcar *m.* sugar
azul blue
azulado, –a bluish

B

bailar to dance
baile *m.* dance
baja *f.* decrease
bajar to bring down; to come down; to go down; **—se de** to get off, out of (a vehicle)
bajeza *f.* baseness; lowliness
bajo, –a low; short; *prep.* under, underneath
baloncesto *m.* basketball
banco *m.* bank
bandera *f.* flag
bando *m.* faction
banquero, –a *m. & f.* banker

bañar to bathe
baño: cuarto de — bathroom
barato, –a inexpensive, cheap
barba f. beard
barbaridad f. atrocity, barbarity; **¡Qué —!** How awful!, That's terrible!
barco m. boat, ship
barra f. bar (of gold, iron, etc.)
barranca f. ravine; cliff
barrer to sweep clean
barriga f. belly
barrio m. neighborhood; section; **— bajo** slum
barroco, –a baroque
basar to base; **—se** to be based
base f. basis, base, foundation; **a — de** on the basis of
bastante enough, sufficient; quite, rather
bastar to be enough
bastón m. cane, walking stick
basura f. garbage
basurero, –a m. & f. garbage collector
batalla f. battle
bautismo m. baptism
bebé m. baby
beber to drink
bebida f. drink, beverage
becerro m. calf
béisbol m. baseball
Belén Bethlehem
bellaco m. knave, scoundrel; wicked person
belleza f. beauty
bello, –a beautiful
bendito, –a blessed
beneficiar(se) to benefit, do good
beneficio m. benefit
beneficioso, –a beneficial
beso m. kiss
bestia f. beast
bestialidad f. brutality; bestiality
biblia f. bible
biblioteca f. library
bibliotecario, –a m. & f. librarian
bicicleta f. bicycle; **montar en —** to ride a bicycle
bien adv. well, perfectly; m. good; **—es** goods, possessions; resources; **—está** that's all right; **si —** although; **— buena** very good
bienestar m. well-being
bilingüe bilingual

biología f. biology
biológico, –a biological
biólogo, –a m. & f. biologist
biotecnología f. biotechnology
bisabuelo, –a m. & f. great grandfather, great grandmother
blanco, –a white; **espacio en —** blank space
blando, –a soft; bland
bloque m. block
blusa f. blouse
Bobo: Juan — a bumbling, incompetent good-for-nothing (folkloric character)
boca f. mouth
bodega f. cheap bar or wine store; grocery store; warehouse
bohío m. cabin, hut
boicoteo m. boycott
bola f. ball
bolsa f. bag; pocket
bolsillo m. pocket
bolso: — de mano m. handbag
bombardear to bomb
bombardeo m. bombing
bombero m. fireman
bondad f. goodness; kindness
bonito, –a pretty
borde m. border; edge; **al — de, de —** on the brink of
boricua m. & f. & adj. Puerto Rican
borrar to rub out, wipe out; to erase
bosque m. woods, forest
bote m. small boat
botella f. bottle
botón-selector m. channel-selector knob on TV set
bracero m. day laborer hired for temporary contract
bravo, –a harsh, ill-tempered; brave; angry
brazo m. arm
breve brief
Brigadas: — Internacionales brigades of volunteers from many nations, including 3500 Americans in the Lincoln Brigade, who fought in defense of the Republic during the Spanish Civil War
brillante brilliant
brillar to shine
brillo m. brightness
brincar to jump
brindar to offer

broma f. jest, joke
bronce m. bronze
brotar to spring forth
brutalidad f. brutality
bueno, –a adj. good; adv. well then, well now, all right
bufete m. office
bufo, –a comic
bulto m. bulk; body
bulla f. uproar
bullicio m. noise
Buñuel, Luis contemporary Spanish film director, noted for surrealist techniques, themes of the subconscious and the grotesque, and for biting, often humorous, attacks on the established order
burgués, burguesa m. & f. & adj. bourgeois, person of the middle class
burguesía f. bourgeoisie, middle class
burla f. mockery; jest; deception
burlarse to deceive; to fool around
burocracia f. bureaucracy
burro m. jackass, donkey
busca: en — de in search of, looking for
buscar to look for, seek
búsqueda f. search
butaca f. armchair

C

caballero m. gentleman; knight; **— andante** knight-errant
caballo m. horse
cabaña f. hut, cabin
cabello m. hair
caber to fit; **no cabe duda** there is no doubt
cabeza f. head; **tener — para** to have the brains for
cabizbajo, –a with bowed head; crestfallen, downcast
cabo: al — de after (a period of time)
cacahuate m. peanut
cacto m. cactus
cada each; **— vez más** more and more; **— cual** every one
cadena f. chain; **— perpetua** life sentence
cael dial. = **caer**

caer to fall; **dejar —** to drop
café m. coffee; coffee house, café
caída f. fall
caído p.p. of **caer** & adj. fallen
caja f. case, box
calabaza f. pumpkin; squash
calabozo m. jail, calaboose
calcetín m. sock
calcinado, –a burned, charred
calcular to calculate
cálculo m. calculation
calendario m. calendar
calentar (ie) to warm, heat
calidad f. quality
caliente hot
calificación f. qualification
calificado, –a qualified
calmado, –a calm
calmoso, –a calm; slow; phlegmatic
calor m. heat
caluroso, –a hot
callado, –a quiet
callar to silence, make quiet; **—se** to become quiet; ¡**Cállate!** Shut up!
calle f. street
cama f. bed
Camagüey a province in Cuba
camarero, –a m. & f. waiter; waitress
camarón m. shrimp
cambiante changing
cambiar to change
cambio m. change; **en —** on the other hand; **a — de** in exchange for
caminar to walk
caminata: hacer —s to take walks or excursions
camino m. road, way, path
camioneta f. station wagon; van
camisa f. shirt
camote m. sweet potato
campana f. bell
campaña f. campaign
campesino, –a m. & f. farmer; peasant
campo m. field; country, countryside; camp
canal m. channel (on T.V.)
canario m. canary
canas f. white or gray hairs
canasta f. basket (often a food basket)
canción f. song; **— de cuna** lullaby

cándido, –a naive; guileless
candil m. oil lamp
cano, –a gray, white
canoa f. canoe
cansarse to be or become tired
cantante m. & f. singer
cantar to sing
cantidad f. quantity, amount
canto m. song
caña: — brava tall bamboo plant
caos, m. chaos
caótico, –a chaotic
capa f. layer, stratum
capacidad f. capacity; capability, ability, talent
capacitación f. preparation, training
capaz (pl. **capaces**) capable, able
capital m. capital, funds
capitán m. captain
capítulo m. chapter
capricho m. caprice, whim
captar to captivate; to grasp
cara f. face
carabinero m. custom officer; frontier guard
carácter m. character; nature
característica f. characteristic
caracterizar to characterize
¡**caramba!** confound it!, darn it!
carbón m. coal; charcoal
cárcel f. jail
carecer (de) to lack
cargar to impose; to carry; **— con** to assume (responsibility); **—se de** to load or fill oneself up with
caridad f. charity
cariño m. affection
cariñoso, –a affectionate
carísimo, –a very dear; dearest
carne f. meat; flesh; **— de vaca, res** beef
carnet m. identity card
caro, –a expensive; dear; adv. at a high price
carpa f. tent
carpintería f. carpentry
carpintero, –a m. & f. carpenter
carrera f. career; profession; race
carretera f. road
carro m. car; cart
carta f. letter
casa f. house, home
casado, –a married

casarse (con) to get married (to)
casi almost
caso m. case
casta f. caste; distinct class
castellano m. Spanish
castigar to punish, castigate
castigo m. punishment
castillo m. castle
castrista m. & f. person in favor of Fidel Castro
casualidad f. coincidence; **por —** by chance, accident
catalán, catalana m. & f. & adj. Catalan (person from Cataluña); m. language spoken in Cataluña
Cataluña Catalonia (province in northern Spain)
categoría: de — high quality; prominent
caudillo m. chief, leader
causa f. cause; **a — de** because of
causar to cause
caza f. hunting
cebada f. barley
ceder to cede, transfer; to yield, surrender
celebrar to celebrate
célebre famous
celeste celestial
celos m. pl. jealousy; **tener —** to be jealous
celoso, –a jealous
cementerio m. cemetery
cenar to eat supper
cenote m. deep underground water deposit
censura f. censorship
censurar to censor
centavo m. cent
centro m. center; middle; downtown; **—s nocturnos** night clubs
cerca nearby; **— de** near
cercano, –a near
cerdo m. pig
cerebro m. brain
ceremonia f. ceremony
cerquita dim. of **cerca** really close
cerradura f. lock
cerrar (ie) to close
cerveza f. beer
cesar to cease
César Caesar (Roman emperor symbolic of power)
ciclo m. cycle
ciego, –a blind

cielo *m.* sky; heaven
ciencia *f.* science
científico, –a *m. & f. & adj.* scientist; scientific
ciento: por — percent
cierto, –a certain
cifra *f.* figure, number
cigarrillo *m.* cigarette
cine *m.* movie(s); movie house
circular to circulate
círculo *m.* circle
circundar to surround
circunstancia *f.* circumstance
cita *f.* appointment, engagement
ciudad *f.* city
ciudadano, –a *m. & f.* citizen
civil *m.* civilian; *adj.* civil
clamar to shout, clamor
clandestino, –a underhanded; clandestine
claridad *f.* clarity
claro, –a *adj.* clear, light; *adv.* clearly; **— que** naturally; **— está** of course; **¡ — que sí!** sure!, of course!
clase *f.* class, kind, type; classroom; **— baja** lower class; **— media** middle class
clásico, –a classic(al)
clérigo *m.* clergyman
clero *m.* clergy
cliente *m. & f.* customer
clima *m.* climate
clonaje *m.* cloning
cobertor *m.* quilt, bedspread
cobrar to collect; to charge
cocina *f.* kitchen
coctel *m.* cocktail party
coche *m.* car
codicia *f.* greed, covetousness
código *m.* code
codo *m.* elbow; bend (in hallway)
coger to catch; to take
cognado *m.* cognate
colapso *m.* collapse, breakdown
colchón *m.* mattress
coleccionar to collect
colega *m. & f.* fellow worker, colleague
colegio *m.* school, academy
colgar (ue) to hang
colina *f.* hill
colocación *f.* placement, arrangement
Colón (Christopher) Columbus

colonizador, –a *m. & f.* colonizer
colorado, –a red, reddish; colored
colosal colossal
columna *f.* column; **— vertebral** spine, backbone
comadre *f.* friend
combatir to fight, combat
comedor *m.* dining room
comenzar (ie) to begin
comer to eat
comercio *m.* commerce, trade
comestibles *m. pl.* food
cometer to commit
cómico, –a humorous, funny
comida *f.* food; meal
comienzo *m.* beginning
comisario *m.* commissary; chief
comité *m.* committee
como as; like; inasmuch as; as long as; **¿cómo?** how?; **¡cómo no!** of course!
comodidad *f.* convenience; comfort
cómodo, –a comfortable
compadecer (de) to have pity on
compadre *m.* friend
compañero, –a *m. & f.* companion, comrade
compañía *f.* company; firm
comparación *f.* comparison
compartir to share
compás: llevar el — to keep time, rhythm
compatriota *m. & f.* fellow countryman
compelido, –a compelled
competencia *f.* competition
competir (i) to compete
complacer to please
complejidad *f.* complexity
complejo –a complex
completo: por — completely; **tiempo —** full-time
complicar to complicate
componer to compose, make up
comportamiento *m.* behavior, conduct
comportar to bear
compra *f.* purchase
comprar to buy
comprender to understand
comprensión *f.* understanding
comprensivo, –a understanding
comprimido, –a crushed

comprobar (ue) to verify
comprometerse to commit oneself, to become engaged
compromiso *m.* obligation
compuesto *p.p. of* **componer** composed
computadora *f.* computer
común common
comuna *f.* commune
comunal common (belonging to the community)
comunicar to communicate
comunidad *f.* community
con with; **— todo** however, nevertheless
concebir (i) to imagine; to conceive
conceder to concede; to admit
concentrar to concentrate
conciencia *f.* conscience; consciousness, awareness
concierto *m.* concert
concluir to conclude; to finish
concha *f.* shell; shellfish
condena *f.* sentence, punishment
condenación *f.* condemnation
condenao *dial.* = **condenado** bum, fool
condenar to condemn
condición *f.* condition; status; **a — de** on the condition that, provided that; **estar en —es de** to be in a position to
condicionamiento *m.* conditioning
condominio *m.* condominium
conducir to lead, conduct; to behave; to drive
conducta *f.* behavior, conduct
conductor –a *m. & f.* driver
conejo *m.* rabbit
confianza *f.* confidence, trust; **tener — en** to trust
confiar to confide; to entrust, trust
confín *m.* boundary, limit
confitería *f.* coffee house; sweet shoppe
conformarse to conform
confrontar to face; to confront
confundir to confuse; to bewilder
confuso, –a indistinct; confused
congelado, –a frozen
congénere *m. & f.* kindred person
Congreso *m.* Congress

conjeturar to surmise, conjecture

conjunción f. union; conjunction

conmoción f. commotion

conmovedor, –a moving; stirring

conmovido, –a moved, stirred

conocer to know, be familiar with; to meet

conocimiento m. knowledge

conquista f. conquest

conquistador, –a m. & f. conqueror

conquistar to conquer

consagrar to consecrate; to sanction; to establish

consciente conscious, aware

conscripción f. conscription, military draft

consecuencia f. consequence; result; **como —** as a result

consecuentemente consequently; logically

conseguir (i) to obtain, get; to manage to; to get (somebody) to

consejo m. council; **— de guerra** court martial

conservador, –a conservative

conservar to keep, preserve

consigo with himself (herself, themselves, etc.)

consolar (ue) to console, comfort

conspiración f. conspiracy

constancia f. evidence, proof

constante f. & adj. unchanging quality; constant

constatar to show

consternación f. dismay; panic; consternation

constituir(se) to form, constitute

construir to build, construct

consuelo m. comfort, consolation

consumar to consummate, complete

consumidor, –a m. & f. consumer

consumir to consume; to use up

consumo m. consumption

contagiarse de to become or be infected with

contagio m. contagion

contaminador, –a contaminating

contaminar to contaminate, pollute

contar (ue) to count; to recount, tell; **— con** to count on; to have

contemplar to watch, gaze at, contemplate

contemporáneo, –a contemporary

contener to contain; to hold in, restrain

contentamiento m. contentment

contestar to answer

continuación: a — as follows; below

continuar to continue, go on

continuidad f. continuity

continuo, –a continuous; constant

contorno m. contour

contra against; **estar en — de** to be against; **— ataque** counterattack

contrabandista m. & f. smuggler, contrabandist

contradecir to contradict

contraer to contract, get (a disease)

contrapartida f. counterpart

contraposición: estar en — to be at odds, in opposition

contrariado, –a thwarted

contrario m. opposite, contrary; **al —, por el —** on the contrary

contratar to hire

contrato m. contract

contribuir to contribute

contuvo pret. of **contener** contained

convencer to convince

convenir to be necessary; to be agreeable; to suit

convertir (ie, i) to convert, change; **—se en** to change into, to become

convivencia f. living together

conyugal conjugal

copa f. goblet, cup, glass

copiar to copy; to imitate

coraje: le dio — it made him angry

coraza f. armor plate

corazón m. heart

corbata f. tie

cordillera f. high mountain range

cordón m. string, cord

coro m. chorus

corolario m. corollary

corona f. crown

correcto, –a proper, correct

corredor m. corridor

corregir (i) to correct; to discipline (children)

correo m. mail; postal service

correr to run; to hasten; to throw out

corresponder to pertain, belong; to correspond

corrida: — de toros f. bull fight

corriente f. current; adj. regular, usual; current

corromper to corrupt

cortar to cut

corte f. court

cortés courteous

cortesía f. courtesy

cortina f. curtain

cosa f. thing, matter; **no ser gran —** not to be much; not to amount to much

cosecha f. harvest, crop

costa f. coast; **a toda —** at all costs

costar (ue) to cost

costo m. cost

costoso, –a costly; expensive

costumbre f. custom; **como de —, según —** as usual, as is customary

cotidianamente daily

creador, –a m. & f. creator; adj. creative

crear to create

crecer to grow (up)

creciente growing, increasing; f. river flood

crecimiento m. growth

credo m. creed

creencia f. belief

creer to believe

creyente m. & f. believer

cría f. breeding

criado, –a m. & f. servant, maid

crianza f. raising, upbringing

criar to raise

crimen m. crime

cristal m. crystal; glass

cristiano, –a Christian

Cristo Christ

criterio m. standard, criterion

crítica f. criticism

criticar to criticize

crítico, –a m. & f. adj. critic; critical

crueldad *f.* cruelty
crujido *m.* creaking; crunching
cruzar to cross
cuadro *m.* painting, picture
cual who, which; **¿cuál?** which? what?
cualidad *f.* quality; characteristic
cualificado, –a qualified
cualquier, –a any; anyone, anybody; **de — modo** in any case
cuando when; **de vez en —** from time to time; **¿cuándo?** when?
cuanto, –a as much as, as many as; all that; **— más . . . más** the more . . . the more; **en —** as soon as; **en — a** as for, with regard to; **¿cuánto, –a?** how much?; **¿cuántos, –as?** how many?; **¡cuánto!** how much!, how!
cuarto *m.* room; quarter (of an hour)
cubano, –a *m. & f. & adj.* Cuban
cubierto, –a *p.p.* of **cubrir** & *adj.* covered
cubrir to cover
cuello *m.* neck
cuenta *f.* count; calculation; bill; **darse — (de)** to realize; **dar —** to answer for
cuentista *m. & f.* short story writer
cuento *m.* short story
cuerdo, –a sane
cuero *m.* hide, skin, leather; **en —s** stark naked
cuerpo *m.* body
cuestión *f.* issue; question
cuestionar to question
cueva *f.* cave
cuidado *m.* care, attention; **tener —** to be careful
cuidar (de) to take care of
culpa *f.* guilt; blame; **tener la —** to be to blame, to be guilty
culpable guilty; blameworthy
cultivar to cultivate
cultivo *m.* cultivation; crop
culto, –a educated, cultured
cultura *f.* culture
cumpleaños *m.* birthday
cumplir (con) to perform one's duty; to fulfill; to comply; to carry out; **— años** to be (so

many) years old
cura *m.* priest
curación *f.* cure
curar to cure
curiosear to observe with curiosity
curiosidad *f.* curiosity
curioso, –a curious; strange, unusual
cursi cheap, vulgar, flashy
curso *m.* course
custodia *f.* custody; escort
cuyo, –a whose

CH

chaqueta *f.* jacket, coat
charco: brincar el — to cross the pond or the ocean
charlar to chat
chavo *m.* cent; **—s** money
chicano, –a *m. & f. & adj.* Mexican-American
chico, –a *m. & f.* child; friend, old buddy; *adj.* small
chile *m.* chili, red pepper
chileno, –a Chilean
chino, –a Chinese
chiquillo, –a *m. & f.* little boy; little girl
chiquito, –a *m. & f.* little boy; little girl
chiste *m.* joke
choque *m.* collision; clash
chorro *m.* jet; spout; gush
choza *f.* hut, cabin

D

dado: — que given that
dama *f.* lady; noble or distinguished woman
dañar to harm, damage
daño *m.* harm, damage
dar to give; **— un paseo** to take a walk; **— una vuelta** to take a walk; **— vueltas** to walk in circles; **— muerte a** to kill; **— por bueno y completo** to consider good and complete; **— a entender** to hint, imply; **— a luz** to give birth; **— con uno en tierra** to throw one to the ground; **— le a uno por** to take to; **— le a uno coraje** to make one angry; **— se cuenta** to realize
datar to date; take origin; **— de** to date from

dato *m.* datum, fact; **—s** data
d.C. A.D. (after Christ)
de of; from; about; concerning; **— . . .en** from . . . to
debajo under, beneath; **— de, por — de** underneath
debatir to debate
deber to owe; to have to (must, should, ought); **se debe a** is due to; *m.* duty; homework
debidamente properly; appropriately
debido: — a due to
débil *adj. & n.* weak; weak person
debilidad *f.* weakness
debilitación *f.* weakening
década *f.* decade
decaído *p.p.* of **decaer** & *adj.* decayed; declining
decente respectable; decent
decepcionado, –a disillusioned
decime *dial.* dime
decir to say, tell; **es —** that is to say
decisivo, –a decisive, conclusive
decretar to decree
dedicar to dedicate; **—se (a)** to devote oneself (to)
defender (ie) to defend
defensor, –a *m. & f.* defender
deficiencia *f.* deficiency
definir to define
definitivo, –a definitive, conclusive, final
defraudar to defraud
dejar to leave; to allow, let; to quit; **— caer** to drop; **— de** to stop, cease; **— en paz** to let alone; **— se matar** to let oneself die or be killed
delante before, in front; **— de** ahead of, in front of
deliberado, –a deliberate, intentional
delicadeza *f.* tenderness; delicateness; **con —** delicately
delicado, –a delicate
delicioso, –a delightful, delicious
delirio *m.* delirium, temporary madness
demás: los, las — the others; *adj.* other; **por lo —** as to the rest, moreover
demasiado too; too much
demostración *f.* proof,

demonstration

demostrar (ue) to show, demonstrate

dentro within, inside; **— de** within, inside of, in; **por —** on the inside

denunciar to denounce

depender (de) to depend (on)

dependiente, –a m. & f. waiter; waitress; clerk

deporte m. sport

derecha f. right (side or direction); right wing (in politics)

derechista m. & f. rightwinger

derecho right; **tener — a** to have the right to; **en —** by law

derivar to derive

derribar to overthrow; to tear down, demolish

derrocamiento m. overthrow

derrota f. defeat

desacostumbrado, –a unusual

desagradable disagreeable, unpleasant

desaparecer to disappear

desarrollar to develop

desarrollo m. development; **en —** developing

desastre m. disaster

desastroso, –a disastrous

desayunar to have breakfast

desayuno m. breakfast

desazón f. annoyance; discomfort

descalzo, –a barefoot

descansar to rest

descanso m. rest

descender (ie) to descend, go down; to get off (a bus)

descenso m. descent

descifrar to decipher

descolorar to discolor

descollar (ue) to stand out; to be prominent

descomponer to ruin; to put out of order

desconcertante disconcerting, disturbing

desconectar to disconnect

desconforme n. & adj. nonconformist; not in agreement

desconocido, –a unknown

descontento, –a unhappy

descontrolado, –a uncontrolled

descortesía f. discourtesy; uncouthness

describir to describe

descrito p.p. of **describir**

described

descubierto, –a p.p. of **descubrir** & adj. uncovered; bareheaded; discovered

descubrimiento m. discovery

descubrir to discover

descuidar: descuida don't worry

desde from; since

desdén m. disdain

desdicha f. misfortune

desdichado, –a m. & f. wretch, unfortunate person

deseable desirable

desear to desire, wish, want

desechar to reject; to discard

desembarcar to disembark

desembocar to lead or flow into

desempleo m. unemployment

desengaño m. disillusionment

desenvuelto p.p. of **desenvolver** developed; evolved

deseo m. desire, wish

deseoso, –a eager, desirous

desesperado, –a desperate

desgracia f. misfortune

desgraciado, –a unfortunate, hapless

deshacerse (de) to get rid of

deshonrar to dishonor, disgrace

deshumanizar to dehumanize

desierto m. desert

designar to designate, appoint

desigualdad f. inequality

desilusión f. disillusionment; disappointment

desilusionarse to become disillusioned

deslumbrado, –a dazed

desnudo, –a naked, unclothed

desocupar to empty, vacate

desoír to turn a deaf ear to; to refuse

desolado, –a desolate

desorbitado, –a with bulging eyes; out of proportion

desorden m. disorder

desorientar to disorient, confuse; **—se** to get or become lost

despedida f. farewell

despedirse (de) (i) to say or bid goodbye (to)

desperdicios m. pl. garbage, waste

despertador m. alarm clock

despertar(se) (ie) to awaken, wake up

despierto, –a awake

despojarse to undress; to take off (clothing)

despreciar to look down upon, despise, scorn

desprecio m. scorn, contempt

desproporcionado, –a disproportionate

después afterwards; later; then; **— de** after

destacar to make stand out; **—se** to stand out

desterrado, –a banished, exiled

destinado, –a destined, fated

destino m. destiny

destreza f. skill, ability

destruir to destroy

desuso m. disuse; obsolescence

desvalido, –a helpless; destitute

desvarío m. whim; nonsense

desvelarse to remain awake

desventaja f. disadvantage

detalle m. detail

detener(se) to stop

deteriorado, –a deteriorated

deteriorarse to deteriorate; to become damaged

deterioro m. deterioration

determinado, –a certain, particular

determinante decisive

determinar to determine

detonación f. explosion

detrás (de) behind; **por —** from behind

detuvo pret. of **detener** stopped

devorar to devour

devuelto p.p. of **devolver** & adj. returned

día m. day; **de —** by day; **hoy —** nowadays; **al — siguiente** (on) the following day

diablo m. devil

diabólico, –a diabolical, devilish

diagnosticar to diagnose

dialogar to take part in a dialogue

diamante m. diamond

diariamente daily

diario, –a daily; m. (daily) newspaper

dibujar to draw; to sketch

diccionario m. dictionary

dictado, –a dictated, given, e.g. **dictado en inglés** given in English

dictador, –a *m. & f.* dictator
dictadura *f.* dictatorship
dicha *f.* happiness; good luck, fortune
dicho *p.p. of* **decir** said; aforementioned; **mejor —** rather
dieh *dial.* = **diez**
diente *m.* tooth
diestro, –a skillful
diferencia *f.* difference; **a — de** in contrast to; unlike
diferenciar to differ; to differentiate; **—se** to distinguish oneself; to differ
difícil difficult; hard; improbable
dificultad *f.* difficulty
dificultar to make difficult
difunto, –a *m. & f.* deceased, dead
difuso, –a diffuse; diffused
dignidad *f.* dignity
digno, –a worthy; dignified
dihparo *dial.* = **disparo** I shoot
dinero *m.* money
Dioh *dial.* = **Dios**
dios *m.* god; **Dios** God; **¡Vaya por —!** God's will be done!
diputado, –a *m. & f.* representative; deputy
dirigir to lead, direct; **—se a** to address (a person); to go to or toward
discernido *p.p. of* **discernir** discerned; appointed
disco *m.* record; disk
discrepante dissenting; discrepant
discreto, –a discreet; clever
discriminar to discriminate (against)
disculpable excusable
disculparse to excuse oneself; to apologize
discurso *m.* speech
discutir to discuss, argue
disgregarse to scatter, be disintegrated
disminuir to diminish, decrease
disolver (ue) to dissolve
disperso, –a dispersed, scattered
disponer to order; to dispose; **— de** to have the use of; to have at one's disposal
disposición: a — de at the service or disposal of
dispuesto, –a *p.p. of* **disponer**

& *adj.* disposed; ready; fit; smart; clever
disputa *f.* dispute, fight
disputar to fight, dispute
distinguir to distinguish
distinto, –a distinct, different
distorsionar to distort
distraer to distract; **—se** to amuse oneself
distraído, –a distracted; absent-minded
distribuir to distribute
distrito *m.* district
divergencia *f.* divergency; divergence
divertirse (ie, i) to have a good time, amuse oneself
dividido, –a separated; spread out
divisar to perceive at a distance
divorcio *m.* divorce
divulgar to divulge, reveal
doble: — jornada double work day
docena *f.* dozen
dócilmente docilely
doctorado *m.* doctorate
dólar *m.* dollar
doler (ue) to hurt, ache
dolor *m.* pain; grief
dolorido, –a grieving
doloroso, –a painful
domado, –a tamed; conquered
dominante dominant; prevailing
dominar to dominate; to master
domingo *m.* Sunday
dominio *m.* mastery; dominion; domain
don Don (title of respect used before male names)
doncella *f.* virgin, maiden
donde where; **¿dónde?, ¿a —?** where?
dondequiera anywhere, wherever
doña Doña (title of respect used before female names)
dormido, –a sleeping, asleep
dormir (ue, u) to sleep; **—se** to fall asleep
dormitorio *m.* bedroom
dotado, –a endowed
dote *f.* dowry; natural gift, talent
dramaturgo, –a *m. & f.* playwright
droga *f.* drug

dualidad *f.* duality
ducado *m.* ducat (gold coin)
duda *f.* doubt; **no cabe —** there is no doubt
dueño, –a *m. & f.* owner; master
dulce sweet
duplicar(se) to double, duplicate
durante during; for
durar to last
duro, –a hard; severe

E

e (= **y** before words beginning with **i** or **hi**) and
eco *m.* echo
ecología *f.* ecology
ecológico, –a ecological
ecólogo, –a *m. & f.* ecologist
economía *f.* economy
echado, –a lying down
echar to throw, toss; to throw out; **—se a reír** to burst out laughing; **—se a perder** to be or become ruined
ecuestre equestrian
edad *f.* age; **de — mediana** middle aged
edénico, –a paradisiacal
edificio *m.* building
educador, –a *m. & f.* educator
educar to educate
educativo, –a educational
EE.UU. abbreviation for **Estados Unidos** (United States)
efecto *m.* effect; **en —** in fact
efectuar to effect, bring about
eficaz (*pl.* **eficaces**) efficient
efusión *f.* effusion, unrestrained expression of feeling
efusivo, –a effusive
egoísta selfish
eh *dial.* = **es**
ehcupidera *dial.* = **escupidera** chamberpot
ejecución *f.* carrying out; execution
ejecutar to execute
ejemplo *m.* example; **por —** for example
ejercer to exert; to perform
ejercicio *m.* exercise
ejército *m.* army
electricidad *f.* electricity
elegir (i) to choose, elect
elemental elementary

elevar to elevate, raise

eliminar to eliminate

ello *pron.* it

embalgo *dial.* = **embargo**

embarazada pregnant

embarazo *m.* pregnancy

embarcado, –a engaged (in)

embargo: sin — nevertheless, however

emborracharse to get drunk

embrutecer to render brutish; to dull the mind

emigrar to emigrate

emisión *f.* broadcast

emitir to emit

emocionado, –a moved, touched, affected

emocionante exciting

emotivo, –a emotional

empaquetar to package; to put in a package

empeoramiento *m.* worsening

empero however, nevertheless

empezar (ie) to begin

empleado, –a *m. & f.* employee

emplear to use; to employ, hire

empleo *m.* employment, job; use

emprender to undertake; to begin

empresa *f.* enterprise; company, business

empujar to push, shove

en in; on; at; during; to; **de . . . — from . . . to**

enajenar to alienate

enamorado, –a in love, enamored

enamorarse (de) to fall in love (with)

encaminarse to start out on a road

encantado, –a delighted; satisfied

encanto *m.* enchantment; **Isla del —** Isle of Enchantment (often used to refer to Puerto Rico)

encaramarse to climb

encargado, –a *m. & f.* person in charge or entrusted

encender (ie) to light

encerrar (ie) to enclose; to encircle; to shut in, confine; **—se** to lock oneself up, go into seclusion

encima (de) on; upon; on top of

encontrar (ue) to find; to encounter; **—se** to be; to be

found; **—se con** to come across, meet up with

encrucijada *f.* crossroads, intersection

encuentro *m.* encounter; **ir al — de** to go to meet

encuerado, –a naked

enemigo, –a *m. & f.* enemy

energía *f.* energy

enérgico, –a energetic

enfadar to displease, anger; **—se** to become angry

énfasis *m.* emphasis; **hacer — en** to emphasize

enfático, –a emphatic

enfermarse to become sick

enfermedad *f.* sickness, disease

enfermero, –a *m. & f.* nurse

enfermizo, –a sickly

enfermo, –a sick; *m. & f.* sick person

enfocar to focus

enfrentarse (con) to face, confront

enfrente (de) opposite, in front

enganchista *m.* labor contractor (who hires with false promises)

engaño *m.* deceit, fraud

enmienda *f.* amendment

enojar to make angry

enojo *m.* anger

enorme enormous

enrigidecer to make rigid

enrollado, –a wrapped around, coiled around

ensalada *f.* salad

ensangrentarse (ie) to become covered with blood

ensayista *m. & f.* essayist

ensayo *m.* essay

enseñanza *f.* teaching; education; training

enseñar to teach; to show

ensordecer to deafen

ensuciarse to get dirty

entender (ie) to understand

entero, –a entire, whole, complete

entidad *f.* entity

entonces then

entornado, –a half-closed (eyes)

entrada *f.* entry

entrante: el año — (the) next year

entrañar to contain; to carry within

entrar to enter

entre between, among

entrega *f.* surrender

entregar to hand over; **—se** to devote oneself wholly

entrenamiento *m.* training

entrenar to train

entretanto meanwhile

entretener to amuse; to entertain

entrevista *f.* interview

entristecerse to become sad

entusiasmado, –a enthused

entusiasmo *m.* enthusiasm

entusiasta enthusiastic

envenenamiento *m.* poisoning

envenenar to poison

enviar to send

envidia *f.* envy

envuelto, –a wrapped up; enveloped

época *f.* epoch; age; time

equidad *f.* fairness, equity

equilibrio *m.* equilibrium, balance

equipado, –a equipped

equipo *m.* team

equivocarse to be mistaken; to make a mistake

ereh *dial.* = **eres**

erradicar to eradicate

erróneo, –a incorrect, erroneous

erudito, –a erudite, learned

esbozo *m.* outline

escala *f.* scale; **a — menor** on a smaller scale

escalera *f.* staircase

escandalizar to shock, scandalize

escándalo *m.* tumult, noise

escandaloso, –a scandalous

escaparate *m.* display window

escapar(se) to escape; to flee; to slip away

escape: —s de gases gas emissions

escaramuza *f.* skirmish; dispute

escasear to be scarce

escasez (*pl.* **escaseces**) *f.* shortage

escaso, –a scarce; scant; in small quantity

escena *f.* scene

escenario *m.* scenery; backdrop

esclavitud *f.* slavery

esclavo, –a *m. & f.* slave

escoger to choose, select

escolar academic, scholastic

escolástico, –a scholastic

esconder(se) to hide
escribano *m.* court clerk
escribir to write
escrito, –a *p.p.* of **escribir** & *adj.* written
escritor, –a *m. & f.* writer
escritura *f.* writing
escrúpulo *m.* scruple
escuchar to listen (to)
escudero *m.* squire
escuela *f.* school
esencia *f.* essence
esencial essential
esfera *f.* sphere
esfuerzo *m.* effort
esmero *m.* great care
eso that; that thing; that fact; **por —** therefore, for that reason
esoh *dial.* = **esos**
espacial: nave — spaceship; **taxi —** space shuttle
espacio *m.* space
espacioso, –a spacious
espada *f.* sword
espalda *f.* back; **a mis —s** behind my back
espanto *m.* fright, horror
espantoso, –a frightful, terrifying
España Spain
español, –a *m. & f. & adj.* Spaniard; Spanish
especializado, –a specialized
especie *f.* kind, type; species; idea
espectáculo *m.* spectacle; show
espectador, –a *m. & f.* spectator
espera *f.* wait, waiting; **en — de** in the expectation of
esperanza *f.* hope
esperar to hope for; to wait for; to expect
espesura *f.* thicket, dense wood
espiar to spy, watch
espíritu *m.* spirit
esplendor *m.* splendor; radiance
espontáneo, –a spontaneous
esposo, –a *m. & f.* husband; wife; spouse
esquemático, –a schematic, summarized
esquina *f.* corner
estabilidad *f.* stability
establecer to establish
estación *f.* season; station

estadio *m.* stadium
estadística *f.* statistic
estado *m.* state; condition; **Estados Unidos** United States
estallar to explode, burst
estampa *f.* picture; image; print
estar to be, to be present; **— de acuerdo (con)** to agree (with)
estatal (pertaining to the) state
estático, –a static, stationary
estatua *f.* statue
estatuto *m.* statute; by-law
este *m.* east
estereotipado, –a stereotyped
estereotipo *m.* stereotype
estéril sterile
esterilización *f.* sterilization
estigma *m.* stigma, mark of disgrace
estilo *m.* style
estimación *f.* esteem
estimar to esteem, respect; to estimate
estimulante stimulating
estimular to stimulate
estímulo *m.* stimulus; stimulation
estirpe *f.* race; breed; stock
esto this; this thing; this matter
estoicismo *m.* stoicism
estómago *m.* stomach
estornudar to sneeze
estrago *m.* havoc, ruin
estrangular to strangle
estrecho, –a narrow; close
estrella *f.* star
estrictamente strictly
estridencia *f.* stridence, flashiness
estrofa *f.* stanza
estructura *f.* structure
estruendo *m.* great noise
estudiante *m. & f.* student
estudiar to study
estudio *m.* study
estupidez *f.* stupidity
etapa *f.* stage; period
eterno, –a eternal
ético, –a ethical; *f.* ethics
etiqueta *f.* formality; etiquette
étnico, –a ethnic
europeo, –a *m. & f. & adj.* European
eutanasia *f.* euthanasia, mercy killing
Eva Eve
evadir to evade
evaluar to evaluate

evitar to avoid
evocar to evoke
exabrupto *m.* impolite outburst
exactitud *f.* exactness
exacto, –a exact; *adj.* exactly
exagerar to exaggerate
examinar to examine; to inspect
excedencia *f.* leave of absence
excentricidad *f.* eccentricity
exceso *m.* excess
excitación *f.* stimulus; excitation
exclamar to exclaim
excluir to exclude
excoronel *m.* ex-colonel
exhausto, –a exhausted
exhibir to show, display, exhibit
exigencia *f.* demand; requirement
exigir (*dial.* **exijir**) to demand, require
exiliado, –a *m. & f. & adj.* exile; exiled
exilio *m.* exile
éxito success; **tener —** to be a success, be successful
éxodo *m.* exodus, mass migration
experimentar to experience, feel, undergo
explicar to explain
explotación *f.* exploitation
explotar to exploit; to explode
exponer to expound; to expose
expositor, –a *m. & f.* commentator
extender(se) (ie) to extend; to spread out; **— la mirada** to cast a glance
extenso, –a extensive, vast, spacious
externo, –a external
extinguir to extinguish; **—se** to go out, die
extranjerizar to introduce foreign ways in
extranjero, –a foreign
extrañar to miss; to seem strange
extraño, –a strange, foreign; *m. & f.* stranger

F

fábrica *f.* factory
fabricación *f.* manufacture

fabricar to manufacture
fácil easy
facilidad f. ease, facility; **con — easily**
facilitar to facilitate, make easy
Falange (la) the Fascist Party in Spain
falsedad f. falsehood, lie
falsificar to falsify
falta f. lack; absence; **hacer —** to be necessary; **sin —** without fail; **por — de** for want of
faltar to be lacking; **—le a uno algo** to be lacking something; **— al trabajo** to be absent from work; **no faltaba más** that was the last straw
falto lacking, deficient
fama f. fame, reputation
famélico, –a hungry, famished
familiar (pertaining to the) family; familiar
famoso, –a famous, well-known
fantasía f. fantasy
fantasma m. apparition; phantom
fascinar to fascinate, charm
fase f. phase
fastidiosamente in an annoying or a bothersome way
fatalidad f. fatality
favor: estar a — de to be in favor of; **por —** please
favorecer to favor
fe f. faith
febril feverish
fecundación f. fertilization, fecundation
fecha f. date
felicidad f. happiness
feliz (pl. **felices**) happy
feminidad f. femininity
fenómeno m. phenomenon
feo, –a ugly
feroz (pl. **feroces**) fierce
ferrocarril m. railroad
fervor m. fervor, zeal
fervorosa(mente) fervent(ly), ardent(ly)
feto m. fetus
fiar (en) to trust (in)
ficción: — científica science fiction
ficticio, –a fictitious
fidelidad f. faithfulness, fidelity
fiel faithful
fiesta f. party

figurarse to imagine
fijalse dial. = **fijarse**
fijar to fix; **—se en** to notice
fijeza f. firmness; **mirar con —** to stare
fijo, –a fixed, firm, secure
filatélico, –a philatelic, having to do with stamp collections
Filipinas the Philippines
filólogo, –a m. & f. philologist; expert in the study of words and their origin; linguist
filosofía f. philosophy
filosófico, –a philosophical
filósofo, –a m. & f. philosopher
fin m. end; purpose; **a — de** in order to; **al —** at last, at the end; **al — de cuentas** after all; **— de semana** weekend; **a —es de, de —es de** toward the end of; **en —** in short
final m. end; **al —** at the end
finalidad f. purpose; goal
finalizar to end
financiero, –a financial
finanza f. finance
finca f. farm
fino, –a delicate
firmamento m. sky, firmament
firmar to sign
firme firm, solid; stable
físico, –a physical
fisura f. fissure
flaqueza f. weakness; frailty
flor f. flower
florecer to flourish; to bloom
florecimiento m. flourishing, flowering
flotante floating
fondo m. bottom, depth; back; **—s** funds
forjar to form
forma f. form, shape; **de esta — in** this way
formalidad f. formality
formar to form; to constitute, make up
fortuito, –a accidental
forzar (ue) to force
forzoso, –a obligatory, compulsory; **trabajos —s** forced labor
fotografía f. photograph
fracasar to fail
fracaso m. failure
fragante fragrant
fragilidad f. fragility

fragua f. forge
francés, francesa m. & f. & adj. French person; French
Francia France
franquista m. & f. supporter of Spanish dictator Francisco Franco; adj. pertaining to Franco
frase f. phrase; sentence
frecuencia f. frequency
frecuente frequent
frenar to put on the brakes; to slow down
frenesí m. frenzy, madness
frente m. front; **al — de** in front of; **— a** facing, in front of; f. forehead
fresco, –a fresh
frescura f. freshness, coolness; ease
frialdad f. coldness
frío, –a cold
frívolo, –a frivolous
frontera border; boundary
fronterizo, –a border
frustrar to frustrate; **—se** to be or become frustrated
fruta f. fruit
frutero, –a fruit, of fruit
fruto m. result; fruit (any organic product of the earth)
fuego m. fire
fuente f. fountain; source
fuera outside; away; **—de** outside of, beyond
fuerte strong; harsh
fuerza f. force, strength; **a — de** by dint of; **deshaciendo —s** correcting injustices; **de por — by** force; **por su propia —** without help, by itself
fumador, –a m. & f. smoker; **no- —** nonsmoker
fumar to smoke; **el —** smoking
funcionar to function; to work, run (said of machines)
funcionario, –a m. & f. public official, civil servant
fundamentado, –a based
fundamento m. foundation
fundar to found, establish; to base
funerario, –a funeral
furia f. rage, fury
furioso, –a furious; frenzied
furor m. fury, anger, rage
fusil m. gun, rifle

fútbol *m.* football; football game; soccer

G

galeote *m.* galley slave
galeras *f. pl.* galleys (old punishment of rowing on board galley ships)
galería *f.* corridor; gallery
Galicia Galicia (province in northern Spain)
gana *f.* desire, will; **darle la —** to feel like; to choose to
ganado *m.* cattle; herd; livestock
ganancia *f.* profit
ganar to gain; to win; to earn; **— el pan, —se la vida** to earn a living
garabato *m.* scrawl, scribble
garabatoh *dial.* = **garabatos**
garantía *f.* guarantee
garantizar to guarantee; to vouch for
garganta *f.* throat
gastar to spend
gasto *m.* expense
gato, –a *m. & f.* cat; *m.* jack
gaucho *m.* Argentinian and Uruguayan cowboy
general: por lo — generally
generar to generate
género *m.* kind; type; gender; genre, literary form
generoso, –a generous
genética *f.* genetics
genial jovial, pleasant
genio *m.* genius, spirit
gente *f.* people
gerente *m.* manager
germen *m.* origin, source
gestionar to take steps to arrange
gesto *m.* expression; grimace; gesture
gitano, –a *m. & f. & adj.* gypsy
globo *m.* globe; world
glorificar to glorify
gobernador, –a *m. & f.* governor
gobernar (ie) to govern, rule
gobierno *m.* government
golpeado, –a bruised; beaten up
golpe *m.* hit, blow; **dar —s** to strike, hit; **— de mano** surprise attack
gordo, –a fat

gorro *m.* cap
gozar (de) to enjoy
gozo *m.* joy
grabadora *f.* tape recorder
gracia *f.* grace, charm; **—s** thank you
gracioso, –a charming; comical
grado *m.* grade
graduar(se) to graduate
gran, —de large, big; great; grand
grandeza *f.* greatness
grandiosamente magnificently, grandiosely
granizo *m.* hail; hailstorm
grano *m.* grain (of cereals)
grasa *f.* grease
gratificación *f.* tip; additional fee
gratis free of charge, gratis
gratuito, –a gratuitous; without justification; uncalled for
grave serious, grave
gravedad *f.* seriousness; gravity
gravitar to press on; to gravitate
griego, –a *m. & f. & adj.* Greek
gris gray
gritar to shout
grito *m.* shout, cry; **dar —s** to cry, shout
groseras: palabras — dirty words
grupo *m.* group
guajiro, –a *m. & f.* Cuban peasant
guanábana *f.* custard-apple fruit
guante *m.* glove
guarda *m. & f.* guard, keeper
guardar to guard, watch over; to keep, save; to take care of
guardería *f.* daycare center
guardia *m.* guard, guardsman; **— de noche** night watchman
guardián *m.* guardian, watchman
guarida *f.* den, lair (of wild animals)
gubernamental governmental
guerra *f.* war; **Guerra Mundial** World War
guiar to guide
guisa *f.* manner; way
guitarra *f.* guitar
gula *f.* gluttony
gustar to like; to please

gusto *m.* pleasure; taste; **estar a —** to be comfortable; **dar —** to please

H

ha form of **haber** (see **haber**)
Habana Havana
haber to have; **— de** + *inf.* to be to; to be obliged to; to be going to, *e.g.* **si he de morirme** if I am to die
habilidad *f.* ability, skill; talent
habitación *f.* room; apartment
habitado, –a inhabited
habitante *m. & f.* inhabitant
habituarse to become accustomed, to get used to
habla: de — española Spanish-speaking
hablador, –a *m. & f.* talker
hablar to talk, speak; **el — español** speaking Spanish, the speaking of Spanish
hacer to make; to do; **— buen (mal) tiempo** to be good (bad) weather; **— calor (frío, sol)** to be warm (cold, sunny); **—se** to become, to change into; **—se tarde** to be getting late; **— +** *time expression* ago, *e.g.* **hace un siglo** one century ago; **— un papel** to play a role or part
hacia toward, to
hacha *f.* axe
hachazo *m.* blow with an axe
hallar to find
hambre *f.* hunger
hambriento, –a hungry
harto, –a: estar — de to be fed up with, sick and tired of
hasta even; until; to; up to
hastiado, –a (de) weary (of)
hay form of **haber** there is, there are; **— que** + *inf.* one must. . .
he aquí here is, here you have
hecho *p.p.* of **hacer** made, done; *m.* fact; act
helado *m.* ice cream
hembra *f.* female
hembrismo *m.* exaggeratedly feminine actions and attitudes
hembrista *f. & adj.* female who believes in or practices **hembrismo**

hemofilia f. hemophilia
heredero, –a m. & f. heir, successor
herencia f. inheritance; heritage; heredity
herir (ie, i) to hurt; to wound
Hermandad: la Santa — rural police
hermano, –a m. & f. brother; sister
hermoso, –a beautiful
hermosura f. beauty
héroe m. hero
heroicidad f. heroism
herramienta f. set of tools
hidalgo, –a m. & f. person of noble birth
hierro m. iron
hijo, –a m. & f. child; son; daughter; **— de la puta** bastard; son of a bitch; **—s** children; sons; daughters
hijoh dial. = **hijos**
hilo m. thread; string; thin wire
hinchado, –a swollen
hipocresía f. hypocrisy
hipócrita m. & f. hypocrite
hispánico, –a Hispanic
hispano, –a m. & f. Hispanic person, Spaniard or Spanish-American; adj. Hispanic
Hispanoamérica Latin America
hispanoparlante Spanish-speaking
historia f. history; story
historiador, –a m. & f. historian
histórico, –a historical
historieta f. story
hogar m. home
hogareño, –a domestic
hoja f. leaf; page
holgazán, holgazana m. & f. loafer, bum
hombre m. man; mankind; ¡**hombre**! indeed!, you don't say!; **ser muy —** to be a real man
hombro m. shoulder
homenaje m. homage; tribute
homicidio m. murder, homicide
hondo, –a deep, profound
honestidad f. decency; decorum
honra f. honor
honradez f. honor
honrado, –a honorable; honest
honrar to honor, glorify
hora f. hour; time
horizonte m. horizon

hormiga f. ant
hormona m. hormone
horroroso, –a horrid; hideous
hospedar to lodge
hospitalidad f. hospitality
hostilidad f. hostility
hostilmente with hostility
hoy today; nowadays; **— día** nowadays
huelga f. strike (of workers); rest, merriment; **hacer —** to strike; **— de hambre** hunger strike
huesudo, –a bony
huevo m. egg
huir to flee, escape
humanidad f. humanity
humilde humble
humillación f. humiliation
humillado, –a humiliated
humo m. smoke
humorístico, –a humorous
huyendo pres. p. of **huir** fleeing

I

ibérico, –a Iberian (from Iberian Peninsula: Spain and Portugal)
idealizado, –a idealized
idéntico, –a identical
identidad f. identity
identificar(se) to identify
ideología f. ideology
idioma m. language
ídolo m. idol
iglesia f. church
ignorar not to know, to be ignorant of
igual equal; the same; similar; **por —** equally; **— que** the same as, similarly
igualdad f. equality
igualitario, –a equalitarian
ilimitado, –a unlimited
iluminar to illuminate, light up
ilusión f. hopeful anticipation; illusion
ilustrar to illustrate
imagen f. image
imaginar to imagine; **—se** to imagine, picture to oneself
imitar to imitate
impaciencia f. impatience
imparcial impartial
impasibilidad f. insensitivity; impassivity
impedir (i) to prevent, impede

imperdonable unpardonable, unforgivable
imperio m. empire
implicar to imply; to involve
implorar to beg, implore
imponente imposing
imponer to impose
importar to be important; to matter
impresionante impressive
impresionar to impress
impuesto m. tax; **cobrar —s** to collect taxes; p.p. of **imponer** imposed
impulso m. impulse; impetus, momentum
impunidad f. impunity, exemption from punishment
inalienablemente inalienably
inca m. & f. Inca (Indian of the Incan culture)
incaico, –a Incan (of or pertaining to the Incas)
incapacidad f. incapacity
incapaz (pl. **incapaces**) incapable
incendiar to set on fire
incendio m. fire
incertidumbre f. uncertainty
incinerado, –a burned, incinerated
inclinarse to bend over; to bow
incluir to include
incluso including; even
incómodo, –a uncomfortable
incomprensivo, –a ignorant; not understanding
inconcebible inconceivable
inconformidad f. disconformity
inconsciente unconscious; unaware
incontenible unrestrainable
incontrolado, –a uncontrolled
inconveniente m. objection; drawback; adj. inconvenient
incorporarse to sit up
incorpóreo, –a insubstantial; incorporeal
incredulidad f. disbelief, incredulity
increíble unbelievable, incredible
inculto, –a uneducated, uncultured
indecenciah dial. = **indecencias**
indefenso, –a defenseless
indicado, –a appropriate; proper

indicar to indicate, point out
índice *m.* index
indígena *m. & f. & adj.* native inhabitant; Indian
indignidad *f.* indignity
indio, –a *m. & f. & adj.* Indian
indiscreto, –a indiscreet; imprudent
individuo *m.* individual, person
indudablemente undoubtedly
indulto *m.* pardon
industrioso, –a industrious
inescrupuloso –a unscrupulous
inestabilidad *f.* instability
inestable unstable
inexistente nonexistent
inexpresivo, –a expressionless, without expression
infame infamous
infancia *f.* infancy, childhood
infelicidad *f.* unhappiness
infeliz (*pl.* **infelices**) unhappy
inferioridad *f.* inferiority
inferir (ie, i) to suggest; to infer
infiel unfaithful
infierno *m.* hell
infinidad *f.* infinity
influir to influence
influjo *m.* influence
infortunado, –a *m. & f. & adj.* unfortunate (person)
infortunio *m.* misfortune
infracción *f.* violation
infundir to infuse, inspire, imbue with
ingeniería *f.* engineering
ingeniero, –a *m. & f.* engineer
ingenio *m.* creative or inventive talent
ingerir (ie, i) to ingest, take in
Inglaterra *f.* England
inglés, inglesa *m. & f. & adj.* English person; English
ingreso *m.* entrance; income
inhabilidad *f.* inability
iniciador, –a *m. & f.* initiator
iniciar to begin, initiate
ininteligible unintelligible, not understandable
ininterrumpido, –a uninterrupted
injusticia *f.* injustice
injustificable unjustifiable
injusto unfair, unjust
inmediato, –a immediate; adjoining
inmensidad *f.* vastness; immensity
inmenso, –a immense; limitless

inmigrante *m. & f. & adj.* immigrant
inmigrar to immigrate
inminente imminent
inmortalidad *f.* immortality
inmóvil immobile
inmunidad *f.* immunity
innegable undeniable
inolvidablemente unforgettably
inoperante inoperative
inquieto, –a restless; worried
inquietud *f.* restlessness; anxiety; uneasiness
inquilino, –a *m. & f.* tenant
insaciable insatiable, incapable of being satisfied
inseguridad *f.* insecurity
inseguro, –a uncertain; unsafe
insensible insensitive
insinuación *f.* innuendo; insinuation
insinuar to insinuate, suggest
insoluble insolvable; insoluble
insomnio *m.* insomnia, sleeplessness
insoportable unbearable, intolerable
instalado, –a settled
instalar to install, set up
instantáneo, –a instantaneous
instante *m.* instant, moment; **al —** at once
instintivamente instinctively
instinto *m.* instinct
instrucción *f.* education; instruction
instruido, –a educated
insuficiencia *f.* deficiency; insufficiency
insultante insulting
integrar to form, make up; to integrate
integridad *f.* integrity
intensidad *f.* intensity
intensificar to intensify
intercambiar to exchange
interés *m.* interest
interesante interesting
interesar to interest
interferir (ie, i) to interfere
interior inner; inside, interior
intermediario, –a *m. & f.* middleman
intermedio, –a intermediate
interno, –a internal
interrumpir to interrupt
intervenir to intervene
intimidar to intimidate, scare
íntimo, –a intimate; close

intranquilo, –a restless; uneasy; worried
intrincado, –a intricate
introductor, –a *m. & f.* introducer
intruso, –a *m. & f.* intruder
inundado, –a flooded, inundated
inútil useless
inutilidad *f.* uselessness
invadir to invade
invasor, –a *m. & f.* invader
invencibilidad *f.* invincibility
investigación *f.* research; investigation
investigador, –a *m. & f.* researcher; investigator
investigar to investigate
invierno *m.* winter
inyectar to inject
ir to go; to be; **— de mal en peor** to go from bad to worse; **se va familiarizando** he begins to become familiar; **—se** to go out, to leave; to go away
ira *f.* anger, ire
iráh *dial.* = **irás**
irreal unreal
irremisiblemente without pardon; irremissibly
irrespirable unbreathable
irresponsabilidad *f.* irresponsibility
irritar to irritate, annoy
irrumpir to interrupt; to enter abruptly
isla *f.* island
Italia Italy
itinerario *m.* timetable; schedule; itinerary
izquierdista *m. & f.* leftist
izquierdo, –a *f.* left (side or direction); left wing (in politics)

J

¡ja! ha!
jamás never, not ever
jamón *m.* ham
jardín *m.* garden; yard; **— zoológico** zoological gardens (zoo)
jaula *f.* cage
jefe *m.* chief, leader; boss
Jesucristo Jesus Christ
jíbaro, –a *m. & f.* Puerto Rican peasant

jinete *m*. horseman, rider
jornada *f*. working day; **doble —** double work day
José Joseph
joven *m*. & *f*. young person, youth
jubilarse to retire; to be pensioned; to rejoice
judío, –a *m*. & *f*. Jew; *adj*. Jewish
juego *m*. game
jugar (ue) to play; **—** **a** + *sport* to play, e.g., **— al fútbol** to play football
juguete *m*. toy
jugueteh *dial*. = **juguetes**
jungla *f*. jungle
juntar to assemble; to bring together
junto, –a joined, united; **— a** near to, close to; **— con** along with; **—s** together
juramento: — de Hipócrates Hippocratic oath
jurar to swear, vow
jurídico, –a legal
jurista *m*. & *f*. lawyer; jurist
justicia *f*. justice
justificable justifiable
justificar to justify
justo, –a just, fair
juventud *f*. youth
juzgar to judge; to try (in court)

L

laberinto *m*. labyrinth
labio *m*. lip
laboral (pertaining to) labor
laboriosamente laboriously
labrador, –a *m*. & *f*. peasant, farmer
lado *m*. side; **al —** nearby; **por otro —** on the other hand
ladrón, ladrona *m*. & *f*. thief
lago *m*. lake
lágrima *f*. tear
laguna *f*. gap
lamentar to regret, lament
lámpara *f*. lamp
lana *f*. wool
langosta *f*. lobster
lápiz (*pl*. **lápices**) *m*. pencil
largo, –a long; **a lo — de** along; throughout
lástima *f*. pity
lastimarse (de) to feel pity (for)
lastimero, –a sorrowful; mournful

lata *f*. tin can
latino, –a Latin-American
latitud *f*. latitude (climate, region)
lavaplatos *m*. & *f*. dishwasher
lavar to wash
Lázaro: San — Saint Lazarus
lazo *m*. knot; lasso; tie
leal loyal
lealtad *f*. loyalty; **Lealtad** the name of a street in Havana, Cuba
lectura *f*. reading
leche *f*. milk
lecho *m*. bed
leer to read
legalizar to legalize
legumbre *f*. vegetable
lejano, –a distant, far away
lejos far; **a lo —** far away
lengua *f*. language; tongue
lenguaje *m*. language
lenteja *f*. lentil
lento, –a slow
leñador, –a *m*. & *f*. woodcutter
letra *f*. letter (of alphabet)
letrero *m*. sign
levantalte *dial*. = **levantarte**
levantamiento *m*. uprising
levantar to raise, lift; **—se** to get up, arise; to rebel
leve light; slight
ley *f*. law
leyenda *f*. legend
liado, –a entangled; complicated
liberar to liberate, set free; **—se** to become free, escape
libertad *f*. liberty
libertador, –a *m*. & *f*. liberator
librar to free, set free; **—se** to save oneself, escape
libre free
libro *m*. book
licor *m*. liquor
líder *m*. leader
lienzo *m*. canvas
ligeramente slightly; lightly
limitar to limit; to restrict
limón *m*. lemon
limonada *f*. lemonade
limpiabotas *m*. & *f*. shoe shiner
limpiar to clean
límpido, –a clear, limpid
limpieza *f*. cleanliness; cleaning
limpio, –a clean
linaje *m*. lineage

lindo, –a pretty
línea *f*. line
lío *m*. bundle; mess, confusion
liquidar to liquidate
lírico, –a lyrical
lisiado, –a *m*. & *f*. cripple
lista *f*. list
listo, –a ready; clever
lívido, –a livid, purplish
living (*colloq*.) *m*. living room
lo + *adj*. the; that which is; the . . . thing, part or aspect; **— bueno** the good thing (about it); **— contrario** the opposite; **— indígena** the indigenous (native Indian) part; **— peor** the worst part; **— único** the only thing; **— suficiente** that which (what) is enough; **— que** that which, what
lobo *m*. wolf
lóbrego, –a dark; gloomy
localizar to localize, locate
loco, –a crazy; *m*. & *f*. lunatic, crazy person; fool
locura *f*. madness
lógica *f*. logic; reasoning; *adj*. logical
lograr to achieve, accomplish; to obtain; **— +** *inf*. to succeed in
loh *dial*. = **los**
loza *f*. porcelain; crockery
lúbrico, –a wanton, lascivious, lubricous
lucha *f*. fight, struggle
luchar to fight, struggle
luego then; later; **— que** as soon as; **hasta —** goodbye, so long
lugar *m*. place; **en primer —** in the first place; **tener —** to take place; **en — de** instead of; **dar — a** to give rise to
lujoso, –a costly; luxurious
luna *f*. moon; **— de miel** honeymoon
lunar of the moon
lunes Monday
luz (*pl*. **luces**) *f*. light; lamp; **dar a —** to give birth

LL

llama *f*. flame
llamada *f*. call
llamar to call; **—se** to be

named, called; **— a la puerta** to knock at the door

llanta f. tire

llanto m. crying, weeping

llave f. key

llegada f. arrival

llegar to arrive; to come; to reach; to amount; **— a ser** to become

llenar to fill; **—se** to fill up; **—se de** to get or become filled

lleno, –a full

llevar to carry, bear, transport; to lead; to wear; **— al poder** to bring to power; **—se** to take or carry away; **— siglos de vivir** to have lived centuries

llorar to cry

lloroso, –a tearful, weeping

llover (ue) to rain

lluvia f. rain; **— ácida** acid rain

M

macizo, –a massive; solid

machete m. large heavy knife, machete

machismo m. exaggeratedly masculine actions and attitudes

machista m. & adj. male who believes in or practices **machismo**

macho m. & adj. male, manly

madera f. wood

madre f. mother

maduro, –a mature

maestría f. mastery

maestro, –a m. & f. teacher

magia f. magic

magnífico, –a magnificent, great

máh dial. = **más**

maíz m. corn

majestuoso –a majestic

mal adv. bad, badly; ill; m. evil; adj. bad; **ir de — en peor** to go from bad to worse

maldecir to curse; to damn

maldición f. curse

malestar m. discomfort, ill-being

maligno, –a evil, malignant

maltratar to mistreat, abuse

maltrato m. abuse, mistreatment

mamá f. mother, mamma

manar to spring, flow

mancillar to stain, blemish

mancha f. spot; stain; **La Mancha** region of Spain

manchado, –a soiled, stained

mandar to send; to rule; to order

mandato m. mandate, command

mando m. power; control

manejar to drive (car, etc.); to operate, run (elevator)

manera f. manner; way

manía f. whim; mania

manifestación f. demonstration

manifestar (ie) to reveal, show, manifest

manipular to manipulate

mano f. hand; **— de obra** labor; **poner — a** to lay hands on; to grab

manso, –a gentle, soft

mantener to maintain; to keep; to support

mantequilla f. butter

manuscrito m. manuscript

manzana f. apple

mañana f. morning; **por la —** in the morning; m. tomorrow

mañanita f. bed shawl

mapa m. map

máquina f. machine

mar m. & f. sea

maravilla f. wonder

maravilloso, –a marvelous; fantastic (of the fantasy or imagination)

marcar to mark

marcha f. operation; **poner en —** to start up

marcharse to leave, go out; to march

marido m. husband

«Marielitos» Cuban refugees named for port town (Mariel) from which they departed in small boats in 1980

marisco m. shellfish

marzo m. March

mas but

más more; most **— bien** rather; **— o menos** more or less

masa f. mass; **en —** in a body; **las —s** the masses

máscara f. mask

masculinidad f. masculinity

matar to kill

matemáticas f. pl. mathematics

materia f. subject; matter; material

materna: lengua — mother tongue (one's native language)

maternidad f. maternity

matricular to register

matrimonio m. marriage; married couple

máximo, –a top; highest; maximum

maya m. & f. & adj. Mayan Indian; Mayan

mayor greater; larger; older; greatest; largest; oldest

mayoría f. majority

meca f. mecca

mecánico, –a mechanical

mecanizado, –a mechanized

mediana: de edad — middle aged

medias: a — half; by halves

médico, –a m. & f. doctor; adj. medical

medida f. measure

medio, –a half; middle; average; m. means; middle; **en — de** in the middle of, among; **— de consulta** means of reference; **por — de** by means of; **— oeste** m. Middle West

mediodía m. midday, noon

medir (i) to measure

meditar to meditate

mejor better; best

mejorar to improve, better

melancólico, –a melancholy

memoria f. memory

mencionar to mention

menor smaller

menos less; **a — que** unless; **al —, por lo —** at least

mensaje m. message

mensajero, –a m. & f. messenger

mentalidad f. mentality

mente f. mind

mentir (ie, i) to lie

mentira f. falsehood, lie

mentiroso, –a lying, deceptive, false

menudo m. entrails, giblets of chicken often served in soup; small coins, change

mercancía f. merchandise; goods

mercantil commercial;

mercantile mercantile
merced: vuestra — your grace
merecer to deserve
meritorio, –a worthy, deserving, meritorious
mero, –a mere
mes m. month
mesa f. table; **— redonda** round table (discussion)
mestizo, –a m. & f. person of mixed Spanish and Indian ancestry
meta f. goal; objective
metafísico m. metaphysician
meter to put in; **—se en** to get into
meticulosamente meticulously
método m. method
metro m. meter
méxico-americano, –a m. & f. Mexican-American
mezcla f. mixture
mide present of **medir** (to measure)
miedo m. fear
miel: luna de — honeymoon
miembro m. member
mientras (que) while; whereas; **— tanto** meanwhile
miércoles m. Wednesday
mihmo dial. = **mismo**
mijo dial. = **mi hijo** friend; my dear
mil (pl. **miles**) thousand
milagro m. miracle
militar military; m. military man, soldier
milla f. mile
millón million
mimado, –a spoiled
mina f. mine
minifalda f. miniskirt
mínimo, –a minimum, minimal
ministro m. minister
minoría f. minority
minoritario, –a minority
minucia f. small detail
minuto m. minute; **a los pocos —s** a few minutes later
mirada f. look, glance, gaze
mirar to look at
miseria f. misery; poverty
misericordia f. mercy
misionero, –a m. & f. missionary
mismo, –a same; self; very; **a sí —** to oneself; **lo —** the same (thing); **por lo —** for the same reason

misterioso, –a mysterious
mitad f. half
mito m. myth
mitología f. mythology
mitológico, –a mythological
moda: estar de — to be in style, fashionable
modelo m. & adj. model; example
moderado, –a moderate; m. & f. moderate person
modificar to modify
modo m. way; manner; **de cualquier —** by any means, in any manner; **de — que** so that; **de ese —** like that
mofarse de to make fun of; to sneer at
mojado m. "wetback" (Mexican who arrives in the U.S.A. illegally, presumably by swimming the Rio Grande)
molestar to bother
molestia f. bother
molido, –a worn out; exhausted
momentáneo, –a momentary
monarca m. monarch
monarquía f. monarchy
monárquico, –a m. & f. monarchist
moneda f. coin
monolingüe monolingual
monólogo m. monologue
monótono, –a monotonous
monstruo m. monster
monstruoso, –a monstrous
montaña f. mountain
montar to assemble, set up; to mount; **— en bicicleta** to ride a bicycle
monte m. mountain; hill; forest; foothill
montón m. pile, heap
moralidad f. morality
morder (ue) to bite
mordida (Mex.) f. bribe; graft
moreno, –a dark; dark-skinned; brunette
morir (ue, u) to die
mortal fatal; mortal
mortificación (Mex.) f. worry; embarrassment
mosca f. fly
mostrador m. store counter
mostrar (ue) to show
motín m. riot
motivar to motivate
motivo m. motif, theme; motive, reason

motocicleta f. motorcycle
mover(se) (ue) to move
movilizar to mobilize
movimiento m. movement
moza f. maid; girl
muchacho, –a m. & f. boy; girl; child
muchachoh dial. = **muchachos**
mucho, –a much, a lot of; **—s** many; adv. much, a great deal, a lot
mudarse to move, change residence
mudo, –a silent
muebles m. pl. furniture
muelto dial. = **muerto**
muerte f. death; **dar — a** to kill
muerto, –a p.p. of **morir** & adj. dead; m. & f. dead person
mugriento, –a grimy, dirty
mujer f. woman; wife
mulato, –a m. & f. person with mixed Negro and Caucasian ancestry
multinacional m. multinational company or business
multiplicar to multiply
mundial worldwide; **Guerra Mundial** World War
mundo m. world; **todo el —** everyone
muñeca f. doll
muñecoh dial. = **muñecos** figures
murmurar to whisper, murmur; to gossip
muro m. wall
músculo m. muscle
musculoso, –a muscular
música f. music
musicalidad f. musicality
músico, –a m. & f. musician
mutuo, –a mutual
muy very; very much

N

nacer to be born; to originate
nacimiento m. birth
nacional national; m. national, citizen; in Spanish Civil War, those seeking to overthrow the Republic
nada nothing, not anything; nothingness
nadar to swim
nadie no one, nobody
nardo m. spikenard (type of

fragrant plant)

nariz f. nose

narrador, –a m. & f. narrator

naturaleza f. nature

nave: — espacial f. spaceship

Navidad f. Christmas

necesidad f. need, necessity

necesitar to need; to
necessitate

negar (ie) to deny; **—se** to
refuse

negociar to negotiate

negocio m. business; affair

negro, –a m. & f. & adj. black;
dear, darling

nene m. baby boy

neneh dial. = **nenes**

nevada f. snowfall

ni neither, nor; **—. . .—** neither
. . . nor; **— siquiera** not even

nicaragüense m. & f. & adj.
Nicaraguan

nieto, –a m. & f. grandchild;
grandson; granddaughter

nieve f. snow

ningún, ninguno, –a none; no
one; (not) any

niñez f. childhood

niño, –a m. & f. child; (baby)
girl; (baby) boy; **—s** children;
boys; girls; **de —** as a child

níspero m. medlar fruit

nivel m. level

noble m. & adj. nobleman;
noble

nobleza f. nobility

noche f. night; **de —, de la —,
por la —** at night; **ser de
—** to be night

nómada nomad, nomadic

nombrar to name; to appoint

nombre m. name

noreste m. northeast

norte m. north

norteamericano, –a m. & f. &
adj. American (of the
United States)

notar to notice, note

noticia f. news; **dar —** to notify

notorio, –a well-known; evident

novedad f. novelty; piece of
news

novio, –a m. & f. boyfriend;
girlfriend; pl. engaged
couple

nube f. cloud

nudo m. knot

nuevo, –a new; **de —** again

nulo, –a null, void

número m. number

numeroso, –a numerous

nunca never; not ever

O

o or; **—. . .—** either . . . or

obedecer to obey

objetivo, –a n. & adj. objective

objeto m. object; purpose

obligar to obligate; to oblige

obra f. work

obrero, –a m. & f. worker,
laborer; **— migratorio**
migrant worker

obscenidad f. obscenity

obscuridad f. obscurity;
darkness

obscuro, –a dark; **a —as** in the
dark

observador, –a m. & f.
observer

observar to observe; to watch

obsesionado, –a obsessed

obstaculizar to block, obstruct

obstáculo m. obstacle

obstante; no — however;
nevertheless

obstétrico, –a m. & f.
obstetrician

obstruir to obstruct

obtener to obtain, get; to attain

obvio, –a obvious

occidental western, occidental

océano m. ocean

ocultar(se) to hide

ocupar to occupy; **—se de** to
pay attention to; to be
interested in

ocurrir to occur; to happen;
—se to occur (to one)

oda f. ode

odiar to hate

odio m. hatred, hate

oeste m. west

oficina f. office

oficio m. job; task; duty

ofrecer to offer

oído m. (inner) ear

oír to hear; **— decir** to hear it
said

ojalá (que) I hope that, would
that

ojeada: echar una — to cast a
glance

ojo m. eye

ola f. wave

óleo m. oil (painting)

olimpiadas f. pl. Olympics

olor m. fragrance, smell

olvidar(se de) to forget

ONU abbreviation for **Organización de Naciones Unidas,**
UN (United Nations)

opaco, –a opaque

opción f. choice, option

opinar to be of the opinion;
¿Qué opina Ud. de. . . ?
What is your opinion of. . . ?

oponer(se) to oppose

oportunidad f. opportunity

opreso, –a m. & f. oppressed
person

oprimir to oppress; to weigh
down

oprobio m. disgrace; insult

optimista optimistic

oración f. sentence; prayer

orar to pray

oratorio, –a oratorical

órbita f. eye socket; orbit

orden m. order; f. order,
command

ordenado, –a tidy, orderly

ordenar to arrange, put
in order

oreja f. (outer) ear

organizar to organize

orgullo m. pride; **tener —** to be
proud

orgulloso, –a proud

Oriente Orient, East

originar(se) to originate; to
create

orilla f. border, bank (of river)

oro m. gold

ortodoxo, –a orthodox

ortografía f. spelling

os you; yourselves

oscilar to fluctuate, oscillate

oscurecer to darken, obscure;
—se to become cloudy; to
become dark

oscuridad f. darkness

oscuro, –a dark; **a —as** in the
dark

ostra f. oyster

otoño m. fall, autumn

otorgar to grant

otro, –a another, other

oveja f. sheep

oxígeno m. oxygen

P

pa dial. = **para**

paciencia f. patience

paciente m. & f. & adj. patient

pacífico, –a peaceful, pacific

padre *m.* father; **—s** parents

pagar to pay; to pay for

página *f.* page

pago *m.* pay, payment

país *m.* country

paisaje *m.* landscape

pajarillo *m.* little bird

pájaro *m.* bird

palabra *f.* word

palidecer to turn pale

pálido, –a pale

palma *f.* palm tree

palmera *f.* palm

paloma *f.* pigeon

palpitar *m.* beating, palpitation

pan *m.* bread; **ganar el —** to earn a living

pantalón *m.* pants

pantalla *f.* screen

pañuelo *m.* kerchief, handkerchief

papa *f.* potato

papá *m.* father, papa, dad

papagayo *m.* parrot

papel *m.* paper; role, part; **hacer un —** to play a role, a part

paquete *m.* package

par *m.* pair; **sin —** without equal

para for; in order to; **— qué** what for, why

parado, –a *p.p. of* **parar** *& adj.* stopped; standing up; *m. & f.* worker who has been laid off

paradójicamente paradoxically

paraguayo, –a *m. & f. & adj.* Paraguayan

paraíso *m.* paradise

paralizar to paralyze

paranoico, –a paranoic, paranoid

parar to stop

parecer to seem, appear; **—se a** to resemble; **¿Qué le (te) parece. . .?** What do you think of. . .?

parecido, –a alike; similar

pared *f.* wall

paréntesis *m.* parenthesis

parque *m.* park

párrafo *m.* paragraph

parte *f.* part, portion; **en —** in part, partially; **en gran —** largely; **la mayor —** the majority, most; **por (de) una —** on the one hand; **por**

otra — on the other hand; **por su —** on his/her own

participar to participate

participio *m.* participle; **— pasado** past participle

particularidad *f.* particularity

partida: punto de — point of departure

partidario, –a *m. & f.* partisan; supporter

partido *m.* party (political); game (sports)

partir to split; to break; **a — de** from (some specified time) onward

pasado, –a past; **el año —** last year; *m.* past

pasaje *m.* passage; group of passengers

pasajero, –a *m. & f.* passenger

pasaporte *m.* passport

pasar to pass; to pass by; to happen, occur; to spend (the day); to cross; **— a ser** to become; **— de** to exceed, surpass; **¿Qué pasa?** What's the matter? What's going on?; **pasársenos** to leave us

pasear to walk; to take a walk

paseo *m.* walk; **dar un —** to take a walk

pasillo *m.* hall

pasividad *f.* passivity

paso *m.* step, pace; pass; passage; **a — step by step; de —** in passing; by the way

pastel *m.* pastry

paterno, –a paternal

patético, –a pathetic

patinar to skate

patria *f.* fatherland, native country; **lengua —** native language

patriota *m. & f.* patriot

patrón, patrona *m. & f.* master; mistress; boss; landlord, proprietor; protector, patron, patroness; *m.* pattern

patronal patronal; religious

paulatinamente gradually, slowly

pausa *f.* pause, break

pavita *f.* tea kettle

pavo *m.* peacock

payo, –a *m. & f. & adj.* person who is not a gypsy; non-gypsy

paz *f.* peace

pecado *m.* sin

peces (*pl. of* **pez**) *m.* fish

pecho *m.* chest; breast

pedazo *m.* piece

pedido *m.* order

pedir (i) to ask for, request; to order (food)

pedrada *f.* hit or blow with a stone

peinar(se) to comb

pelea *f.* fight, quarrel

pelear to fight, quarrel

película *f.* film; movie

peligro *m.* danger

peligroso, –a dangerous

pelo *m.* hair

pelota *f.* ball; **en —** naked

pena *f.* punishment; suffering, pain; worry; **capital, — de muerte** capital punishment

péndola *f.* pen; quill

penetrar to enter; to penetrate

pensamiento *m.* thought

pensar (ie) to think, to think over; **— de** to think about, of (be of the opinion); **— en** to think about (direct one's thought to); **— + inf.** to plan, intend

peor worse; worst

pepino *m.* cucumber

pequeño, –a small, little

percatarse (de) to be or become aware (of)

percibir to perceive; to make out

perder (ie) to lose; to ruin, destroy; **— el tiempo** to waste time; **—se** to be lost

perdición *f.* perdition, ruin

pérdida *f.* loss

perdido, –a lost

perdonar to pardon, forgive

perenne perennial; perpetual

pereza *f.* laziness

perezoso, –a lazy

perfeccionar to perfect

periódico *m.* newspaper

periodista *m. & f.* journalist

perla *f.* pearl

permanecer to remain

permiso *m.* permission; leave of absence

permitir to permit, allow

pero but

perpetuar to perpetuate

perplejo, –a perplexed

perro, –a *m. & f.* dog

perseguir (i) to pursue; to

persecute
personaje m. character (lit.)
personificar to personify
pertenecer to belong, pertain
perturbador, –a disturbing, perturbing
perturbar to disturb, perturb
perversidad f. perversity
pesadilla f. nightmare
pesado, –a boring, annoying
pesar to weigh; to cause regret; **a — de** in spite of
pesca f. fishing
pescado m. fish (for eating)
pescar to fish
peso m. monetary unit of several Spanish-American countries; weight
pesoh dial. = **pesos**
petición f. request
petróleo m. oil
peyorativo, –a insulting; pejorative
pez (pl. **peces**) m. fish
picar to spur, incite
pico m. peak
pie m. foot; **a —** walking, on foot; **estar de —, ir de —** to be standing, on foot; **ponerse de —** to stand up
piedra f. rock, stone
piensah dial. = **piensas**
pierna f. leg
pieza f. piece
pilar m. pillar
pinchado, –a punctured, flat (tire)
pino m. pine tree
pintal dial. = **pintar**
pintar to paint
pintor, –a m. & f. painter
pintoresco, –a picturesque
pintura f. painting
piña f. pineapple
pirata m. & f. pirate
piruja (Mex.) f. prostitute
pisar to step onto; to tread upon
pisca (Mex.) f. harvest; picking
piso m. apartment; floor
pistola f. gun, pistol
placer m. pleasure
planear to plan
plano m. level
planta f. plant
plantear to establish; to state
plata f. silver; money
plato m. plate, dish

playa f. beach
plebe f. common people
plegaria f. supplication, prayer
plenitud f. fulfillment
pleno, –a full, complete; fulfilled
plomo m. lead (metal)
pluma f. feather; pen
población f. population
poblado, –a populated
pobre poor; unfortunate
pobreza f. poverty
poco, –a little; **—s** few; m. a little; **a —** shortly, in a short time; **— a —** slowly, little by little; **a los —s minutos** a few minutes later; **tener en —** to hold in low esteem
poder (ue) to be able, can; to have power or influence; m. power; **en — de** in the power of
poderío m. power; might
poderoso, –a powerful
poesía f. poetry; poem
poeta m. poet
poetisa f. poetess
polémico, –a controversial; polemic
policía m. police officer; f. police
policíaco, –a (pertaining to the) police
policial (pertaining to the) police
política f. politics; policy
político, –a political; m. politician
Polonia f. Poland
polvo m. dust
pompa f. pageant; pomp
ponderar to extol
poner to put; to place; **— en marcha** to start up; **—se** to become; to place oneself; to set (the sun); **—se de pie** to stand up
poniente m. west; west wind
popularidad f. popularity
póquer m. poker; poker game
por for; by; through; around; on account of; for the sake of; **— eso** for that reason, because of that
porcentaje m. percentage
porciento m. percent
pornografía f. pornography
porque because; m. reason,

cause; **¿por qué?** why?
porqueríah dial. = **porquerías** filthy trash
portarse to behave
poseer to possess; to have
poseído, –a possessed
posibilidad f. possibility
potencia f. power; faculty
potro m. colt, foal
practicar to practice
práctico, –a practical; f. practice
precario, –a precarious
precio m. price
precioso, –a precious, valuable
precisar to determine precisely
preciso, –a necessary, precise
predecir to predict, foretell
predicar to preach
predilecto, –a favorite
predominar to predominate
pre-escolar m. & f. pre-schooler
preferible preferable
preferir (ie, i) to prefer
pregunta f. question; **hacer una —** to ask a question
preguntar to ask; **—se** to wonder
prejuicio m. prejudice
preliminar preliminary
preludio m. prelude
premio m. prize
prender to seize; to arrest
preñar to fill
preocupar(se) to worry
preparación f. preparation (background)
preparar to prepare, make ready
presencia f. presence; appearance
presenciar to see; to witness
presentar to introduce; to present
preservar to guard, preserve
presidir to predominate over; to preside over
presión f. pressure
prestar: — atención to pay attention
prestigio m. prestige
presuponer to presuppose
pretender to try, endeavor
pretérito m. past; past tense
prevalecer to prevail
prevaleciente prevalent
prevenir to prevent

previo, –a previous
primavera *f.* spring
primero, –a first
primo, –a *m.* & *f.* cousin
princesa *f.* princess
principio *m.* principle; beginning; **al —** at the beginning, at first
prisa *f.* hurry; haste; **de —** hurriedly; **tener —** to be in a hurry
prisión *f.* prison, jail
prisionero, –a *m.* & *f.* prisoner
privado, –a *adj.* private; *p.p.* deprived
privativo, –a particular; belonging exclusively to
privilegio *m.* privilege
probabilidad *f.* probability
probar (ue) to prove; to try out; **— fortuna** to try one's luck
probeta: en — test tube
procedente coming from
proceder (de) to proceed; to originate (from)
proceso *m.* process
proclamar to proclaim
procurar to try
producir to produce
productividad *f.* productivity
productor, –a *m.* & *f.* producer
profanar to profane; to defile
profecía *f.* prophecy
profesor, –a *m.* & *f.* teacher, professor
profeta *m.* prophet
profetizar to phophesy, predict
profundo, –a profound, deep
prohibir to prohibit
prójimo, –a *m.* & *f.* fellow being
prole *f.* offspring
promedio *m.* average
promesa *f.* promise
prometer to promise
pronto soon; quickly; **de —** suddenly
pronunciar to pronounce
propaganda *f.* propaganda; advertising, publicity
propiedad *f.* property
propietario, –a *m.* & *f.* owner, proprietor
propio, –a (one's) own; appropriate; proper
proponer to propose
proporcionar to provide, supply, furnish

propósito *m.* intention, aim; purpose; **a —** by the way; **a — de** on the subject of
propuesto *p.p.* of **proponer** proposed
proseguir (i) to continue
próspero, –a prosperous
protectora protective
proteger to protect
provecho *m.* benefit; **en — tuyo** for your own good
provenir (de) to come, originate (from)
provocar to provoke
proximidad *f.* proximity; closeness
próximo, –a next; near, close
proyectar to project
proyecto *m.* project
prueba *f.* proof; test
psicoanálisis *m.* psychoanalysis
psicología *f.* psychology
psicológico, –a psychological
psicólogo, –a *m.* & *f.* psychologist
psiquiatra *m.* & *f.* psychiatrist
publicar to publish
publicidad *f.* advertising; publicity
pueblo *m.* town; people (of a region, nation)
puente *m.* bridge
puerco *m.* pig
puerta *f.* door
puerto *m.* port; harbor
puertorriqueño, –a *m.* & *f.* & *adj.* Puerto Rican
pues since; because; well; then; anyhow; **— bien** now then
puesto *p.p.* of **poner** placed, put; *m.* job, position; **— que** since
punta *f.* point, tip
punto *m.* point; **— de vista** point of view; **— de partida** point of departure; **a — de que** at the point when; **en — exactly**, on the dot
puntual punctual
puntualidad *f.* punctuality, promptness
puñada *f.* punch, blow with the fist; **dar —s** to punch
pureza *f.* purity; innocence
purificar to purify
puro, –a pure; clean; mere, only; sheer; **la — verdad** the

honest truth
puta *f.* whore; **hijo de la —** son of a bitch, bastard

Q

que who; which; that; **lo —** what; that which; **¿qué?** what? which? **¿Qué tal?** How are you? **¿Qué tal te gusta. . ?** How do you like. . . ? **¿para qué?** what for? **¿por qué?** why?
quebrado, –a broken
quebrantado, –a bruised, broken
quechua *m.* Quechua (language of the Inca Indians)
quedal *dial.* = **quedar**
quedar(se) to remain, stay; to be
queja *f.* complaint
quejarse to complain
quemador *m.* burner
quemar to burn
querer to want, wish; to love; **— decir** to mean; **dondequiera** wherever
querido, –a *m.* & *f.* lover; loved one
quien who, whom; **¿quién?** who? whom?
quiereh *dial.* = **quieres**
quieto, –a quiet, still; **déjame —** leave me alone (undisturbed)
quietud *f.* quiet; stillness; calmness
quinto, –a fifth *m.* fifth grade
quitar to remove; to take away
quizá(s) perhaps, maybe

R

rabia *f.* rage, fury
racimo *m.* cluster; branches or extensions of the ocean
ráfaga *f.* gust of wind
raíz (*pl.* **raíces**) *f.* root; origin
rama *f.* branch
ramo *m.* branch
rápidamente quickly
raro, –a strange
rascacielos *m.* skyscraper
rasgo *m.* trait, feature
rato *m.* while, little while, short time; rat; **a —s, de — en —** from time to time; **cada —** very often

ratón *m.* rat; mouse
rayo *m.* ray
raza *f.* race (in the sense of a
group of people)
razón *f.* reason; word; **dar la —**
to agree with; **tener —** to
be right
razonable reasonable
reaccionar to react
Real: — Academia Española
Spanish Royal Academy:
body which rules on proper
usage of Spanish language
realidad *f.* reality; **en —**
actually, in fact
realista *m. & f. & adj.* realist;
realistic
realizar to accomplish, carry
out, fulfill
reanudar to resume, begin
again
reata *f.* lariat, rope, lasso
rebelde *m.* rebel
rebeldía *f.* rebelliousness
rebuscar to search again; to
search thoroughly
recapitular to recapitulate
recelo *m.* fear, distrust
recibir to receive
recién recently, newly;
— llegado newcomer,
— casado newlywed
reciente recent
recio, –a strong
reclamar to demand; to claim
recobrar to recover
recoger to gather (up); to pick
up
recomendar (ie) to recommend
recompensa; en — in return
reconciliar to reconcile
reconocer to recognize
reconocimiento *m.* gratitude
reconstruir to reconstruct,
rebuild
recordar (ue) to remember; to
recall
recorrer to travel over
recrearse to amuse oneself
recreo recreation, amusement
recrudecer to become worse
rectificador, –a *m. & f.* re-
former, rectifier
rectificar to rectify, correct
recuerdo *m.* memory
recuperar(se) to recuperate,
recover
recursos *m. pl.* resources

rechazar to reject
redonda: mesa — round table
(discussion)
reducir to diminish; to reduce
redujo *pret.* of **reducir** reduced
reemplazar to replace
referente referring
referir(se) (ie, i) to refer
refinado, –a sophisticated;
refined
reflejar to reflect
reflejo *m.* reflection
reflexión *f.* reflection;
meditation
reflexionar to think, reflect
refrán *m.* proverb, saying
refrescante refreshing; cooling
refresco *m.* refreshment
refrigerador *m.* refrigerator
refugiado, –a *m. & f.* refugee
refugiarse to take refuge
refugio *m.* refuge
regalar to give (as a present);
to please, delight
regalo *m.* gift
regañar to scold
regaño *m.* scolding
regar (ie) to water
regiamente sumptuously;
magnificently
régimen *m.* government;
regime; diet
regla *f.* rule
regresar to return
regreso: de — on the way back
reina *f.* queen
reinar to rule; to reign
reino *m.* kingdom
reír(se) (i) to laugh
relación *f.* relation; relationship
relacionar to relate
relámpago *m.* lightning
relato *m.* narration, story
religioso, –a religious
reloj *m.* clock; watch
reluciente shining, sparkling
relucir to shine
remediar to remedy
remedio *m.* remedy, cure; help,
relief; **no hay otro —** nothing
else can be done; **sin —**
unavoidably; **no tiene —** it
can't be helped
remendado, –a mended
remordimiento *m.* remorse,
prick of conscience
remover (ue) to remove
renacer to be reborn; to spring

up again
renacimiento *m.* rebirth,
renaissance
rencor *m.* rancor, animosity
rendimiento *m.* output
rendir (i) to give, render
(tribute, homage)
renegar (ie) to deny vigorously;
— de to curse; to deny; to
disown
renunciar to renounce, give up
reñir (i) to fight; to quarrel
reparación *f.* repair
reparar to notice; to take heed
of; to repair
repartir to distribute, divide,
deal out
repasar to review
repaso *m.* review
repente: de — suddenly
repertorio *m.* repertory,
repertoire
repetir (i) to repeat
réplica *f.* reply
replicar to reply
reponer(se) to recover one's
health
reposar to rest, repose
represalia *f.* reprisal
representante *m. & f.*
representative
representar to represent; to act,
play
reprimido, –a repressed
reproche *m.* reproach
republicano, –a *m. & f. & adj.*
republican; in Spanish
Civil War, those defending
the Republic
repudiar to repudiate
repudio *m.* repudiation
repugnar to be repugnant
requerer to require
requisito *m.* requirement
res *f.* steer; head of cattle
resentido, –a resentful; of-
fended; *m. & f.* resentful
person
resentimiento *m.* resentment
resentirse (ie, i) to resent
reserva *f.* reservation;
discretion
reservado, –a reserved,
reticent
residir to reside, live; to be
resolución: en — in sum,
in short
resolver (ue) to solve; to resolve

respecto: con — a or **de** with respect to, with regard to
respetar to respect, honor
respeto *m.* respect
respiración *f.* breathing
respirar to breathe
resplandor *m.* brilliance, radiance
responder to answer, respond; to correspond
responsabilidad *f.* responsibility; liability
respuesta *f.* answer, response
restablecer to reestablish; to set up again
restringir to restrict
resultado *m.* result
resultar to result, follow; to turn out to be; **resulta que** it turns out that
resumen: en — summing up; in brief
retardar to hold back, retard
retener to retain
retirado, –a set back, apart
retirar to withdraw; **—se** to retreat
retornar to return
retrasado: — mental mentally retarded
retrato *m.* photograph; portrait
reunión *f.* get-together, gathering
reunir to gather; to reunite; **—se** to get together, meet, assemble
revelador, –a revealing
revelar to reveal
reverberar (of light) to reverberate
reverencia *f.* curtsey, bow; reverence
reverenciar to revere
revisar to revise; to examine, inspect
revista *f.* magazine
revocar to revoke, repeal
rey *m.* king
reyeh *dial.* = **reyes**
riacho *m.* stream
rico, –a rich, wealthy; *m. & f.* rich person
ridiculizar to ridicule
ridículo, –a ridiculous
rienda: — suelta free rein
riesgo *m.* risk
rigor *m.* exactness; rigor; **en —** in fact

rimas *f. pl.* lyric poems
rincón *m.* corner (of a room)
riña *f.* fight, quarrel
río *m.* river
riqueza *f.* wealth, riches
ritmo *m.* pace; rhythm
rito, *m.* rite, ceremony
robar to steal, rob
roble *m.* oak
robo *m.* theft, robbery
roca *f.* rock
roc-an-rol rock and roll
rodar (ue) to roll; to be tossed about
rodear to surround
rodilla *f.* knee; **de —s** on one's knees, kneeling
rogar (ue) to ask, beg
rojo, –a red
romance *m.* ballad, narrative or lyric poem
romper to break
ronco, –a hoarse
ropa *f.* clothes, garments
rosa *f.* rose
rostro *m.* face
rubio, –a blond; **tabaco —** mild tobacco
rudo, –a rugged; hard; rough; stupid
rueda *f.* wheel, tire
ruido *m.* noise
rumor murmur; rumble; noise
ruta *f.* route
rutina *f.* routine

S

sábado *m.* Saturday
saber to know; to know how, be able
sabiduría *f.* wisdom
sabio, –a wise, learned
sabor *m.* taste; flavor
sabroso, –a flavorful, tasty
sacar to take out; to take away; to get; **— en limpio** to deduce; to conclude
sacrificador, –a sacrificing; self-denying
sacrificio *m.* sacrifice
sacudir to shake
sacudón *m.* tossing and turning
sagrado, –a sacred
Sajonia *f.* Saxony, term used in ancient times for the part of England conquered by the Saxons

sala *f.* living room
salario *m.* salary
saldo *m.* remnant; trace
salida *f.* exit; departure
salir (de) to go out, leave; to come out
salón *m.* room
salta *f.* jump; leap
saltar to leap, jump
salud *f.* health
saludar to greet
salvar to save
salvo excepting
sangre *f.* blood
sangriento, –a bloody
San: — Lázaro Saint Lazarus
sano, –a healthy; whole (not broken)
santo, –a saintly, holy; *m. & f.* saint; **la Santa Hermandad** rural police
sátira *f.* satire
satisfacer to satisfy, please; **—se** to be satisfied, pleased
sea: o — that is to say
seco, –a dry
secta *f.* sect
secuela *f.* sequel
secuestrador, –a *m. & f.* kidnapper
secuestrar to kidnap
secundario, –a secondary; *f.* high school; **escuela —** high school
segadora *f.* harvester (farm machine)
segregar to segregate
seguida: en — at once
seguido, –a followed; continued
seguil *dial.* = **seguir**
seguir (i) to follow; to continue, go on; to still be; **siga usted** follow; continue, go on
según according to
segundo *m.* second (time)
seguridad *f.* security; safety
seguro, –a sure, certain; *m.* insurance
selva *f.* forest; jungle
semana *f.* week; **fin de —** weekend
semanal weekly
sembrar (ie) to sow, seed
semejante similar
senado *m.* senate
sencillez *f.* simplicity
sencillo, –a simple

sensibilidad *f.* sensitivity
sensible sensitive
sensualidad *f.* sensuality
sentarse (ie) to sit down
sentenciar to sentence, pass judgment on
sentido *m.* meaning; sense; **—del humor** sense of humor
sentimiento *m.* sentiment, feeling; emotion
sentir (ie, i) to feel; to sense; **—se** to feel oneself; to feel; to be
señal *f.* sign
señalar to point out, indicate; to mark
señor, —a Mr.; gentleman; master, owner; Mrs.; woman; lady; **Señor** God
señorito *m.* dandy
separar to separate
sepulcro *m.* grave, sepulcher
sequía *f.* drought, period of dryness
ser to be; **a no — que** unless; **llegar a —** to become; *m.* being; **— humano** human being; **— querido** loved one
serenidad *f.* serenity
serie *f.* series
serio, —a serious; **en —** seriously
sermonear to preach, sermonize
serpiente *f.* snake, serpent
servicio *m.* service
servilmente slavishly; servilely
servir (i) to serve; to be of use; **— de** to serve as; **— para** to be good for; to be used for
severo, —a grave, severe
sexo *m.* sex
sexto, —a sixth
si if; whether; **— bien** although
sí yes; certainly; itself, herself, himself, oneself, themselves; **— mismo** oneself, etc.
siempre always; **— que** whenever; **de —** usual; **para —** forever
sierra *f.* mountain range
siglo *f.* century
significación *f.* meaning, significance
significado *m.* meaning
significar to mean, signify

significativo, —a significant
siguiente following; next
sílaba *f.* syllable
silencio *m.* silence
silencioso, —a quiet, silent
silla *f.* chair
sillón *m.* easy chair
silloncito *m.* easy chair
simbolismo *m.* symbolism
simbolizar to symbolize
símbolo *m.* symbol
simpatía *f.* congeniality; sympathy; friendly feeling
simpático, —a pleasant, nice
simpatizar to sympathize
simple simple; plain; artless
simplista simplistic
simultáneamente simultaneously
simultaneidad *f.* simultaneity
sin without; **— embargo** however; nevertheless
sinceridad *f.* sincerity
sincero, —a sincere
sindicato *m.* labor union
siniestro, —a evil, sinister
sino but; except
sinónimo *m.* synonym
síntesis: en — in summary
sintetizar to synthesize
síntoma *m.* symptom
siquiera at least; even; **ni —** not even
sirviente, —a *m. & f.* servant, maid
sismo *m.* tremor, earthquake
sistema *m.* system
sitio *m.* place, room, space; **— de estar** sitting or living room
situado, —a situated
soborno *m.* bribe
sobrar to be more than enough
sobre on; above; about; **— todo** especially, above all
sobrenatural supernatural
sobrevivir to survive
sociedad *f.* society
sociológico, —a sociological
sociólogo, —a *m. & f.* sociologist
socorrer to help, aid
socorro *m.* help, aid
sofocante suffocating
sofocar to suffocate
sol *m.* sun
solamente only
solar solar, of the sun; plot of ground
soldado *m.* soldier

soledad *f.* solitude; loneliness
soler (ue) to be in the habit of
solicitar to ask for; to solicit
solicitud *f.* request
solidaridad *f.* solidarity
solitario, —a lonely; solitary; *m. & f.* recluse, hermit
solo, —a alone; single; **a —as** alone, by oneself
sólo only
soltar (ue) to set free; to let out
soltero, —a single, unmarried; *m. & f.* unmarried person
solucionar to solve
sombra *f.* shadow
sombrero *m.* hat
someter to subdue; to subject; to force to yield
sonar (ue) to sound; to ring
soneto *m.* sonnet
sonido *m.* sound
sonreír(se) (i) to smile
sonriente smiling
sonrisa *f.* smile
soñar (ue) to dream; **— con** to dream about
sopa *f.* soup
soportar to tolerate, endure
sordo, —a deaf; dull; muffled
sorprendente surprising
sorprender to surprise; **—se** to be surprised
sorpresa *f.* surprise
soso, —a tasteless; insipid
sospechar to suspect
sospechoso, —a suspicious
sostener to sustain; to hold; to support
sostuvo *pret.* of **sostener** supported; sustained
sótano *m.* basement
Soviética: Unión — Soviet Union
suave gentle; sweet (odor)
subconsciencia *f.* (the) subconscious; subconsciousness
subida *f.* rise
subir to go up, rise, ascend, climb; to raise; **—(se) a** to get on (a bus)
súbitamente suddenly
subordinado, —a *m. & f.* subordinate
subsistir to exist; to subsist
substancia *f.* substance
sucedel *dial.* = **suceder**
suceder to occur, happen
suceso *m.* event, happening

suciedad dirt, filth; dirtiness

suciedadeh *dial.* = **suciedades**

sucio, –a dirty, filthy

Sudamérica South America

sueldo *m.* salary

suelo *m.* floor; ground

sueño *m.* dream; sleep

suerte *f.* fortune, luck

sufrimiento *m.* suffering

sufrir to suffer; to tolerate; to undergo

sugerir (ie, i) to suggest

suicida *m. & f.* suicide (person who commits suicide)

suma *f.* aggregate; sum

sumisión *f.* submission

sumiso, –a submissive

superar to overcome; to exceed; to surpass

superfluo, –a superfluous

superioridad *f.* superiority

supermercado *m.* supermarket

superpotencia *f.* superpower

suplicar to beg, implore

suponer to suppose; to assume

suprimir to eliminate, do away with

supuesto *m.* assumption; *adj.* supposed; **por —** of course, naturally

sur *m.* south

surgir to appear; to arise; to rise, surge

suroeste *m.* southwest

surrealista *m. & f. & adj.* surrealist; surrealistic

suspender(se) to suspend, stop; to defer; to hang

suspenso, –a astonished

sustancia *f.* substance; matter

sustantivo *m.* noun

sutil subtle

T

tabaquero, –a *m. & f.* tobacco worker

taciturno, –a sullen, taciturn

taco *m.* folded tortilla sandwich (in Mexico)

taíno *m. & f. & adj.* native Indians of Puerto Rico, Haiti and eastern Cuba who were decimated by Spanish conquerors

tal such (a); **— que** such that, in such a way that; **— vez** perhaps; **¿Qué — ?** How

are you?; **¿Qué — te gusta. . .?** How do you like. . .?

talar to fell (trees); to cut down

tallito *m.* little shoot, sprout

tamaño *m.* size

tamarindo *m.* tamarind tree (small fruit tree)

tambaleante teetering; tottering; shaky

también also; too

tamborete *m.* tambourine

tampoco not either; neither

tan so; such; **—. . .como** as. . .as

tanto, –a so much; as much; **— como** as much as; **— . . .como** both. . .and, . . .as well as. . .; **—s** as many, so many; **por lo —** therefore

tapado, –a covered

tardanza *f.* slowness; tardiness

tardar (en) to take a long time or specified time (in doing something)

tarde *f.* afternoon; **por** or **de la —** in the afternoon; *adv.* late; **hacerse —** to grow late, to get late; **más —** later

tarea *f.* task, job

taza *f.* cup

técnico, –a *n. & adj.* technician; technical; *f.* technique; technical ability

tecnología *f.* technology

tecnológico, –a technological

techo *m.* ceiling; roof

tejabán (*Mex.*) *m.* country hut made of reed or adobe, with a tile roof

Tejas Texas

tejer to knit

tejido *m.* weaving; knitting

telealumno, –a *m. & f.* television student

teledrama *m.* television play

tele-espectador, –a *m.& f.* television viewer

telefonista *m. & f.* telephone operator

teléfono *m.* telephone

tema *m.* topic; subject; theme

temblar (ie) to tremble

tembloroso, –a trembling, shaking

temer to fear

temeroso, –a fearful

temor *m.* fear

tempestad *f.* storm; tempest

templo *m.* temple

temporal temporary

temporáneo, –a temporary

tempranero, –a habitually early or ahead of time

temprano early

tendencia *f.* tendency

tender (ie) to tend; to extend; to spread out; to stretch out

tener to have; to hold; **— derecho a** to have the right to; **— la culpa** to be to blame; **— lugar** to take place; **— que** to have to, must; **— razón** to be right

teoría *f.* theory

teóricamente theoretically

terco, –a stubborn

terminación *f.* end; ending (of a word)

terminar (de) to finish, end

término *m.* term; end

terremoto *m.* earthquake

terreno *m.* land; terrain

terrestre earthly; terrestrial

territorio *m.* territory

tesoro treasure

textilero, –a *m. & f.* textile worker

tiempo time; weather; **a —** on time; **al mismo —** at the same time; **hacer buen (mal) —** to be good (bad) weather; **perder el —** to waste time; **poco —** a short time, awhile; **— completo** full-time

tienda *f.* store

tieneh *dial.* = **tienes**

tierno, –a tender

tierra *f.* land; earth; ground

tieso, –a stiff, rigid

tigre *m.* tiger

timbre *m.* bell, buzzer; stamp, seal

tío, –a *m. & f.* uncle; aunt

típico, –a typical

tipo *m.* type, kind; fellow, guy

tira: — cómica comic strip

tiranía *f.* tyranny

tirar to throw

tiritar to tremble

titulado, –a entitled

título *m.* title; degree

tiza *f.* chalk

tobogán *m.* toboggan

tocar to touch; to play (a musical instrument); to come

to know (by experience)

todavía still; yet; **— no** not yet

todo, –a all; every; everything; **—s** all, all of them, everyone; **del —** entirely; **sobre —** especially, above all; **con —** however, nevertheless

tolerar to tolerate

toma: — de posesión induction into office

tomar to take; to drink; to eat; to seize, take over; **— una decisión** to make a decision

tono m. tone

tontería f. foolishness; stupidity

tonto, –a foolish, stupid

toque m. touch; ringing

tormenta f. storm; tempest

tormento m. torture; torment

torno: en — a regarding

toro m. bull; **corrida de —s** bullfight

torpe stupid; dull; clumsy; slow

torpeza f. stupidity; clumsiness

torre f. tower

tortilla f. flat cornmeal cake

tosco, –a coarse, harsh

toser to cough

totalitario, –a totalitarian

trabajador, –a hard-working; m. & f. worker

trabajar to work

trabajo m. work; job

trabajoso, –a laborious

traducir to translate

traer to bring; to have; to wear, have on

traidor, –a m. & f. traitor

traje m. suit of clothes

trajo pret. of **traer** brought

trance m. critical moment; peril

tranquilidad f. tranquility, peace; composure, ease of mind

tranquilo, –a calm, tranquil, peaceful

transformarse to transform, be transformed

transmisora f. transmitter

transmitir to transmit; to convey

transporte m. transportation; transport

tras after; behind

trascender (ie) to transcend

trasmitir to transmit; to convey

trasplantar to transplant

traspontín m. behind, buttocks

tratable courteous; sociable

tratar to deal with; to treat; to handle; **— de +** *inf.* to try to; **—se de** to be a question of

través: a — de through

tremendo, –a tremendous

tren m. train

tribu f. tribe

tribunal m. court of justice; tribunal

tricornio m. three-cornered hat worn by members of Spanish Civil Guard

trinidad f. trinity

triste sad

tristeza f. sadness

triunfar to triumph; to be successful

triunfo m. triumph; victory

trivialidad f. triviality

tronco m. trunk (of tree); branch (of family tree)

tropa f. troop

trópico m. tropic(s), tropical region(s)

trozar to break into pieces

truco m. trick

trueno m. thunder

tubo m. tube

tuboh *dial.* = **tubos**

tuh *dial.* = **tus**

tumba f. grave; tomb

turbado, –a embarrassing

turístico, –a tourist

U

u (= **o** before words beginning with **o** or **ho**) or

¡uf! expression denoting weariness, annoyance, or disgust

úlcera f. ulcer

último, –a last, final; **por —** finally; m. & f. last one

unánime unanimous

único, –a only; unique

unidad f. unity; unit

uniformado, –a dressed in uniform

unir to join; to unite

universidad f. university

universitario, –a university

unoh *dial.* = **unos**

untar to grease; to bribe; to smear on

usar to use; to wear

uso m. use

usté *dial.* = **usted**

utensilio m. utensil; tool

útero m. uterus

útil useful

utilizar to use; to utilize

uva f. grape

V

vaca f. cow

vacación f. vacation (usually used in the plural); **de —es** on vacation

vacilante hesitant; vacillating

vacilar to hesitate; to vacillate; to sway back and forth

vacío, –a empty

vagabundo, –a m. & f. tramp, hobo

vago, –a vague; m. loafer

vagoh *dial.* = **vagos**

valenciano, –a m. & f. & *adj.* Valencian (from Valencia, Spain)

valer to be equivalent to; to be worth; to be valid; m. value, worth

valiente valiant, brave

valioso, –a valuable

valor m. value; courage

valorar to value, appraise

valle m. valley

vampiro m. vampire

vanguardia f. vanguard; **de —** in the vanguard, in the lead

vanidad f. vanity

vano, –a vain, insubstantial; **en —** in vain

vapor m. mist; **—es** fumes

vaquero m. cowboy

vara f. rod, stick; staff

variar to vary; to change

variedad f. variety

varios, –as various; several

varón m. male, man

vasco, –a m. & f. & *adj.* Basque; **Países Vascos** Basque Country (region in northern Spain)

vaso m. glass

vaya: ¡Vaya por Dios! God's will be done!

vecindad f. neighborhood

vecino, –a m. & f. neighbor

vega f. fertile lowland or plain

vegetal m. vegetable

vehículo m. vehicle

vejez f. old age

vela f. candle

velador m. night table

velgüenza *dial.* = **vergüenza**

velozmente quickly

venado *m.* deer; **carne de —** venison

vencedor, –a *m. & f.* victor; *adj.* victorious

vencer to defeat, conquer; to win

vendedor, –a: — ambulante traveling salesperson

vender to sell

venenoso, –a poisonous

venerar to worship; to venerate

venganza *f.* vengeance; revenge

vengarse to avenge oneself; to take revenge

venida *f.* arrival

venir to come

venta *f.* sale; country inn

ventaja *f.* advantage

ventana *f.* window

ventero *m.* innkeeper

ver to see; **a —** let's see; **—se** to be seen; to be; **—se obligado a** to be obliged to; to be forced to

verano *m.* summer

verdad *f.* truth; **¿de —?** really? is that so?

verdadero, –a true; real

verde green; dirty (joke, etc.)

veremoh *dial.* = **veremos**

vergüenza *f.* shame; self-respect; dignity; **sentir —** to be ashamed

verso *m.* line of poetry

vestido *m.* dress

vestigio *m.* vestige; trace

vestir (i) to dress, put on, wear

vez (*pl.* **veces**) *f.* time; occasion; **a la —** at the same time; **cada — más** more and more; **de — en —** from time to time; **en — de** instead of; **otra** — again; **tal —** perhaps; **una —** once; **una — más** once again; **a veces** at times, sometimes; **muchas veces** often; **repetidas veces** often

viajar to travel

viaje *m.* trip

viajero, –a *m. & f.* passenger; traveler

vibrar to vibrate

vicio *m.* vice

victimario, –a *m. & f.* victimizer (one who makes victims of others by deception or cheating)

victoria *f.* victory

vida *f.* life

viejo, –a old; *m. & f.* old man; old woman; term of endearment for mother, father, husband, or wife

viento *m.* wind

vientre *m.* abdomen; belly

vigoroso, –a vigorous

viña *f.* vineyard

viñatero, –a *m. & f.* grape grower

violación *f.* rape

violar to violate; to rape

virgen *f.* virgin; **¡ay —!** good heavens!

virilidad *f.* virility

virtud *f.* virtue; **en — de** by virtue of

vista *f.* view, sight; **— del Congreso** Congressional hearing

visto *p.p.* of **ver** seen

vital vital (of life, essential to life)

viveza *f.* liveliness

vivir to live

vivo, –a alive; lively; clever

vociferar to shout; to yell

volar (ue) to fly

volumen *m.* volume

voluntad *f.* will; wish

voluntariamente voluntarily

voluntario *m.* volunteer

volver (ue) to return; **— a +** *inf.* to do — again; **—se** to go back; to turn around; to become; **—se loco** to go crazy

vos you

vosotros, –as you (plural form of **tú,** used in most parts of Spain)

votante *m. & f.* voter

votar to vote; *m.* voting

voz (*pl.* **voces**) *f.* voice; **en — alta** out loud; **en — baja** in a low tone; in whispers

vuelo *m.* flight

vuelta *f.* turn; return trip; **a la —** around the corner; **dar — ** to turn; **dar una —** to take a walk; **dar —s** to walk in circles

vuelto *p.p.* of **volver** returned

vuestro, –a your

vulgar common; ordinary

vulgaridad *f.* commonness; ordinariness

vulgo *m.* common people

vulnerabilidad *f.* vulnerability

Y

y and

ya now; already; **¡ya!** oh!, alas!; **— no** no longer

yacía *f.* place to lie down

yerba *f.* herb; grass

Z

zapato *m.* shoe

zona *f.* area; zone

Permissions

Mauricio Carvallo, "Tres minutos de terror," by permission of *Hoy*.

Klaus Dallibor, "Temen una catástrofe por la 'lluvia ácida,' " from *El Día*, Mexico.

Luis Rosado Vega, "El indio y los animales," from *El alma misteriosa del mayab*, © Librería y Ediciones Botas, Mexico.

Pablo Neruda, "La United Fruit Co." and "Cien sonetos de amor: XXV," by permission of Carmen Balcells Agencia Literaria, © Heirs of Pablo Neruda.

Consolación Salas, "España: Entre el franquismo y las autonomías," from *Revista de revistas*, July 22, 1981, by permission of the author.

Juan Rulfo, "Es que somos muy pobres," by permission of Fondo de Cultura Económica, Mexico.

Sara Sefchovich, "América Latina: La mujer en lucha," by permission of the author.

Noel Clarasó, "Marido en casa y olé," by permission of the author.

Esther Vilar, "El varón domado," by permission of Ediciones Grijalbo, Barcelona.

Salvador Reyes Nevares, "El machismo en México," by permission of © *Mundo Nuevo*, April 1970, Paris.

"La mordida: una institución," by permission of *Visión*, Mexico.

Fernando Núñez, "Treinta años de impunidad," by permission of *Visión*, Mexico.

Ana Alomá Velilla, "El milagro," by permission of the author.

José Ortega y Gasset, "La rebelión de las masas," by permission of Soledad Ortega of Fundación José Ortega y Gasset, Madrid.

Marco Denevi, "Génesis," by permission of the author.

Anya Herrera, "La televisión," from *Cuadernos de comunicación*.

Federico García Lorca, "Romance de la luna, luna" and "Prendimiento de Antoñito el Camborio en el camino de Sevilla," Federico García Lorca, *Obras completas*, © Herederos de Federico García Lorca, 1954. Reprinted by permission of New Directions Publishing Corporation, agents for the estate of Federico García Lorca.

Jorge Luis Borges, "El disco," from *El libro de arena*, © Emecé Editores, Buenos Aires, 1975.

Julio Cortázar, "Casa tomada," by permission of the author.

Marco Denevi, "Apocalipsis," by permission of the author.

José L. Varela-Ibarra, "Ya no más," by permission of the author. First published in *La revista chicano-riqueña* (University of Houston), Fall 1976.

Francisco Jiménez, "Muerte fría," by permission of the author.

Jacobo Morales, "Pasaje de ida y vuelta," from $\frac{100 \times 35}{POESIA}$, by permission of the author.

Pedro Juan Soto, "Garabatos," by permission of the author.

Eladio Secades, excerpts from "Los amigos en Miami," by permission of the author.

Iván Portela, "El errante insatisfecho," by permission of the author.

P. José I. Somoza, "Por qué surge el programa bilingüe?", by permission of Las Americas Publishing Company. From first edition of *Introducción a la educación bilingüe*.

Photograph Credits (by page number)

United Press International: 23, 52; Bettman Archive, Inc.: 26; Robert Lamb, Photo Researchers, Inc.: 30; Hugo Brehme, Rapho/Photo Researchers, Inc.: 33; Peter Menzel: 40; Omikron, Photo Researchers, Inc.: 55; Wilhelm Braga, Photo Researchers, Inc.: 58; Henle, Photo Researchers, Inc.: 60; Michal Heron: 80; Holt, Rinehart & Winston Photo Library: 113; Wide World Photos: 119, 188, 219; Black Star: 120; Museo del Prado, Madrid: 140; Collection of Mr. and Mrs. Ralph Collin, New York: 141; The Solomon R. Guggenheim Museum, New York: 142; The Art Institute of Chicago: 143; The Louise and Walter Arensberg Collection, Philadelphia Museum of Art: 145; Museo Bale, Switzerland: 146; Museo Picasso, Barcelona: 147; The Hispanic Society of America, New York: 148; Niepce Rapho, Photo Researchers, Inc.: 151; Dorka Raynor, Winnetka, Illinois: 164; Pepe Diniz: 170; Editorial Photocolor Archives, Inc.: 186; Bernard P. Wolff, Photo Researchers, Inc.: 200; Beryl Goldberg: 216; Van Bucher, Photo Researchers, Inc.: 228

Cartoons (by page number)

Mena, *Semana:* 7, 37, 38, 78, 87; Mingote: 20, 62, 174; Oli, *La Vanguardia:* 20, 21, 63; Quesada, *Blanco y Negro:* 21; Quino (Mafalda), *Ediciones de la flor:* 46, 49, 69, 77, 83, 111, 122, 135, 153, 194; *Verde Olivo:* 92 (José), 93, 107 (Pime); Xiomara, *Bohemia:* 101; Fernando Krahn ©, by permission of Russell & Volkening, Inc.: 126, 128, 137